A Tour of C++

Third Edition

A Tour of C++
Third Edition

C++ 창시자가 전하는 최신 C++ 가이드

비야네 스트롭스트룹 지음   심지현 옮김

i!i
에이콘

에이콘출판의 기틀을 마련하신 故 정완재 선생님 (1935-2004)

지은이 소개

비야네 스트롭스트룹 Bjarne Stroustrup

C++의 설계자이자 최초 구현자이며 『Programming: Principles and Practice Using C++ (Second Edition) 한국어판』(에이콘, 2015)과 『The C++ Programming Language (Fourth Edition) 한국어판』(에이콘, 2015)의 저자이다. 현재 컬럼비아대학교 교수로 재직 중이며 AT&T 벨 연구소, 텍사스 A&M대학교, 모건 스탠리를 거쳤다. C++ 프로그래밍 언어를 개념화하고 개발한 공로를 인정받아 미국공학한림원의 찰스 스타크 드레이퍼 상Charles Stark Draper Prize을 받는 등 수많은 영예를 안은 수상자이다. 미국공학한림원 회원이자 IEEE, ACM, CHM, 캠브리지대학교 처칠 칼리지의 석학회원이다.

지은이의 말

설명은,
간결하게.
— 키케로[Cicero]

C++가 완전히 달라졌다. C++98이나 C++11에 비해 아이디어를 더 명쾌하고 간단하게 그리고 직관적으로 구현해낼 수 있게 됐다. 컴파일러도 더 빠르고 더 정확하게 결과 프로그램을 생성해낸다.

이 책은 현재 ISO C++ 표준인 C++20 정의를 기준으로 삼아 C++ 주요 공급자가 구현한 C++를 전반적으로 살펴본다. 또한 C++23까지 표준으로 채택될 예정은 없으나 빈번하게 쓰는 라이브러리 컴포넌트도 소개한다.

다른 최신 언어와 마찬가지로 C++ 역시 규모가 매우 크므로 효과적으로 사용하기 위해서는 아주 다양한 라이브러리가 필요하다. 이 얇은 책은 이미 C++에 익숙한 프로그래머가 모던 C++ 구성 요소를 배우기에 알맞다. 주요 언어 기능을 대부분 소개하며 주요 표준 라이브러리 컴포넌트도 다룬다. 하루 이틀이면 읽겠으나 훌륭한 C++ 코드를 작성하기에는 턱없이 부족하다. 완벽하게 설명하기보다는 개략적인 내용과 꼭 필요한 예제만을 제공해 프로그래머에게 시작점을 제공하고자 한다.

이 책은 프로그래밍 경험이 충분하다고 가정한다. 아니라면 『Programming: Principles and Practice Using C++ (Second edition) 한국어판』(에이콘, 2015) 같은 책부터 읽어보기 바란다. 프로그래밍 경험이 있더라도 사용했던 언어나 개발했던 애플리케이션이 이 책에서 소개할 C++ 방식과 상당히 다를 수 있다.

코펜하겐이나 뉴욕 같은 도시를 관광한다고 해보자. 단체 여행이라면 단 몇 시간 만에 도시의 주요 관광지를 돌아다니며 뒷이야기를 들은 후 다음 장소까지 추천받는다. 이렇게 돌아다녀서는 그 도시에 대해 전혀 알 수 없다. 보고 들은 것이 오롯이 내 것이 되지 않는다.

어떤 이야기는 너무 기이해서 아예 믿어지지도 않는다. 그 도시의 삶을 지배하는 형식적 규칙과 비형식적 규칙을 도무지 알 도리가 없다. 제대로 알려면 몇 년은 살아야 한다. 하지만 약간의 운이 따라 준다면 전체적인 설명을 간략하게 듣게 될지도 모른다. 그럼 그 도시의 무엇이 특별한지, 어떤 부분이 흥미로운지 알게 된다. 이렇게 투어를 마치면 그제서야 진정한 탐험이 시작된다.

이 책에서 제공할 투어는 객체지향과 제네릭 프로그래밍 같은 프로그래밍 스타일을 지원하는 C++ 언어 기능을 소개한다. 언어 기능마다 매번 자세한 참조 매뉴얼을 제공하진 않는다. 훌륭한 교재가 늘 그러하듯이 되도록이면 기능을 사용하기 전에 설명부터 하겠지만 간혹 불가능할 수 있고 모든 독자가 책을 순차적으로 읽지도 않는다. 독자가 어느 정도 기술적 숙련도를 갖췄다고 가정하겠다. 그러니 필요할 때마다 교차 참조나 색인을 활용하기 바란다.

같은 맥락에서 이 투어는 철저한 설명 대신 예제 관점에서 표준 라이브러리를 설명한다. 필요하다면 자료를 추가로 찾아보자. ISO 표준에서 제공하는 기능은 C++ 에코시스템의 극히 일부다(예를 들어 라이브러리, 빌드 시스템, 분석 도구, 개발 환경 등). (품질은 제각각이지만) 온라인상에는 수많은 자료가 존재한다. CppCon이나 Meeting C++ 같은 콘퍼런스에서 어렵지 않게 유용한 튜토리얼과 소개 동영상을 찾을 수 있다. ISO C++ 표준에서 제공하는 언어와 라이브러리를 기술적으로 자세히 살펴려면 Cppreference를 읽어보자. 표준 라이브러리 함수나 클래스가 나올 때 정의를 찾아보기 쉽고, 설명서를 읽다 보면 관련 기능이 많이 나온다.

이 투어는 C++를 층층이 쌓인 케이크 대신 통합된 전체로 바라본다. 그래서 C나 C++98, 혹은 그 이후의 ISO 표준에 소개된 언어 기능은 거의 다루지 않는다. 이러한 정보는 19장에 나온다(역사적 배경과 호환성). 목표는 최대한 기초에 집중하면서 간략하게 설명하는 것이지만 모듈(3.2.2절), 콘셉트(8.2절), 코루틴(18.6절) 같은 새로운 기능을 신나게 소개하고 싶은 유혹을 완전히 떨치지는 못했다. 최신 개발 방식을 따르려는 시도 역시 과거의 C++ 버전에 익숙한 많은 독자의 호기심을 충족시킬 것이다.

프로그래밍 언어 참조 매뉴얼이나 표준에서는 단순히 기능만 명시하지만 프로그래머는 보통 그 언어를 잘 이용하는 법을 배우고 싶어 한다. 주제 선정 과정에서나 책을 쓰면서, 특히 조언 절에서 이러한 측면을 고려했다. 'C++ Core Guidelines'[1][Stroustrup, 2015]에서 모던 C++의 훌륭한 기능을 더 찾아볼 수 있다. 'C++ Core Guidelines'는 이 책에서 다루는 개념을 보다 자세히 들여다볼 수 있는 좋은 자료이다. 조언하는 방법이나 조언에 번호를 매기는 방법까지 핵심 가이드라인과 너무 비슷해 놀랄 수도 있다. 『A Tour of C++』 1판을 기반으로 최초의 핵심 가이드라인을 작성했으니 이는 당연한 결과이다.

---

1   2024년도 버전은 다음 링크(https://isocpp.github.io/CppCoreGuidelines/CppCoreGuidelines)에서 확인할 수 있다. – 옮긴이

감사의 글

『A Tour of C++』 1판과 2판을 완성하고 바로잡게 도와준 모두에게, 특히 컬럼비아대학교에서 〈Design Using C++〉 강의를 수강해준 학생들에게 감사한다. 이번 3판을 집필할 시간을 허락한 모건 스탠리에게 감사한다. 이 책을 검토하고 여러 개선 사항을 제안해준 척 앨리슨Chuck Allison, 가이 데이비슨Guy Davidson, 스티븐 듀허스트Stephen Dewhurst, 케이트 그레고리Kate Gregory, 대니 칼레브Danny Kalev, 고르 니샤노브Gor Nishanov, J. C. 반 윙켈J.C. van Winkel에게 감사한다.

이 책은 브라이언 커니핸이 고안한 매크로를 사용해 트로프troff로 형식화됐다.

뉴욕 맨해튼에서,
비야네 스트롭스트롭

옮긴이 소개

심지현(shimnyangi@naver.com)
이화여자대학교 컴퓨터공학과를 졸업하고 KAIST 대학원 전산과에서 데이터베이스 전공으로 석사 학위를 취득했다. 주요 연구 분야는 시맨틱 검색과 개인화였으며 졸업 후 네이버에서 검색 서버 설계 및 개발, 검색 모델링과 추천 알고리듬 연구, 빅데이터 분석 등을 담당했다.

옮긴이의 말

간단한 작업은 간단하게 끝내자^{Make simple tasks simple}.

– 비야네 스트롭스트룹

프로그래밍 언어는 끝을 모르고 진화한다. 특히 C++처럼 거대한 언어는 그 속도와 규모를 따라잡기가 결코 쉽지 않다. 바쁜 일상 속에서 프로그래머는 새로 나온 버전과 기능을 익히느라 늘 고달프다. 이러한 고민을 들어주기라도 하듯이 C++의 창시자 비야네 스트롭스트룹은 이 책을 통해 변화하는 C++ 버전 속에서 어떤 점을 꼭 알고 넘어가야 하는지 간결하고 정확하게 짚어준다. 이 책 한 권으로 C++를 완벽히 숙달할 순 없어도 최소한 어디서부터 시작해야 하는지 알 수 있다. 위에 인용한 비야네 스트롭스트룹의 말처럼 간단하게 끝낼 일을 굳이 어렵게 돌아갈 필요는 없다.

저자는 단순히 기능을 나열하는 데서 멈추지 않는다. 여러 가지 개념을 연계하고, 어떤 상황에서 어떤 요소가 어떻게 쓰이는지 이해하기 쉬운 예제를 들어 설명한다. 적재적소에서 알맞은 표준 라이브러리를 소개하고, 참고하면 좋을 내용도 빠뜨리지 않는다. 독자라면 아무리 좋은 기능이라도 어떻게 조합하고 활용하느냐가 프로그램의 품질을 좌우한다는 사실을 익히 알고 있을 것이다. 훌륭한 유스 케이스를 많이 알아둘수록 코드 수준은 높아지기 마련이니 저자가 고심해 만든 예제를 가볍게 지나치지 말자.

C++는 C++20이 등장하며 큰 변화를 맞이했다. 무엇보다 사용자의 의도를 보다 직관적으로 반영할 수 있는 여러 요소가 대거 추가됐다. 모듈, 콘셉트, 코루틴이 대표적이다. 저자는 C++를 구성하는 기본 요소인 타입, 클래스, 연산, 템플릿, 컨테이너, 예외, 입출력 등을 각 장의 주제로 삼아 기초를 탄탄히 세움과 동시에 C++에 새로 추가된 요소들을 제네릭 프로

그래밍과 협력적 멀티태스킹 같은 최신 개발 방식과 맞물려 설명한다. C++20을 기준으로 삼았으나 C++23에 담길 내용도 넌지시 내비친다. C++ 위원회에서 활동했던 경험을 바탕으로 현재 진행 중인 프로젝트를 간간이 언급하며 앞으로를 대비할 수 있게 돕는다.

시간이 촉박하다면 일단 차례부터 읽어보자. 한눈에 쉽게 들어오도록 구성된 차례가 원하는 방향과 목적지로 안내할 것이다. 저자가 아무 까닭 없이 제목을 『A Tour of C++』로 지었을 리 없다. 이 책을 통해 C++라는 세계를 즐겁게 여행하며 좀 더 쉽게 C++를 익히는 계기가 되기를 바란다.

마지막으로 예상치 못한 인공지능의 역습으로 어쩌면 마지막 번역이 될 지 모를 이 책을 세상에서 가장 사랑하는 내 가족, 박은설 그리고 박재명에게 바치며, 한없이 사랑한다는 말을 전한다.

 정오표 페이지는 왼쪽 QR 코드를 통해 확인할 수 있습니다.

문의

한국어판에 관한 질문은 이 책의 옮긴이나 에이콘출판사 편집 팀(editor@acornpub.co.kr)으로 문의할 수 있고, 정오표는 에이콘출판사의 도서정보 페이지(http://www.acornpub.co.kr/book/cplusplus-tour-3e)에서 찾아볼 수 있다.

차례

1

기초 쌓기

일단 언어 법률가부터 전부 없애야 해.

– 『헨리 6세, 2부』

- 소개
- 프로그램
    - Hello, World!
- 함수
- 타입, 변수, 산술 연산
    - 산술 연산, 초기화
- 범위와 수명
- 상수
- 포인터, 배열, 참조
    - 널 포인터
- 테스트
- 하드웨어와의 매핑
    - 할당, 초기화
- 조언

1.1 소개

1장에서는 C++의 표기법, 메모리와 계산 모델 그리고 코드를 프로그램으로 조직하는 기본 메커니즘을 비형식적으로 설명한다. 이러한 요소들은 C에서 가장 흔히 보이는 스타일을 지원하는 언어 기능으로써 절차적 프로그래밍procedural programming이라고도 부른다.

1.2 프로그램

C++는 컴파일compiled 언어이다. 프로그램을 실행하려면 컴파일러가 소스 텍스트를 처리해 오브젝트 파일을 만든 후 오브젝트 파일을 링커와 합쳐 실행 프로그램을 만들어야 한다. C++ 프로그램은 일반적으로 여러 개의 소스 코드 파일(일반적으로 짧게 소스 파일source file이라 부른다)로 구성된다.

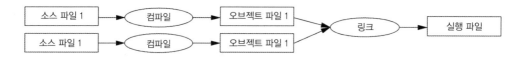

실행 프로그램은 특정 하드웨어/시스템 조합에서 동작하도록 생성되므로 이식 불가능하다. 가령 안드로이드 장치에서 윈도우 PC로 이식할 수 없다. C++ 프로그램의 이식성portability은 대개 소스 코드의 이식성을 뜻한다. 즉, 소스 코드를 성공적으로 컴파일해서 다양한 시스템에서 실행시킬 수 있다는 뜻이다.

ISO C++ 표준은 두 종류의 엔티티를 정의한다.

- 내장 타입(예를 들어 char와 int)과 루프(예를 들어 for문과 while문) 같은 핵심 언어 기능
- 컨테이너(예를 들어 vector와 map)와 I/O 연산(예를 들어 <<와 getline()) 같은 표준 라이브러리 컴포넌트

표준 라이브러리 컴포넌트는 모든 C++ 구현에서 제공하는 아주 평범한 C++ 코드다. 즉, C++ 표준 라이브러리는 C++ 자체로 구현할 수 있다(thread 문맥 교환 등에는 기계 코드를 조금 사용한다). 다시 말해 아주 까다로운 시스템 프로그래밍 작업에 C++가 충분히 표현적이

고 효율적이라는 뜻이다.

C++는 동적 타입^{statically typed} 언어다. 즉, 모든 엔티티(예를 들어 객체, 값, 이름, 식)의 타입을 사용 시점에 컴파일러에게 알려야 한다. 객체의 타입에 따라 그 객체에 적용할 수 있는 연산 집합과 메모리 레이아웃이 달라진다.

1.2.1 Hello, World!

C++ 프로그램은 최소한 다음을 포함해야 한다.

```
int main() { }    // 최소한의 C++ program
```

위 코드는 어떤 인수^{argument}도 받지 않고 아무 일도 하지 않는 main 함수를 정의한다.

C++에서 중괄호 { }는 그룹을 나눈다. 위 코드에서는 함수 본문의 시작과 끝을 가리킨다. 더블 슬래시 //는 그 줄의 끝까지 이어지는 주석의 시작이다. 주석은 컴퓨터가 아니라 사람이 읽으므로 컴파일러는 주석을 무시한다.

모든 C++ 프로그램은 main()이라는 전역 함수를 딱 하나만 포함해야 한다. main 함수를 실행하며 프로그램이 시작된다. main()이 반환하는(반환한다면) int 정숫값은 프로그램이 "시스템"으로 반환하는 값이다. 어떤 값도 반환하지 않으면 시스템은 성공적인 완료를 뜻하는 값을 받는다. main()은 0이 아닌 값을 반환해 실패를 가리킨다. 모든 운영체제와 실행 환경에서 이 반환값을 사용하는 것은 아니다. 리눅스/유닉스 기반 환경에서는 사용하지만 윈도우 기반 환경에서는 거의 사용하지 않는다.

일반적으로 프로그램은 출력을 생성한다. 다음은 Hello, World!를 작성하는 프로그램이다.

```
import std;

int main()
{
  std::cout << "Hello, World!\n";
}
```

import std; 행은 선언한 표준 라이브러리를 사용할 수 있도록 준비하라고 컴파일러에게 지시한다. 선언하지 않으면 아래 명령문이 통하지 않는다.

```
std::cout << "Hello, World!\n"
```

연산자 <<("~에 넣는다")는 두 번째 인수를 첫 번째 인수에 작성한다. 코드에서 문자열 리터럴 "Hello, World!\n"은 표준 출력 스트림인 std::cout에 작성된다. 문자열 리터럴이란 큰따옴표로 둘러싸인 문자 시퀀스다. 문자열 리터럴에서 백슬래시 문자 \ 뒤에 다른 문자 하나가 나오면 하나의 "특수 문자special character"를 뜻한다. 코드에서 \n은 새 줄newline 문자 이므로 Hello, World! 문자를 작성한 후 새 줄이 출력된다.

std::는 cout라는 이름이 표준 라이브러리 네임스페이스(3.3절)에 들어 있음을 알려준다. 표준 라이브러리에 속하는 이름에는 보통 std::를 생략한다. 3.3절에서 명시적 한정 없이 네임스페이스로 이름을 알아보는 법을 보이겠다.

import 디렉티브directive는 C++20부터 새로 생겼으며 모든 표준 라이브러리를 모듈 std로 나타내는 방식은 아직 표준이 아니다. 3.2.2절에서 설명하겠다. import std;가 어려우면 기존 관습대로 해도 된다.

```
#include <iostream> // I/O 스트림 라이브러리 선언을 인클루드한다

int main() {
  std::cout << "Hello, World!\n";
}
```

위 코드는 3.2.1절에서 설명하겠으며 1998년 이후의 모든 C++ 구현에서 동작한다(19.1.1절).

기본적으로 모든 실행 코드는 함수 안에 들어가며 직접적으로 또는 간접적으로 main()에서 호출한다. 예제로 살펴보자.

```
import std;             // 표준 라이브러리 선언을 임포트한다

using namespace std;    // std의 이름을 std:: 없이도 알아보게 한다(3.3절)
```

```
double square(double x)      // 배정밀도(double-precision) 부동소수점 수를 제곱한다
{
    return x*x;
}

void print_square(double x)
{
    cout << "the square of " << x << " is " << square(x) << "\n"";
}

int main() {
    print_square(1.234);      // 1.234의 제곱인 1.52276을 출력한다
}
```

"반환 타입" void는 함수가 값을 반환하지 않음을 가리킨다.

1.3 함수

C++ 프로그램은 주로 함수를 호출해서 어떤 일을 수행한다. 함수를 정의함으로써 연산을 어떻게 수행할지 명시한다. 함수를 호출하려면 먼저 선언부터 해야 한다.

함수 선언에는 함수의 이름과 (존재한다면) 반환할 값 타입, 호출 시 전달할 인수의 개수와 타입을 명시한다. 예제로 보자.

```
Elem* next_elem();       // 인수 없이 Elem으로의 포인터(Elem*)를 반환한다
void exit(int);          // int 인수를 전달하고 무엇도 반환하지 않는다
double sqrt(double);      // double 인수를 전달하고 double을 반환한다
```

함수를 선언할 때 반환 타입은 함수 이름 앞에, 인수 타입은 괄호로 감싸서 이름 뒤에 넣는다.

전달할 인수의 시맨틱은 초기화 시맨틱(3.4.1절)과 동일하다. 즉, 인수 타입을 검사한 후 필요하다면 암묵적 타입 변환을 수행한다(1.4절). 예제로 보자.

```
double s2 = sqrt(2);        // double{2} 인수로 sqrt()를 호출한다
double s3 = sqrt("three");  // 오류: sqrt()에는 double 타입의 인수를 전달해야 한다
```

이러한 컴파일 타임 검사와 타입 변환이 지니는 가치를 과소평가해서는 안 된다.

함수 선언에 인수 이름이 들어가기도 한다. 프로그램을 읽을 개발자에게 유용한 정보이지만 이 선언이 함수 정의가 아니라면 컴파일러는 그냥 무시한다. 예제로 보자.

```
double sqrt(double d);      // d의 제곱근을 반환한다
double square(double);      // 인수의 제곱을 반환한다
```

함수의 타입은 함수의 반환 타입을 먼저 쓴 후 그 뒤에 인수 타입을 괄호로 감싸 나열한다. 예제로 보자.

```
double get(const vector<double>& vec, int index);    // 타입: double(const
vector<double>&,int)
```

함수는 클래스의 멤버일 수 있다(2.3절과 5.2.1절). 멤버 함수라면 함수가 속한 클래스의 이름도 함수 타입에 넣는다. 예제로 보자.

```
char& String::operator[](int index);    // 타입: char& String::(int)
```

코드를 쉽게 유지 보수하려면 일단 이해하기 쉬워야 한다. 이해하기 쉬우려면 가장 먼저 계산 작업을 의미 있는 단위(함수와 클래스로 표현)로 나누어 명명해야 한다. 타입(내장 타입과 사용자 정의 타입)이 데이터를 표현하는 기본 수단인 것처럼 함수는 계산을 표현하는 기본 수단이다.

(find, sort, iota 같은) C++ 표준 알고리듬부터 먼저 사용하자(13장). 이어서 일반적이거나 특화된 작업을 표현하는 함수들로 더 큰 계산을 구성한다.

코드 내 오류 수는 코드 양과 코드 복잡도와 관련이 깊다. 코드 양이든 코드 복잡도든 함수 크기를 줄이고 함수를 더 많이 사용해 문제를 해결할 수 있다. 특정 작업을 수행하는 함수를 사용하면 다른 코드 중간에 특정 코드 조각을 작성할 일이 줄어든다. 함수로 만들려면 그 동작에 이름을 붙이고 종속성을 설명해야 한다. 적절한 이름을 찾기 어려우면 디자인이 잘못됐을 가능성이 높다.

이름은 같고 인수 타입은 다르게 두 함수를 정의했다면 컴파일러는 매 호출마다 가장 적절한 함수를 골라 호출한다. 예를 들면 다음과 같다.

```
void print(int);        // 정수 인수를 받는다
void print(double);     // 부동소수점 인수를 받는다
void print(string);     // 문자열 인수를 받는다

void user()
{
  print(42);            // print(int)를 호출한다
  print(9.65);          // print(double)를 호출한다
  print("Barcelona");   // print(string)를 호출한다
}
```

호출할 수 있는 함수가 2개인데 하나를 결정할 수 없으면 모호한 호출로 간주돼 컴파일러에서 오류를 발생시킨다. 예를 들면 다음과 같다.

```
void print(int,double);
void print(double,int);

void user2()
{
  print(0,0); // 오류: 모호함
}
```

같은 이름의 함수를 여러 개 정의하는 것을 함수 오버로딩function overloading이라 부르며 이는 제네릭 프로그래밍은 중요한 요소 중 하나다(8.2절). 함수를 오버로딩하려면 같은 이름의 함수가 모두 같은 시맨틱을 구현해야 한다. 위 코드에서 print() 함수가 그 예다. 각 print() 함수는 자신이 받은 인수를 출력한다.

1.4 타입과 변수, 산술 연산

모든 이름과 식에는 타입이 있으며, 타입에 따라 그 이름이나 식에 수행할 수 있는 연산이 달라진다. 다음과 같이 선언했다고 하자.

```
int inch;
```

inch를 int 타입으로 명시했으므로 inch는 정수변수이다.

선언declaration은 프로그램에게 엔티티를 알리고 타입을 명시하는 명령문이다.

- 타입type은 가능한 값 집합과 연산 집합(객체일 때)을 정의한다.
- 객체object는 어떤 타입의 값을 저장하는 메모리 영역이다.
- 값value은 타입에 따라 다르게 해석되는 비트 집합이다.
- 변수variable는 명명된 객체이다.

C++에서 몇 가지 기본 타입을 제공하지만 여기서 하나하나 나열하진 않겠다. 전체 목록은 웹에서 [Cppreference] 같은 참조 출처를 찾아보기 바란다. 몇 가지만 살펴보자.

```
bool            // 값이 true와 false 둘 중 하나인 불리언
char            // 'a', 'z', '9' 같은 문자
int             // -273, 42, 1066 같은 정수
double          // -273.15, 3.14, 6.626e-34 같은 배정밀도 부동소수점 수
unsigned        // 0, 1, 999 같은 음수가 아닌 정수(비트 단위 논리 연산에 쓰인다)
```

각 기본 타입은 하드웨어 설비에 해당하며 각자 크기가 정해져 있어서 해당 타입에 저장할 수 있는 값의 범위가 서로 다르다.

char 변수는 주어진 머신에 실제로 문자 하나를 저장하는 데 필요한 크기(일반적으로 8-bit 바이트)이고, 다른 타입은 char보다 몇 배씩 크다. 타입의 크기는 구현에서 정의하며(즉, 머신에 따라 다를 수 있다) sizeof 연산자로 알아낸다. 예를 들어 sizeof(char)는 1이고,

sizeof(int)는 보통 4다. 다른 크기의 타입을 사용하려면 int32_t 같은 표준 라이브러리 타입 에일리어스(17.8절)를 이용한다.

수는 부동소수점이거나 정수일 수 있다.

- 부동소수점 리터럴은 소수점(예를 들어 3.14)이나 지수(예를 들어 314e-2)로 인식 된다.
- 정수 리터럴은 기본적으로 십진수이다(예를 들어 42는 사십이다). 0b 접두사는 (밑이 2인) 2진수 정수 리터럴을 가리킨다(예를 들어 0b10101010). 0x 접두사는 (밑이 16인) 16진수 정수 리터럴을 가리킨다(예를 들어 0xBAD12CE3). 0 접두사는 (밑이 8인) 8진수 정수 리터럴을 가리킨다(예를 들어 0334).

긴 리터럴을 보다 편하게 읽으려면 작은따옴표(')를 숫자 구분 기호로 사용한다. 예를 들어 π는 약 3.14159'26535'89793'23846'26433'83279'50288인데, 16진수 표기가 읽기 편하면 0x1.921F'B544'42D1'8P+1로 표현한다.

1.4.1 산술 연산

산술 연산자로 기본 타입을 적절히 조합할 수 있다.

```
x+y       // 덧셈
+x        // 단항 덧셈
x-y       // 뺄셈
-x        // 단항 뺄셈
x*y       // 곱셈
x/y       // 나눗셈
x%y       // 정수 나머지(모듈로)
```

비교 연산자도 마찬가지다.

```
x==y      // 같다
x!=y      // 같지 않다
x<y       // 작다
x>y       // 크다
```

```
x<=y        // 작거나 같다
x>=y        // 크거나 같다
```

C++는 논리 연산자도 제공한다.

```
x&y         // 비트 논리곱(and)
x|y         // 비트 논리합(or)
x^y         // 비트 배타적 논리합(exclusive or)
~x          // 비트 보수(complement)
x&&y        // 논리합(logical and)
x||y        // 논리곱(logical or)
!x          // 논리 부정(logical not(negation))
```

비트 논리 연산자는 피연산자의 각 비트에 연산을 수행한 후 피연산자 타입의 결과를 반환한다. 논리 연산자 &&와 ||는 피연산자의 값에 따라 **true**나 **false**를 반환한다. C++는 할당과 산술 연산에 기본 타입을 자유롭게 섞어 사용할 수 있도록 기본 타입 간 의미 있는 변환을 수행한다.

```
void some_function()        // 값을 반환하지 않는 함수
{
  double d = 2.2;           // 부동소수점 수를 초기화한다
  int i = 7;                // 정수를 초기화한다
  d = d+i;                  // 합을 d에 할당한다
  i = d*i;                  // 곱을 i에 할당한다. 단, double인 d*i가 int로 반올림된다
}
```

식에 일어나는 변환을 일반 산술 변환usual arithmetic conversion이라 부르며 목적은 피연산자를 가장 높은 정확도로 계산하는 것이다. 예를 들어 **double**과 **int**의 덧셈은 배정밀도 부동소수점 산술로 계산한다.

=는 할당 연산자, ==는 동등 비교 연산자임을 헷갈리지 말자.

변환 산술과 논리 연산자 외에도 C++는 변수를 수정하는 보다 특수한 연산도 제공한다.

```
x+=y        // x=x+y
++x         // 증가: x = x+1
```

```
x-=y      // x=x-y
--x       // 감소: x = x-1
x*=y      // 비례: x = x*y
x/=y      // 비례: x = x/y
x%=y      // x=x%y
```

이러한 연산자는 간결하고 편리해 매우 자주 쓴다.

x.y, x->y, x(y), x[y], x<<y, x>>y, x&&y, x||y는 왼쪽에서 오른쪽으로 평가한다. 최적화와 관련된 이슈로 인해 다른 식(예를 들어 f(x)+g(y))과 함수 인수(예를 들어 h(f(x), g(y)))는 안타깝게도 평가 순서가 불확정이다.

1.4.2 초기화

객체를 사용하려면 먼저 값을 넣어야 한다. C++는 초기화를 표현하는 다양한 표기법을 제공하는데, 앞서처럼 =를 사용하거나 보다 보편적인 방법으로 중괄호로 구분한 초기자 리스트를 사용한다.

```
double d1 = 2.3;    // d1을 2.3으로 초기화한다
double d2 {2.3};    // d2를 2.3으로 초기화한다
double d3 = {2.3};  // d3를 2.3으로 초기화한다({ ... }를 사용할 경우 =는 생략할 수 있다)

complex<double> z = 1;              // 배정밀도 부동소수점 스칼라로 된 복소수
complex<double> z2 {d1,d2};
complex<double> z3 = {d1,d2};       // { ... }를 사용할 경우 =는 생략할 수 있다

vector<int> v {1, 2, 3, 4, 5, 6};  // int 벡터
```

= 형식은 예전부터 C에서 써 왔으나 의심스러우면 보편적인 {}-리스트 형식을 사용하자. 적어도 정보를 잃는 변환은 발생하지 않는다.

```
int i1 = 7.8;   // i1은 7이 된다(뜻밖인가?)
int i2 {7.8};   // 오류: 부동소수점에서 정수로 변환
```

불행히도 double에서 int, int에서 char처럼 정보를 잃는 축소 변환narrowing conversion이 일

어날 수 있으며, =를 사용하면 암묵적으로 적용된다(하지만 {}를 사용할 때는 아니다). 암묵적 축소 변환으로 발생하는 문제는 C 호환성^{compatibility}에 따른 대가다(19.3절).

상수(1.6절)는 왼쪽 초기화될 수 없으며 변수는 극히 드문 경우에만 왼쪽 초기화돼야 한다. 변수에 적절한 값을 넣기 전에는 이름을 사용해서는 안 된다. 사용자 정의 타입(string, vector, Matrix, Motor_controller, Orc_warrior 등)은 암묵적으로 초기화되도록 정의할 수 있다 (5.2.1절).

변수를 정의할 때 초기자로부터 타입을 추론할 수 있으면 명시적으로 타입을 적지 않아도 된다.

```
auto b = true;          // bool
auto ch = 'x';          // char
auto i = 123;           // int
auto d = 1.2;           // double
auto z = sqrt(y);       // z는 sqrt(y)가 반환하는 값의 타입
auto bb {true};         // bb는 bool
```

auto를 사용하면 골치 아픈 타입 변환이 일어날 수 있어 대개 =를 선호한다. 하지만 일관되게 {} 초기화를 사용하고 싶으면 그렇게 해도 된다.

타입을 명시적으로 언급할 특별한 이유가 없으면 auto를 사용한다. "특별한 이유"란 다음과 같다.

- 정의가 광범위해서 코드의 독자에게 타입을 분명히 알리고 싶을 때
- 초기자의 타입이 분명하지 않을 때
- 변수의 범위나 정밀도를 분명히 밝히고 싶을 때(예를 들어 float 대신 double)

auto를 사용하면 중복과 긴 타입명을 막아 준다. 객체의 정확한 타입을 프로그래머가 알기 어렵고 타입명이 상당히 길 수 있는 제네릭 프로그래밍에 특히 유용하다(13.2절).

1.5 범위와 수명

선언은 어떤 범위에 그 이름을 알린다.

- **지역 범위**local scope: 함수(1.3절)나 람다(7.3.2절)에 선언된 이름을 지역명local name이라 부른다. 블록block은 { } 쌍으로 구분한다. 함수 인수명은 지역명으로 간주된다.

- **클래스 범위**class scope: 클래스 안(2.2절, 2.3절, 5장)이나 함수(1.3절), 람다(7.3.2절), enum class(2.4절) 밖에 정의된 이름은 멤버명member name(또는 클래스 멤버명class member name)이라 부른다. 선언을 감싸는 여는 {부터 닫는}까지가 범위이다.

- **네임스페이스 범위**namespace scope: 함수나 람다(7.3.2절), 클래스(2.2절, 2.3절, 5장), enum class(2.4절) 밖 네임스페이스 안에 정의된 이름을 네임스페이스 멤버명namespace member name이라 부른다. 선언 지점부터 그 네임스페이스 끝까지가 범위이다.

어떤 구조체 안에도 선언되지 않은 이름을 전역명global name이라 부르며 전역 네임스페이스global namespace에 속한다고 말한다.

이 밖에 new(5.2.2절)로 생성한 템포러리와 객체처럼 이름이 없는 객체도 있다. 예제로 살펴보자.

```
vector<int> vec;        // vec은 전역이다(정수들의 전역 벡터)

void fct(int arg)       // fct는 전역이다(전역 함수를 명명)
                        // arg는 지역이다(정수 인수를 명명)
{
  string motto {"'Who dares wins"};   // motto는 지역이다
  auto p = new Record{"Hume"};        // p는 명명되지 않은 Record(new로 생성)를 가리킨다
  // ...
}

struct Record {
  string name;                        // name은 Record의 멤버(문자열 멤버)이다
  // ...
};
```

객체는 사용하기 전에 반드시 생성돼야(초기화돼야) 하며 범위의 끝에서 소멸된다. 네임스페

이스 객체의 경우 소멸 지점은 프로그램의 끝이다. 객체의 멤버라면 소멸 지점은 그 객체가 소멸되는 시점으로 결정된다. new로 생성한 객체는 delete로 소멸시킬 때까지 "살아 있는다(5.2.2절)."

1.6 상수

C++는 두 가지 불변성immutability(변할 수 없는 상태를 갖는 객체) 표기법을 지원한다.

- const: "이 값을 바꾸지 않겠다고 약속해" 정도로 이해하면 된다. 인터페이스를 명시할 때 주로 사용한다. 수정될 염려 없이 포인터와 참조를 사용해 함수에 데이터를 전달하기 위해서다. 컴파일러는 const로 명시한 약속을 이행한다. const의 값은 런타임에 계산될 수 있다.
- constexpr: "컴파일 타임에 평가된다" 정도로 이해하면 된다. 주로 상수를 명시하거나 (손상될 가능성이 거의 없는) 읽기 전용 메모리 내 데이터를 넣거나 성능을 높이기 위해 쓴다. constexpr의 값은 컴파일러가 계산해야 한다.

예제로 보자.

```
constexpr int dmv = 17;        // dmv는 명명된 상수이다
int var = 17;                  // var는 상수가 아니다
const double sqv = sqrt(var);  // sqv는 명명된 상수이며 런타임에 계산될 수 있다

double sum(const vector<double>&); // sum은 인수를 수정하지 않는다(1.7절)

vector<double> v {1.2, 3.4, 4.5};  // v는 상수가 아니다
const double s1 = sum(v);      // OK: sum(v)은 런타임에 평가된다
constexpr double s2 = sum(v);  // error: sum(v)은 상수식이 아니다
```

상수식, 즉 컴파일러가 평가할 식에 함수를 사용하려면 그 함수를 constexpr이나 consteval로 정의해야 한다. 예제로 살펴보자.

```
constexpr double square(double x) { return x*x; }
```

```
constexpr double max1 = 1.4*square(17);   // OK: 1.4*square(17)는 상수식이다
constexpr double max2 = 1.4*square(var); // 오류: var는 상수가 아니므로 square(var)는 상수
                                         가 아니다
const double max3 = 1.4*square(var);      // OK: 런타임에 평가될 수 있다
```

상수가 아닌 인수에 constexpr 함수를 사용해도 되나 결과는 상수식이 아니다. constexpr 함수는 상수식이 필요하지 않은 상황에서는 상수식이 아닌 인수로 호출된다. 이로써 본질적으로 같은 함수를 상수식에 하나나 변수에 하나 또는 두 번 정의하지 않아도 된다. 함수를 컴파일 타임 평가에만 사용하려면 constexpr 대신 consteval로 선언한다. 예제로 보자.

```
consteval double square2(double x) { return x*x; }
```

```
constexpr double max1 = 1.4*square2(17);   // OK: 1.4*square2(17)는 상수식이다
const double max3 = 1.4*square2(var);       // 오류: var는 상수가 아니다
```

constexpr이나 consteval로 선언한 함수는 C++ 버전의 순수 함수[pure function] 개념이다. 부수 효과가 발생하지 않고 인수로 전달되는 정보만 이용할 수 있다. 특히 지역이 아닌 변수를 수정할 수 없으나 루프로 자신만의 지역변수를 사용할 수 있다. 다음은 그 예다.

```
constexpr double nth(double x, int n)   // 0<=n이라 가정한다
{
  double res = 1;
  int i = 0;
  while (i<n) {   // while 루프: 조건이 참인 동안 실행한다(1.7.1절)
    res *= x;
    ++i;
  }
  return res;
}
```

몇 가지 경우에 언어 규칙(예를 들어 배열 범위[bound](1.7절), case 레이블(1.8절), 템플릿 값 인수(7.2절), constexpr로 선언한 상수)에 상수식이 필요하다. 어떤 때는 컴파일 타임 평가가 성능에 중요하다. 성능 이슈와는 별개로 불변성(변할 수 없는 상태를 갖는 객체) 개념은 중요한 디자인 관심사이다.

1.7 포인터, 배열, 참조

배열array은 가장 기본적인 데이터 컬렉션으로써 연속적으로 할당된 같은 타입의 원소 시퀀스를 말한다. 기본적으로 하드웨어에서 제공한다. char 타입 원소들의 배열은 아래처럼 선언한다.

char v[6]; // 문자 6개짜리 배열

비슷하게 포인터는 아래처럼 선언한다.

char* p;   // 문자로의 포인터

선언에서 [ ]는 "~의 배열", *는 "~로의 포인터"를 뜻한다. 모든 배열은 하한lower bound이 0이므로 v는 v[0]에서 v[5]까지 6개의 원소를 갖는다. 배열의 크기는 상수식이어야 한다 (1.6절). 포인터 변수에는 알맞은 타입의 객체 주소를 저장한다.

char* p = &v[3]; // p는 v의 네 번째 원소를 가리킨다
char x = *p;   // *p는 p가 가리키는 객체이다

식에서 단항 접두사 *는 "~에 담긴 내용", 단항 접두사 &는 "~의 주소"를 뜻한다. 그림으로 나타내면 다음과 같다.

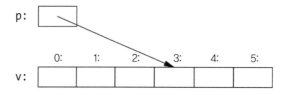

배열의 원소를 출력해보자.

```
void print()
{
  int v1[10] = {0, 1, 2, 3, 4, 5, 6, 7, 8, 9};

  for (auto i=0; i!=10; ++i) // 원소를 출력한다
```

```
    cout << v[i] << '\n';
  // ...
}
```

위 for문은 "i에 0을 할당한 후, i가 10이 아닌 동안 i번째 원소를 출력하며 i를 증가시켜라"라고 읽는다. C++는 가장 간단하게 시퀀스를 순행하는 루프인 범위 기반 for문range-for-statement이라는 보다 단순한 for문도 제공한다.

```
void print2()
{
  int v[] = {0, 1, 2, 3, 4, 5, 6, 7, 8, 9};

  for (auto x : v)                        // v 내 각 x에 대해
    cout << x << '\n';

  for (auto x : {10, 21, 32, 43, 54, 65}) // 리스트 내 각 정수에 대해
    cout << x << '\n';
  // ...
}
```

첫 번째 범위 기반 for문은 "v의 각 원소를 처음 원소부터 마지막 원소까지 x에 하나씩 복사한 후 출력하라"라고 읽는다. 코드에서 보듯이 배열을 리스트로 초기화할 때는 배열 범위를 명시하지 않아도 된다. 범위 기반 for문은 어떤 원소 시퀀스에든 사용할 수 있다(13.1절).

v의 값을 변수 x에 복사하지 말고 x가 원소를 참조하게만 하고 싶으면 다음과 같이 작성한다.

```
void increment()
{
  int v[] = {0, 1, 2, 3, 4, 5, 6, 7, 8, 9};

  for (auto& x : v) // v 내 각 x에 1을 더한다
    ++x;
  // ...
}
```

선언에서 단항 접두사 &는 "~로의 참조"를 뜻한다. 참조는 포인터와 비슷하나 참조로 참조한 값에 접근할 때 접두사 *를 쓰지 않아도 된다. 또한 참조는 1번 초기화하면 다른 객체를 참조하도록 바꿀 수 없다.

참조는 특히 함수 인수를 명시할 때 유용하다. 예제로 보자.

```
void sort(vector<double>& v);   // v (v는 double들의 벡터)를 정렬한다
```

참조를 사용했으니 sort(my_vec)을 호출할 때 my_vec이 복사되지 않는다. 즉, my_vec은 복사본 없이 정렬된다.

인수도 수정하고 싶지 않고 복사 비용도 들이기 싫으면 const 참조(1.6절), 즉, const로의 참조를 사용한다. 예제로 보자.

```
double sum(const vector<double>&)
```

const 참조를 받는 함수가 상당히 많다.

(&, *. [ ] 같은) 선언에 쓰이는 연산자를 선언자 연산자declarator operator라 부른다.

```
T a[n]     // T[n]: a는 n개의 T로 된 배열
T* p       // T*: p는 T로의 포인터
T& r       // T&: r은 T로의 참조
T f(A)     // T(A): f는 A 타입의 인수를 받아 T 타입의 결과를 반환하는 함수
```

1.7.1 널 포인터

역참조가 유효하려면 포인터가 항상 객체를 가리켜야 한다. 가리키는 객체가 없거나 "어떤 객체도 사용할 수 없다"는 개념(예를 들어 리스트 끝)을 나타내려면 포인터에 nullptr("널 포인터") 값을 할당한다. 모든 포인터 타입에 nullptr을 공통적으로 사용한다.

```
double* pd = nullptr;
Link<Record>* lst = nullptr;  // Record로의 Link를 가리키는 포인터
int x = nullptr;              // 오류: nullptr은 정수가 아니라 포인터다
```

보통은 포인터 인수가 실제로 무언가를 가리키는지 확인하는 편이 좋다.

```
int count_x(const char* p, char x)
  // p[] 내 x의 개수를 센다
  // p는 0으로 끝나는 char 배열을 가리키거나 혹은 무엇도 가리키지 않는다
{
  if (p==nullptr)
    return 0;
  int count = 0;
  for (; *p!=0; ++p)
    if (*p==x)
      ++count;
  return count;
}
```

++를 사용해 포인터가 배열의 다음 원소를 가리키도록 할 수 있으며 필요에 따라 for문에서 초기자를 생략해도 된다.

count_x()의 정의는 char*가 C 방식의 문자열$^{C\text{-style string}}$, 즉 포인터가 0으로 끝나는 char 배열을 가리킨다고 가정한다. 문자열 리터럴 내 문자는 불변이므로 count_x("Hello!")를 처리하기 위해 count_x()를 const char* 인수로 선언했다.

기존 코드에서는 nullptr 대신 전형적으로 0이나 NULL을 사용했다. 하지만 nullptr을 사용하면 정수(0이나 NULL 같은)와 포인터(nullptr 같은) 간 잠재적 혼란이 발생하지 않는다.

count_x() 예제의 for문에는 초기자가 없으니 더 간단하게 while문을 사용해도 된다.

```
int count_x(const char* p, char x)
  // p[] 내 x의 개수를 센다
  // p는 0으로 끝나는 char 배열을 가리키거나 혹은 무엇도 가리키지 않는다
{
  if (p==nullptr)
    return 0;
  int count = 0;
  while (*p) {
    if (*p==x)
      ++count;
```

```
      ++p;
  }
  return count;
}
```

while문은 조건이 false가 될 때까지 실행된다.

수 값 테스트(예를 들어 while (*p))는 값을 0과 비교(예를 들어 while (*p!=0))하는 것과 동일하다. 포인터 값 테스트(예를 들어 if (p))는 값을 nullptr과 비교(예를 들어 if (p!=nullptr))하는 것과 동일하다.

"널 참조"란 없다. 참조는 유효한 객체를 참조해야 한다(구현에서도 그렇게 가정한다). 이해하기 어렵고 기발한 방법으로 이 규칙을 피해 갈 수 있으나 그러지 말자.

1.8 테스트

C++는 if문, switch문, while루프, for루프 등의 선택selection과 반복looping을 표현하는 편리한 명령문 집합을 제공한다. 사용자 입력을 기다렸다가 그 응답을 뜻하는 불리언을 반환하는 간단한 함수를 살펴보자.

```
bool accept()
{
  cout << "Do you want to proceed (y or n)?\n";  // 질문을 쓴다
  char answer = 0; // 입력 받지 않을 값으로 초기화한다
  cin >> answer;    // 대답을 읽는다

  if (answer == 'y')
    return true;
  return false;
}
```

출력에 << 출력 연산자("~로 넣는다")를 사용하듯이 입력에는 >> 연산자("~에서 가져온다")를 사용한다. cin은 표준 입력 스트림(11장)이다. >>의 우항 피연산자의 타입이 허용할 입력을 결정하고 그 우항 피연산자에 입력 연산을 수행한다. 출력 문자열 끝의 \n 문자는 새 줄을

나타낸다(1.2.1절).

answer는 (미리 하지 않고) 정확히 필요한 시점에 정의한다. 명령문이 들어갈 위치라면 어디에든 선언할 수 있다.

("no"를 뜻하는) 대답 n까지 고려하도록 예제를 개선해보자.

```cpp
bool accept2()
{
  cout << "Do you want to proceed (y or n)?\n"; // 질문을 쓴다
  char answer = 0; // 입력 받지 않을 값으로 초기화한다
  cin >> answer; // 대답을 읽는다

  switch (answer) {
  case 'y':
    return true;
  case 'n':
    return false;
  default:
    cout << "I'll take that for a no.\n";
    return false;
  }
}
```

switch문은 값을 상수 집합과 비교하며 테스트한다. case 레이블case-label이라 부르는 이러한 상수들은 각각 고유해야 하며 테스트 값과 일치하는 레이블이 없으면 default를 수행한다. 값이 어떤 case 레이블과도 일치하지 않는데 default가 제공되지 않았으면 아무 동작도 수행하지 않는다.

꼭 switch문이 포함된 함수를 반환하는 식으로 case를 종료하지 않아도 된다. 보통은 switch문 뒤에 나오는 명령을 계속해서 수행한다. 이럴 때 break문을 사용한다. 예제로서 평범한 커맨드 비디오 게임에 쓰일 몹시 기발하지만 다소 원시적인 파서를 생각해보자.

```cpp
void action()
{
  while (true) {
```

```cpp
    cout << "enter action:\n"; // 동작을 요청한다
    string act;
    cin >> act; // 문자열로부터 문자들을 읽는다
    Point delta {0,0}; // Point는 {x,y} 쌍을 저장한다

    for (char ch : act) {
      switch (ch) {
      case 'u': // 위쪽
      case 'n': // 북쪽
        ++delta.y;
        break;
      case 'r': // 오른쪽
      case 'e': // 동쪽
        ++delta.x;
        break;
      // ... 또 다른 동작들 ...
      default:
        cout << "I freeze!\n";
      }
      move(current+delta*scale);
      update_display();
    }
  }
}
```

for문(1.7절)처럼 if문에도 변수를 넣어 테스트할 수 있다. 예제로 보자.

```cpp
void do_something(vector<int>& v)
{
  if (auto n = v.size(); n!=0) {
    // ... n!=0이면 여기를 수행한다 …
  }
  // ...
}
```

이때 정수 n은 if문 안에서만 사용할 목적으로 정의되며, v.size()로 초기화된 후, 세미콜론 뒤 n!=0 조건에 부합하는지 테스트된다. 조건 안에 선언한 이름의 범위는 if의 두 브랜치다.

for문에서도 마찬가지지만 if문 조건 안에 이름을 선언하는 이유는 변수의 범위를 제한해 가독성을 높이고 오류를 최소화하기 위해서다.

대부분은 변수가 0(이나 nullptr)인지 테스트한다. 조건을 명시적으로 언급하지 않으면 된다. 예제로 보자.

```
void do_something(vector<int>& v)
{
  if (auto n = v.size()) {
    // ... n!=0이면 여기를 수행한다 ...
  }
  // ...
}
```

최대한 위와 같이 보다 간결하고 단순한 형태를 사용하도록 하자.

1.9 하드웨어와의 매핑

C++는 하드웨어와의 직접적 매핑을 제공한다. 기초 연산의 구현을 바로 하드웨어가 제공하며, 전형적으로 단일 머신 연산이다. 예를 들어 int 2개를 더하면 정수 덧셈 머신 명령이 실행된다.

C++ 구현에서는 머신의 메모리를 메모리 위치들의 시퀀스로 본다. 그 위치에 (타입을 정한) 객체를 넣고 포인터로 객체의 주소를 지정한다.

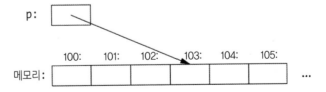

포인터는 메모리상의 머신 주소로 표현되므로 위 그림에서 p의 수 값은 103이다. 배열(1.7절)과 매우 비슷하게 느껴지는 이유는 C++에서 배열은 기본적으로 "메모리 내 인접한 객체

시퀀스"의 추상화이기 때문이다.

기초 언어 구성 요소와 하드웨어 간 이러한 단순한 매핑이 원시 저수준 성능에 중요한 역할을 한 덕분에 C와 C++는 수십 년간 유명세를 이어왔다. C와 C++의 기초 머신 모델은 수학 형식보다는 컴퓨터 하드웨어에 기반한다.

1.9.1 할당

내장 타입의 할당은 단순히 머신의 복사 연산이다. 다음을 보자.

```
int x = 2;
int y = 3;
x = y; // x는 3이 되므로 x==y다
```

설명이 따로 필요 없다. 그림으로 나타내면 다음과 같다.

x: [2]　　　y: [3]　　　x = y;　　　x: [3]　　　y: [3]

두 객체는 독립적이다. x의 값에 영향을 주지 않으면서 y의 값을 바꿀 수 있다. 예를 들어 x=99는 y의 값을 바꾸지 않는다. 자바, C# 등의 언어와 달리 C와 C++ 언어에서는 int뿐 아니라 모든 타입의 객체가 독립적이다.

서로 다른 객체가 같은 (공유) 값을 참조하게 하려면 명시적으로 선언해야 한다. 예제로 살펴보자.

```
int x = 2;
int y = 3;
int* p = &x;
int* q = &y;   // p!=q이고 *p!=*q
p = q;         // p는 &y가 된다. 이제 p==q이므로 (당연히) *p==*q다
```

그림으로 나타내면 다음과 같다.

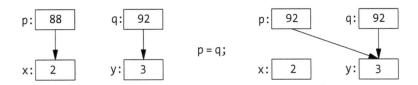

임의로 int의 주소를 88과 92로 정했다. 앞선 예제처럼 할당 받는 객체에는 할당하는 객체의 값이 들어가므로 값이 같은 두 독립적 객체(예제에서는 포인터)가 된다. 즉, p=q로 할당하면 p==q가 된다. 할당 이후 두 포인터 모두 y를 가리킨다.

참조와 포인터 둘 다 객체를 참조하며/가리키며 메모리상의 머신 주소로 표현된다. 하지만 사용하는 언어 규칙이 다르다. 참조에 할당하면 참조하는 주소가 바뀌지 않고 참조된 객체의 값이 바뀐다.

```
int x = 2;
int y = 3;
int& r = x;    // r은 x를 참조한다
int& r2 = y;   // r2는 y를 참조한다
r = r2;        // r2를 통해 읽어 r을 통해 쓰면 x는 3이 된다
```

그림으로 표현하면 다음과 같다.

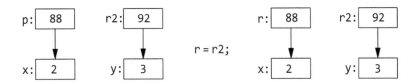

포인터가 가리키는 값에 접근할 때는 *를 사용하며, 암묵적으로 이뤄진다.

모든 내장 타입을 비롯해 올바르게 디자인한 =(할당)과 ==(동등 비교)를 제공하는 사용자 정의 타입(2장)의 경우 x=y로 할당하면 x==y가 된다.

1.9.2 초기화

초기화는 할당과 다르다. 일반적으로 할당이 올바르게 동작하면 할당 받은 객체는 값을 갖는다. 반면 초기화는 초기화하지 않은 메모리 조각을 유효한 객체로 만드는 작업이다. 거의 모든 타입에서 초기화하지 않은 변수를 읽거나 쓸 때 어떤 일이 일어날지 확실하지 않다. 참조를 생각해보자.

```
int x = 7;
int& r {x}; // r을 x에 바인딩한다(r은 x를 참조한다)
r = 7;      // r이 참조하는 객체에 할당한다

int& r2;    // 오류: 초기화하지 않은 참조
r2 = 99;    // r2가 참조하는 객체에 할당한다
```

다행히 초기화하지 않은 참조는 생성할 수 없다. 생성했다면 r2=99가 불특정 메모리 위치에 99를 할당해 잘못된 결과나 고장으로 이어졌을 것이다.

=로도 참조를 초기화할 수 있으나 이로 인해 혼란스럽지 않았으면 좋겠다. 예제로 보자.

```
int& r = x; // r을 x에 바인딩한다(r은 x를 참조한다)
```

똑같이 초기화되며 어떤 형태의 값 복사도 없이 r을 x에 바인딩한다.

string이나 vector 같은 여러 사용자 정의 타입에서도 언젠가 해제돼야 할 자원을 할당 받은 객체가 소유하므로 초기화와 할당을 구분해야 한다(6.3절).

인수 전달과 함숫값 반환의 기본 시맨틱도 초기화에 해당한다(3.4절). 참조에 의한 전달pass-by-reference이 이뤄지는 방법이 그 예다(3.4.1절).

1.10 조언

다음의 조언들은 'C++ Core Guideline'[Stroustrup, 2015]에서 발췌했다. 가이드라인 참조는 [CG: ES.23] 형태로 표현했고, 이는 표현식과 명령문Expression and Statement 절의 23번

째 규칙이라는 뜻이다. 일반적으로 핵심 가이드라인에서 더 자세한 이론적 설명과 예제를 제공한다.

[1] 당황하지 말자! 때가 되면 모든 것이 명확해진다(1.1절). [CG: In.0]

[2] 내장 기능만 단독으로 사용하지 말자. 많은 기본 (내장) 기능은 일반적으로 ISO C++ 표준 라이브러리 같은 라이브러리를 통해 간접적으로 사용하는 편이 가장 좋다(9 – 18장). [CG: P.13]

[3] 라이브러리를 #include하거나 (더 좋은 방법으로는) import해서 프로그래밍을 간소화하자 (1.2.1절).

[4] C++ 전체를 세부적으로 알지 못해도 얼마든지 좋은 프로그램을 작성할 수 있다.

[5] 언어 기능이 아니라 프로그래밍 기법에 초점을 맞추자.

[6] ISO C++ 표준에서 언어 정의 이슈를 최종적으로 결정한다(19.1.3절). [CG: P.2]

[7] 면밀히 명명한 함수로 의미 있는 연산들을 "패키징"하자(1.3절). [CG: F.1]

[8] 함수는 하나의 논리 연산만 수행해야 한다(1.3절). [CG: F.2]

[9] 함수는 되도록 짧게 쓴다(1.3절). [CG: F.3]

[10] 함수가 여러 타입에 대해 개념상 같은 작업을 수행하면 오버로딩을 이용한다(1.3절).

[11] 함수를 컴파일 타임에 평가해야 할 수 있으면 constexpr로 선언한다(1.6절). [CG: F.4]

[12] 함수를 반드시 컴파일 타임에 평가해야 하면 consteval로 선언한다(1.6절).

[13] 함수에 부수 효과가 없을 수 있으면 constexpr이나 consteval로 선언한다(1.6절). [CG: F.4]

[14] 언어 프리미티브primitive가 어떻게 하드웨어와 매핑되는지 알아두자(1.4절, 1.7절, 1.9절, 2.3절, 5.2.2절, 5.4절).

[15] 긴 리터럴은 읽기 쉽도록 숫자 구분자를 사용한다(1.4절). [CG: NL.11]

[16] 복잡한 식은 피하자. [CG: ES.40]

[17] 축소 변환narrowing conversions은 피하자(1.4.2절). [CG: ES.46]

[18] 변수 범위를 최소화하자(1.5절, 1.8절).

[19] 범위는 되도록 작게 하자(1.5절). [CG: ES.5]

[20] "매직 상수magic constant"를 피하고 심볼릭 상수symbolic constant를 사용하자(1.6절). [CG: ES.45]

[21] 가능하면 불변 데이터를 사용하자(1.6절). [CG: P.10]

[22] 선언당 이름 하나로 선언하자. [CG: ES.10]

[23] 일반적인 이름과 지역명은 되도록 짧게, 일반적이지 않고 지역명이 아닌 이름은 길게 짓자. [CG: ES.7]

[24] 비슷해 보이는 이름을 짓지 말자. [CG: ES.8]

[25] 이름을 전부 대문자(ALL_CAPS)로 짓지 말자. [CG: ES.9]

[26] 명명된 타입으로 선언할 때는 {}-초기자 문법을 사용하자(1.4절). [CG: ES.23]

[27] auto를 사용해 타입명 반복을 피하자(1.4.2절). [CG: ES.11]

[28] 초기화하지 않은 변수를 피하자(1.4절). [CG: ES.20]

[29] 변수를 초기화할 값이 생길 때까지 변수를 선언하지 말자(1.7절, 1.8절). [CG: ES.21]

[30] if문의 조건에 변수를 선언할 때는 0이나 nullptr과 암묵적으로 테스트하는 버전을 사용하자(1.8절).

[31] 명시적 루프 변수를 갖는 for-루프에는 범위-for 루프를 사용하자(1.7절).

[32] 비트 조작만 할 때는 unsigned를 사용한다(1.4절). [CG: ES.101] [CG: S.106]

[33] 포인터는 간단하고 이해하기 쉽게 사용한다(1.7절). [CG: ES.42]

[34] 0이나 NULL보다는 nullptr을 사용한다(1.7절). [CG: ES.47]

[35] 코드로 분명하게 명시할 수 있으면 주석으로 적지 않는다. [CG: NL.1]

[36] 주석에는 의도를 명시한다. [CG: NL.2]

[37] 일관된 들여쓰기 스타일을 유지한다. [CG: NL.4]

2

사용자 정의 타입

당황하지 말자!

– 더글라스 아담스^{Douglas Adams}

- 소개
- 구조체
- 클래스
- 열거
- 공용체
- 조언

2.1 소개

기본 타입(1.4절)과 const 한정자(1.6절), 선언자 연산자(1.7절)로 만들 수 있는 타입을 내장 타입^{built-in type}이라 부른다. C++는 풍부한 내장 타입과 연산 집합을 제공하지만 일부러 저수준에서 제공한다. 따라서 일반적인 컴퓨터 하드웨어의 능력을 직접적으로 그리고 효율적으로 가져다 쓴다. 반면 프로그래머가 고급 애플리케이션을 편리하게 작성할 수 있는 고수준 기능은 제공하지 않는다. 대신 내장 타입과 연산에 정교한 추상 메커니즘 집합을 추가해 프로그래머가 이러한 고수준 기능을 만들 수 있도록 했다.

기본적으로 C++ 추상 메커니즘은 프로그래머가 적절한 표현과 연산으로 자신만의 타입을 디자인하고 구현할 수 있도록, 또한 이 타입을 간단하고 명쾌하게 사용할 수 있도록 디자인됐다. C++ 추상 메커니즘을 사용해 여러 가지를 섞어 만든 타입을 사용자 정의 타입user-defined type이라 부른다. 다른 말로 클래스class와 열거enumeration라고 한다. 사용자 정의 타입은 내장 타입과 다른 사용자 정의 타입으로 만들 수 있다. 이 책은 사용자 정의 타입의 디자인과 구현, 사용을 다룬다고 해도 과언이 아니다. 일반적으로 내장 타입보다 사용자 정의 타입이 낫다. 사용하기 쉽고 오류 가능성이 적은 데다 일반적으로 내장 타입을 바로 사용하는 것만큼 효율적이거나 심지어 좀 더 낫다.

2장에서는 타입을 정의하고 사용하는 가장 간단하고 기초적인 기능을 소개한다. 4장에서 8장까지는 추상 메커니즘과 메커니즘이 지원하는 프로그래밍 스타일을 좀 더 완벽하게 설명한다. 사용자 정의 타입은 표준 라이브러리의 근간이므로 표준 라이브러리를 다루는 9장에서 17장까지는 1장에서 8장까지 다룬 언어 기능과 프로그래밍 기법으로 무엇을 만들 수 있는지 예제로 제공한다.

2.2 구조체

새 타입을 만드는 첫 번째 단계는 주로 타입에 필요한 요소를 struct라는 데이터 구조로 조직하는 것이다.

```
struct Vector {
  double* elem;   // 원소들을 가리키는 포인터
  int sz;         // 원소 수
};
```

첫 번째 Vector 버전은 int와 double*로 구성된다.

Vector 타입의 변수는 다음과 같이 정의한다.

```
Vector v;
```

하지만 v의 elem 포인터가 무엇도 가리키지 않으니 이 자체로는 쓸모가 없다. 유용해지려면 가리킬 원소를 v에게 제공해야 한다. 예제로 보자.

```
void vector_init(Vector& v, int s)        // Vector를 초기화한다
{
  v.elem = new double[s];                 // s개의 double로 된 배열을 할당한다
  v.sz = s;
}
```

v의 elem 멤버는 new 연산자가 생성한 포인터를, v의 sz 멤버는 원소 수를 받는다. Vector&에서 &는 const가 아닌 참조(1.7절)로 v를 전달한다는 뜻이다. 이렇게 하면 vector_init()은 전달받은 벡터를 수정할 수 있다.

new 연산자는 자유 공간free store(동적 메모리dynamic memory와 힙heap이라고도 부름)이라 부르는 영역의 메모리를 할당한다. 자유 공간에 할당된 객체는 그 객체가 생성된 범위와 독립적이며, delete 연산자(5.2.2절)로 소멸되기 전까지 "살아 있다(live)". 다음은 Vector를 간단히 사용하는 방법이다.

```
double read_and_sum(int s)
  // cin에서 s개의 정수를 읽어 그 합을 반환한다.  s는 양수라고 가정한다
{
  Vector v;
  vector_init(v,s);     // v에 s개의 원소를 할당한다

  for (int i=0; i!=s; ++i)
    cin>>v.elem[i];     // 원소를 읽는다

  double sum = 0;
  for (int i=0; i!=s; ++i)
    sum+=v.elem[i];     // 원소들의 합을 계산한다
  return sum;
}
```

Vector를 표준 라이브러리 벡터만큼 정교하고 유연하게 만들려면 아직 갈 길이 멀다. 특히 Vector의 사용자가 Vector의 표현에 대해 빠짐없이 자세히 알아야 한다. 2장과 이어지는

두 장에서는 점진적으로 Vector를 개선해 나가며 언어 기능과 기법의 예제를 보이겠다. 12 장에서 여러 가지 측면이 뛰어나게 개선된 표준 라이브러리 vector를 소개한다.

vector와 몇 가지 표준 라이브러리 컴포넌트를 예제로 사용해 다음 두 가지를 설명하겠다.

- 언어 기능과 디자인 기법
- 표준 라이브러리 컴포넌트를 보다 쉽게 배우고 사용하는 방법

vector와 string 같은 표준 라이브러리 컴포넌트를 굳이 다시 만들 필요 없이 가져다 쓰자. 소문자인 표준 라이브러리 타입명과 구분하기 위해 디자인과 구현 기법 설명에 사용할 타입명은 앞 글자를 대문자로 시작하겠다(예를 들어 Vector와 String).

이름(과 참조)을 통해 struct 멤버에 접근할 때는 .(점)을, 포인터를 통해 struct 멤버에 접근할 때는 ->를 사용한다. 예제로 보자.

```
void f(Vector v, Vector& rv, Vector* pv)
{
  int i1 = v.sz;     // 이름으로 접근
  int i2 = rv.sz;    // 참조로 접근
  int i3 = pv->sz;   // 포인터로 접근
}
```

2.3 클래스

데이터에 수행할 연산을 별도로 분리해서 명시하면 데이터를 임의로 사용할 수 있는 등의 장점이 있다. 하지만 사용자 정의 타입이 "실제 타입"에 요구되는 특성을 전부 만족하려면 표현과 연산을 보다 밀접하게 관련시켜야 한다. 특히 용법을 단일화하고 데이터의 일관된 사용을 보장하고 향후 표현을 개선할 수 있도록 사용자가 표현에 접근하지 못하게 하고 싶을 때가 많다. 이렇게 하려면 타입의 인터페이스(누구나 접근하는 부분)와 구현(그 밖에 접근 불가능한 데이터에 접근하는 부분)을 구분해야 한다. 이를 수행하는 언어 메커니즘을 클래스class라고 부른다. 클래스는 멤버member들의 집합이며, 멤버는 데이터나 함수, 타입 멤버일 수 있다.

클래스의 인터페이스는 public 멤버로 정의되며, private 멤버는 인터페이스로만 접근할 수 있다. 클래스 선언에서 public과 private의 순서는 중요하지 않으나 표현을 강조하고 싶을 때를 제외하고는 관례상 public을 먼저, private을 나중에 선언한다. 예제로 보자.

```cpp
class Vector {
public:
  Vector(int s) :elem{new double[s]}, sz{s} { }  // Vector를 생성한다
  double& operator[](int i) { return elem[i]; }  // 원소 접근: 첨자 지정(subscripting)
  int size() { return sz; }
private:
  double* elem;   // 원소들을 가리키는 포인터
  int sz;         // 원소 수
};
```

새로 만든 Vector 타입의 변수를 정의해보자.

Vector v(6); // 원소 6개로 된 Vector

Vector 객체를 그림으로 나타내면 다음과 같다.

기본적으로 Vector 객체는 원소(elem)들을 가리키는 포인터와 원소 수(sz)가 들어 있는 "핸들"이다. 원소 수(예제에서는 6개)는 Vector 객체마다 다르며 한 Vector 객체의 원소 수도 그때그때 다를 수 있다(5.2.3절). 단, Vector 객체 자체의 크기는 항상 같다. C++는 이 기법에 기반해 변화하는 양을 처리한다. "어딘가에서"(예를 들어 new로 할당된 자유 공간(5.2.2절)) 변화하는 데이터 양을 참조하는 정해진 크기의 핸들을 두는 것이다. 이러한 객체를 디자인하고 사용하는 방법을 5장에서 핵심적으로 다루겠다.

예제에서는 Vector 표현(멤버인 elem and sz)을 public 멤버가 제공하는 인터페이스인 Vector(), operator[](), size()로만 접근할 수 있다. 이제 2.2절에서 보인 *read_and_* sum() 예제를 간소화해보자.

```
double read_and_sum(int s) {
  Vector v(s);    // 원소 s개로 된 벡터를 생성한다
  for (int i=0; i!=v.size(); ++i)
    cin>>v[i];    // 원소들을 읽는다

  double sum = 0;
  for (int i=0; i!=v.size(); ++i)
    sum+=v[i];    // 원소들의 합을 구한다
  return sum;
}
```

클래스와 이름이 같은 멤버 함수를 생성자constructor라 부르며, 말 그대로 클래스의 객체를 생성하는 함수다. 따라서 2.2절의 vector_init() 대신 생성자 Vector()를 사용했다. 일반적인 함수와 달리 생성자는 클래스의 객체를 초기화할 때 무조건 호출된다. 즉, 생성자를 정의함으로써 클래스에 초기화하지 않은 변수가 생기는 문제가 해결된다.

Vector(int)는 Vector 타입의 객체를 어떻게 생성하는지 정의한다. 구체적으로 정수가 있어야 생성할 수 있다고 명시한다. 이 정수는 원소 수로 쓰인다. 생성자는 멤버 초기자 리스트를 사용해 Vector 멤버를 초기화한다.

```
:elem{new double[s]}, sz{s}
```

즉, 자유 공간에서 가져온 s개의 double 타입 원소로의 포인터로 elem을 초기화한다. 이어서 s로 sz를 초기화한다.

원소 접근은 operator[]라는 첨자subscript 함수로 제공한다. 이 함수는 적절한 원소로의 참조(읽기와 쓰기를 모두 허용하는 double&)를 반환한다.

size() 함수는 사용자에게 원소 수를 제공한다.

코드에 오류 처리가 전혀 보이지 않는데 4장에서 다시 다루겠다. 비슷하게 new로 획득한 double 배열을 "되돌려주는" 메커니즘도 제공하지 않았다. 5.2.2절에서 간결하게 되돌려주는 소멸자를 어떻게 정의하는지 보이겠다.

struct와 class는 기본적으로 차이가 없다. struct는 기본값으로 public 멤버를 갖는 class일 뿐이다. 즉, struct에 생성자와 다른 멤버 함수를 정의할 수 있다.

2.4 열거

클래스 외에도 C++는 값을 열거할 수 있는 간단한 형태의 사용자 정의 타입을 제공한다.

```
enum class Color { red, blue, green };
enum class Traffic_light { green, yellow, red };

Color col = Color::red;
Traffic_light light = Traffic_light::red;
```

이때 열거자enumerator(예를 들어 red)는 해당 enum class의 범위에 속하므로 다른 enum class에 혼란 없이 반복적으로 쓰일 수 있다. 예를 들어 Color::red는 Color의 red이며 Traffic_light::red와는 다르다.

열거는 작은 정수 값 집합을 표현하는 데 쓰인다. 상징적인 (그리고 연상적인) 열거자 이름을 통해 코드 가독성을 높이고 오류 발생 가능성을 줄인다.

enum 뒤에 나오는 class는 열거가 강형strongly-typed임을 명시하고 열거자의 범위를 지정한다. 별도의 타입을 지정함으로써 enum class는 우연히 상수를 잘못 사용하는 일이 없도록 방지한다. 즉, Traffic_light와 Color 값이 섞이지 않는다.

```
Color x1 = red;                    // 오류: 어떤 red인가?
Color y2 = Traffic_light::red;     // 오류: 이 red는 Color가 아니다
Color z3 = Color::red;             // OK
auto x4 = Color::red;              // OK: Color::red는 Color이다
```

마찬가지로 Color와 정수 값도 암묵적으로 섞이지 않는다.

```
int i = Color::red; // 오류: Color::red는 int가 아니다
Color c = 2; // 초기화 오류: 2는 Color가 아니다
```

enum으로 변환하려는 시도를 잡아내 오류를 방지하면 좋겠지만 대개 enum의 내부 타입(기본값은 int) 값으로 enum을 초기화하려 하므로 허용되며, 내부 타입을 enum으로 명시적으로 변환할 때도 마찬가지이다.

```
Color x = Color{5}; // OK이지만 장황하다
Color y {6}; // 이것도 OK
```

비슷하게 enum 값을 명시적으로 내부 타입으로 변환할 수도 있다.

```
int x = int(Color::red);
```

기본적으로 enum class에는 할당, 초기화, 비교(예를 들어 ==와 <, 1.4절)만 정의돼 있다. 하지만 열거는 사용자 정의 타입이므로 열거에 사용할 연산을 정의할 수 있다(6.4절).

```
Traffic_light& operator++(Traffic_light& t) // 전위 증가 연산자: ++
{
  switch (t) {
  case Traffic_light::green: return t=Traffic_light::yellow;
  case Traffic_light::yellow: return t=Traffic_light::red;
  case Traffic_light::red: return t=Traffic_light::green;
  }
}

auto signal = Traffic_light::red;
Traffic_light next = ++signal; // next는 Traffic_light::green이 된다
```

Traffic_light라는 열거 이름을 반복해서 쓰기 귀찮으면 특정 범위 안에서 줄여 쓸 수 있다.

```
Traffic_light& operator++(Traffic_light& t) // 전위 증감 연산자: ++
{
  using enum Traffic_light; // 여기서는 Traffic_light를 사용한다

  switch (t) {
  case green: return t=yellow;
  case yellow: return t=red;
```

```
    case red: return t=green;
  }
}
```

열거자 이름을 명시적으로 한정하고 싶지 않고 (명시적 변환이 필요 없도록) 열거자 값을 int
로 두려면 enum class에서 class를 빼고 "일반적인" enum으로 만든다. "일반적인" enum
의 열거자는 그 enum의 이름과 같은 범위에 속하며, 암묵적으로 해당하는 정숫값으로 변환
된다. 예제로 살펴보자.

```
enum Color { red, green, blue };
int col = green;
```

여기서 col은 값 1이다. 기본적으로 열거자의 정숫값은 0부터 시작하고, 다음 열거자마다
1씩 증가한다. "일반적인" enum은 C++(와 C) 초창기부터 지원한 기능이라 동작이 매끄럽지
않은데도 요즘 코드에 흔히 보인다.

2.5 공용체

공용체union는 모든 멤버를 같은 주소에 할당한 struct로서 그 union에서 가장 큰 멤버의
크기만큼 공간을 차지한다. 다시 말해 union에는 1번에 딱 한 멤버의 값만 저장할 수 있다.
이름과 값을 저장하는 기호표를 예로 생각해보자. 값은 Node*이거나 int다.

```
enum class Type { ptr, num };    // Type에는 ptr과 num 값을 저장할 수 있다(2.4절)

struct Entry {
  string name;                  // string은 표준 라이브러리 타입이다
  Type t;
  Node* p;                      // t==Type::ptr이면 p를 사용한다
  int i;                        // t==Type::num이면 i를 사용한다
};

void f(Entry* pe)
{
  if (pe->t == Type::num)
```

```
    cout << pe->i;
  // ...
}
```

멤버 p와 i를 동시에 저장할 일이 없으니 이렇게 하면 공간이 낭비된다. 아래처럼 union의 멤버로 명시하면 문제가 쉽게 풀린다.

```
union Value {
  Node* p;
  int i;
};
```

Value::p와 Value::i는 같은 Value 객체의 메모리 주소에 저장된다.

대량의 메모리를 사용하는 애플리케이션에서는 최대한 압축시켜 표현해야 하므로 이러한 종류의 공간 최적화가 중요하다.

언어에서 별도로 union에 어떤 종류의 값이 저장되는지 관리하지 않으므로 프로그래머가 직접 해야 한다.

```
struct Entry {
  string name;
  Type t;
  Value v; // t==Type::ptr이면 v.p를, t==Type::num이면 v.i를 사용한다
};

void f(Entry* pe)
{
  if (pe->t == Type::num)
    cout << pe->v.i;
  // ...
}
```

판별자discriminant나 태그tag라 부르는 타입 필드type field(예제에서는 t)와 union에 저장할 타입 간 관련성을 유지하는 과정에서 오류가 발생하기 쉽다. 공용체와 타입 필드를 클래스 내에 캡슐화해 관련시키고 올바르게 공용체를 사용하는 멤버 함수로만 접근하게 하면 오류를 막

을 수 있다. 애플리케이션 단에서 이와 같이 태깅된 공용체^{tagged union}를 이용해 추상화하는 방법이 일반적이며 유용하다. "노출된" union이 가장 적게 쓰인다.

variant라는 표준 라이브러리 타입을 이용하면 공용체를 직접 사용하지 않아도 된다. variant는 여러 타입 집합 중 하나의 값을 저장한다(15.4.1절). 예를 들어 variant<Node*, int>에 Node*나 int를 저장할 수 있다. variant를 사용해 Entry 예제를 작성해보겠다.

```cpp
struct Entry {
  string name;
  variant<Node*,int> v;
};

void f(Entry* pe)
{
  if (holds_alternative<int>(pe->v))     // *pe가 int를 저장하는가?(15.4.1절 참고)
    cout << get<int>(pe->v);             // int를 가져온다
  // ...
}
```

많은 경우 union보다 variant가 사용하는 편이 더 간단하고 안전하다.

2.6 조언

[1]   내장 타입이 너무 저수준이면 내장 타입 대신 명확한 사용자 정의 타입을 사용하자(2.1절).

[2]   연관된 데이터를 구조화(struct나 class)하자(2.2절). [CG: C.1]

[3]   class를 사용해 인터페이스와 구현을 구분하자(2.3절). [CG: C.3]

[4]   struct는 기본값으로 public 멤버를 갖는 클래스일 뿐이다(2.3절).

[5]   생성자를 정의해 클래스 초기화를 보장하고 간소화하자(2.3절). [CG: C.2]

[6]   열거를 사용해 명명된 상수 집합을 표현하자(2.4절). [CG: Enum.2]

[7]   예상 밖의 일을 최소화하려면 "일반적인" enum보다는 enum class가 낫다(2.4절). [CG: Enum.3]

[8] 안전하고 간단하게 사용하려면 열거에 연산을 정의하자(2.4절). [CG: Enum.4]

[9] "노출된" union은 피하고, 타입 필드를 포함하는 클래스로 래핑하자(2.5절). [CG: C.181]

[10] "노출된 union"보다 std::variant가 낫다(2.5절).

3

모듈성

너나 잘해!

– 격언

- 소개
- 분리 컴파일
    - 헤더 파일과 모듈
- 네임스페이스
- 함수 인수와 반환값
    - 인수 전달, 값 반환, 반환 타입 추론, 후위 반환 타입, 구조적 바인딩
- 조언

3.1 소개

C++ 프로그램은 함수(1.2.1절), 사용자 정의 타입(2장), 클래스 계층 구조(5.5절), 템플릿(7장)
등 별도로 개발된 여러 부분으로 구성된다. 이렇게 많은 부분을 관리하는 핵심은 서로의 인
터랙션을 명확하게 정의하는 것이다. 가장 중요한 첫 번째 단계로서 한 요소 내에서 인터페
이스와 구현을 구분해야 한다. C++는 언어 수준에서 선언으로 인터페이스를 표현한다. 선
언declaration은 함수나 타입 사용에 필요한 요소를 전부 나열한다. 예제로 살펴보자.

```cpp
double sqrt(double); // 제곱근 함수는 double을 받아 double을 반환한다

class Vector {        // Vector 사용에 필요한 요소
public:
  Vector(int s);
  double& operator[](int i);
  int size();

private:
  double* elem;     // elem은 sz개의 double로 된 배열을 가리킨다
  int sz;
};
```

위 코드의 핵심은 함수 본문, 즉 함수 정의가 "다른 곳"에 있을 수 있다는 것이다. Vector 표현도 "다른 곳"에 둘 수 있으나 이 문제는 나중에 다루겠다(5.3절의 추상 타입). 다음은 sqrt()의 정의이다.

```cpp
double sqrt(double d) // sqrt()의 정의
{
  // ... 수학책에 나오는 알고리듬 ...
}
```

Vector의 세 가지 멤버 함수를 모두 정의해야 한다.

```cpp
Vector::Vector(int s)          // 생성자 정의
  :elem{new double[s]}, sz{s}    // 멤버를 초기화한다
{
}

double& Vector::operator[](int i) // 첨자 지정 정의
{
  return elem[i];
}

int Vector::size() // size() 정의
{
  return sz;
}
```

62

표준 라이브러리에 들어 있는 sqrt()를 제외하고 Vector의 함수를 전부 정의해야 한다. 다만 라이브러리 역시 같은 언어 기능으로 작성된 "사용할 수 있는 또 다른 코드"일 뿐이니 실질적으로는 차이가 없다.

함수 등의 엔티티에 대해 선언은 여러 개일 수 있으나 정의는 딱 하나이다.

3.2 분리 컴파일

C++는 사용자 코드에 사용할 타입과 함수의 선언만 보여지는 분리 컴파일separate compilation 개념을 지원한다. 두 가지 방법으로 할 수 있다.

- **헤더 파일**(3.2.1절): 헤더 파일header file이라는 별개의 파일에 선언을 넣은 후, 선언이 필요한 곳에서 헤더 파일명으로 헤더 파일을 #include한다.
- **모듈**(3.2.2절): module 파일을 정의해 별도로 컴파일한 후, 필요한 곳에서 import한다. 명시적으로 export한 선언만이 그 module을 import한 코드에 보여진다.

어떤 방법을 사용하든 프로그램을 반독립적인semi-independent 코드 조각 집합으로 조직할 수 있다. 분리를 통해 컴파일 횟수가 최소화되며, 논리적으로 구분된 프로그램의 여러 부분이 분리된다(즉, 오류 가능성 최소화). 라이브러리는 대개 별도로 컴파일된 코드 조각(가령 함수)들의 모음이다.

헤더 파일로 코드를 조직하는 기법은 C 초창기 시절로 거슬러 올라가며 여전히 가장 일반적이다. C++20부터 새로 나온 모듈은 바이러스 예방과 컴파일 시간에 있어 엄청난 이점을 제공한다.

3.2.1 헤더 파일

모듈로 사용할 코드 조각의 인터페이스를 명시한 선언은 전통적으로 그 용도를 나타내는 이름으로 된 파일에 넣는다. 예제로 보자.

```
// Vector.h:
```

```
class Vector {
public:
  Vector(int s);
  double& operator[](int i);
  int size();
private:
  double* elem; // elem은 sz개의 double로 된 배열을 가리킨다
  int sz;
};
```

위 선언을 Vector.h 파일에 넣는다. 그럼 사용자는 헤더 파일이라 부르는 Vector.h 파일을 #include해 인터페이스에 접근한다. 예제로 보자.

```
// user.cpp:

#include "Vector.h"      // Vector의 인터페이스를 가져온다
#include <cmath>         // sqrt()를 포함하는 표준 라이브러리 수학 함수 인터페이스를 가져온다

double sqrt_sum(const Vector& v)
{
  double sum = 0;
  for (int i=0; i!=v.size(); ++i)
    sum+=std::sqrt(v[i]);         // 제곱근의 합
  return sum;
}
```

컴파일러가 일관성을 보장할 수 있도록 Vector를 구현한 .cpp 파일에서도 인터페이스를 제공하는 .h 파일을 인클루드한다.

```
// Vector.cpp:

#include "Vector.h" // Vector의 인터페이스를 가져온다

Vector::Vector(int s)
  :elem{new double[s]}, sz{s} // 멤버를 초기화한다
{
}
```

```cpp
double& Vector::operator[](int i)
{
  return elem[i];
}

int Vector::size()
{
  return sz;
}
```

user.cpp와 Vector.cpp의 코드는 Vector.h의 Vector 인터페이스 정보를 공유하나 그 외에는 독립적이며 별개로 컴파일할 수 있다. 프로그램 조각을 그림으로 나타내면 다음과 같다.

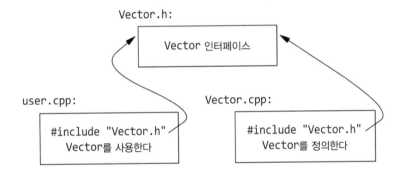

프로그램을 조직하는 가장 좋은 방법은 종속성을 잘 정의한 모듈 집합으로 프로그램을 보는 것이다. 헤더 파일은 파일을 통해 이러한 모듈성을 나타내고, 이어서 분리 컴파일을 통해 이러한 모듈성을 활용한다.

독립적으로 컴파일되는 .cpp 파일(이 파일에서 #include하는 h 파일 포함)을 번역 단위translation unit라 부른다. 프로그램은 수천 개의 번역 단위로 이뤄질 수 있다.

헤더 파일과 #include는 모듈성을 시뮬레이션하는 아주 오래된 방법이며, 몇 가지 심각한 단점을 지닌다.

- **컴파일 시간**: 101개의 번역 단위에서 header.h를 #include하면 컴파일러는 header

.h의 텍스트를 101번 처리한다.

- **순서 종속성**: header2.h보다 header1.h를 먼저 #include하면 header1.h에 들어 있는 선언과 매크로가 header2.h 내 코드의 의미를 바꿀 수 있다. 반대로 header1 .h보다 header2.h를 먼저 #include하면 header2.h가 header1.h 내 코드에 영향을 미칠 수 있다.

- **비일관성**: 타입이나 함수 같은 엔티티를 한 파일에 정의한 후 조금 다르게 또 다른 파일에 정의하면 고장이나 알아채기 어려운 오류로 이어질 수 있다. 이러한 문제는 우연히 혹은 고의로 엔티티를 한 헤더가 아니라 두 소스 파일에 별도로 선언하거나 헤더 파일 간 순서 종속성을 통해 선언할 때 발생한다.

- **이행성**: 헤더 파일 내 선언 표현에 필요한 모든 코드는 그 헤더 파일에 제시해야 한다. 이렇게 하지 않으면 헤더 파일이 다른 헤더를 #include해 코드가 거대해지고, 이로 인해 의도했든 우연이었든 헤더 파일의 사용자는 이러한 세부 구현에 의존할 수밖에 없게 된다.

보다시피 이상적이지 못한 방법이며 1970년대 초반 C에 처음 도입됐을 때부터 비용과 버그를 발생시키는 주된 원인이었다. 하지만 헤더 파일은 수십 년간 써왔고, 대규모 프로그램을 업데이트하려면 비용과 시간이 많이 소모되므로 #include가 쓰인 구식 코드는 아주 오랫동안 "살아남을" 것이다.

3.2.2 모듈

C++20부터 드디어 언어 단에서 모듈성을 직접적으로 표현하는 방법을 지원하기 시작했다 (19.2.4절). 3.2절의 Vector와 sqrt_sum() 예제를 module을 사용해 표현해보겠다.

```
export module Vector; // "Vector"라는 모듈 정의

export class Vector {
public:
  Vector(int s);
  double& operator[](int i);
```

```cpp
    int size();
private:
  double* elem;   // elem은 sz개의 double로 된 배열을 가리킨다
  int sz;
};

Vector::Vector(int s)
  :elem{new double[s]}, sz{s}   // 멤버를 초기화한다
{
}

double& Vector::operator[](int i)
{
  return elem[i];
}

int Vector::size()
{
  return sz;
}

export bool operator==(const Vector& v1, const Vector& v2)
{
  if (v1.size()!=v2.size())
    return false;
  for (int i = 0; i<v1.size(); ++i)
    if (v1[i]!=v2[i])
      return false;
  return true;
}
```

위 코드는 Vector라는 module을 정의한다. 이 module은 Vector 클래스, 그 클래스의 모든 멤버 함수, == 연산자를 정의하는 비멤버 함수를 익스포트한다.

위 module을 사용하려면 필요한 곳에서 import하면 된다. 예제로 보자.

```cpp
import Vector;           // Vector의 인터페이스를 가져온다
#include <cmath>         // sqrt()를 포함하는 표준 라이브러리 수학 함수 인터페이스를 가져온다
```

```
double sqrt_sum(Vector& v)
{
  double sum = 0;
  for (int i=0; i!=v.size(); ++i)
    sum+=std::sqrt(v[i]);  // 제곱근의 합
  return sum;
}
```

표준 라이브러리 수학 함수를 import해도 되지만 예전 방식과 새로운 방식을 함께 사용
할 수 있음을 보이기 위해 전통적 방식으로 #include했다. 구식 코드에서 #include 대신
import로 점차적으로 업그레이드하려면 이러한 배합은 필수다.

헤더와 모듈은 단지 문법만 다른 것이 아니다.

- 모듈은 딱 한 번 컴파일된다(그 모듈이 쓰이는 번역 단위마다 컴파일되지 않는다).
- 두 모듈은 의미에 영향을 주지 않으면서 어떤 순서로든 임포트할 수 있다.
- 모듈로 import하거나 #include하면 모듈의 사용자는 암묵적으로 그 모듈에 접근
  할 수 없다(또한 그 모듈에 신경 쓰지 않는다). 즉, import는 이행적이 아니다.

유지 보수성과 컴파일 타임 성능에 어마어마한 영향을 끼치기도 한다. 예를 들어 다음을 사
용해 "Hello, World!" 프로그램을 측정하면,

import std;

다음을 사용한 버전보다 10배 더 빨리 컴파일된다.

#include<iostream>

std 모듈이 <iostream> 헤더보다 정보가 10배 이상 많은 표준 라이브러리 전체를 포함하
는데도 더 빠르다. 헤더는 직접적으로 혹은 간접적으로 포함하는 것을 전부 컴파일러에게
전달하는 반면, 모듈은 인터페이스만 익스포트하기 때문이다. 덕분에 너무나 많은 헤더 중
에 무엇을 #include해야 하는지 외우지 않고도 큰 모듈을 사용할 수 있다. 지금부터 모든
예제에 import std를 가정하겠다.

안타깝게도 module std는 C++20에 없다. 부록 A에서 표준 라이브러리 구현에서 module std를 제공하지 않더라도 가져오는 방법을 설명한다.

모듈을 정의할 때는 선언과 정의를 별도의 파일로 분리하지 않아도 된다. 소스 코드 구성이 더 나아진다면 모를까 굳이 할 필요 없다. Vector 모듈을 간단히 정의해보겠다.

```
export module Vector;  // "Vector"라는 모듈을 정의한다

export class Vector {
  // ...
};

export bool operator==(const Vector& v1, const Vector& v2) {
  // ...
}
```

이제 프로그램 조각을 그림으로 나타내보겠다.

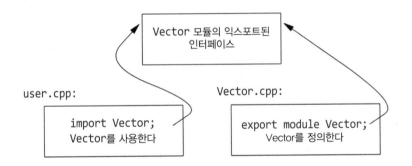

컴파일러는 export 지정자specifier로 명시한 모듈의 인터페이스와 세부 구현을 분리한다. 즉, Vector 인터페이스는 컴파일러가 생성하지만 사용자가 명시적으로 명명하지는 않는다.

module을 사용하면 사용자에게 세부 구현을 숨기느라 코드가 복잡해지지 않는다. module 은 export된 선언으로의 접근 권한만 부여한다. 다음을 보자.

```
export module vector_printer;

import std;
```

```
export
template<typename T>
void print(std::vector<T>& v)        // 사용자에게 보여지는 (유일한) 함수이다
{
  cout << "{\n";
  for (const T& val : v)
    std::cout << " " << val << '\n';
  cout << '}';
}
```

평범한 모듈 하나를 import했을 뿐인데 갑자기 모든 표준 라이브러리에 접근할 수 없게
된다.

template<typename T>는 함수를 타입으로 매개변수화하는 방법이다(7.2절).

3.3 네임스페이스

함수(1.3절), 클래스(2.3절), 열거(2.4절) 외에 C++는 여러 선언을 한데 묶어 서로의 이름이
충돌하지 않도록 표현하는 메커니즘인 네임스페이스를 지원한다. 사용자가 만든 복소수 타
입을 실험하고 싶다고 하자(5.2.1절, 17.4절).

```
namespace My_code {
  class complex {
    // ...
  };

  complex sqrt(complex);
  // ...

  int main();
}

int My_code::main()
{
  complex z {1,2};
  auto z2 = sqrt(z);
```

```
    std::cout << '{' << z2.real() << ',' << z2.imag() << "}\n";
    // ...
}

int main()
{
    return My_code::main();
}
```

위 코드를 My_code 네임스페이스에 넣으면 위 이름들과 std 네임스페이스(3.3절) 내 표준
라이브러리 이름이 충돌하지 않는다. 표준 라이브러리는 복잡한 산술을 지원하지 않으므로
(5.2.1절, 17.4절) 면 예방 수단이다.

다른 네임스페이스 내 이름에 접근할 때는 네임스페이스명으로 그 이름을 한정하는 방법이
가장 간단하다(예를 들어 std::cout와 My_code::main). "실제 main()"은 전역 네임스페이스에
정의되고, 정의된 네임스페이스나 클래스, 함수에 지역으로 정의되지 않는다.

이름을 반복적으로 한정하면 장황하거나 산만해지므로 using 선언using-declaration으로 그 이
름을 어떤 범위 안으로 가져올 수 있다.

```
void my_code(vector<int>& x, vector<int>& y)
{
    using std::swap;        // 표준 라이브러리 swap을 지역적으로 사용할 수 있다
    // ...
    swap(x,y);              // std::swap()
    other::swap(x,y);       // 다른 swap()
    // ...
}
```

using 선언은 네임스페이스의 이름을 그 이름이 나타난 범위에 선언된 것처럼 사용하게 해
준다. using std::swap 이후 swap은 my_code() 내에 선언된 swap으로 간주된다.

표준 라이브러리 네임스페이스 내 이름에 접근하려면 using 디렉티브using-directive를 사용
하자.

```
using namespace std;
```

using 디렉티브를 사용하면 그 디렉티브를 둔 범위 안에서는 한정자 없이 명명한 네임스페이스의 이름에 접근할 수 있다. 즉, std에 using 디렉티브를 사용하면 std::cout 대신 간단히 cout으로 작성해도 된다. 예를 들어 앞서 정의한 평범한 vector_printer 모듈에서 std:: 한정자를 반복하지 않아도 된다.

```
export module vector_printer;

import std;
using namespace std;

export
template<typename T>
void print(vector<T>& v)    // 사용자에게 보여지는 (유일한) 함수다.
{
  cout << "{\n";
  for (const T& val : v)
    cout << " " << val << '\n';
  cout << '}';
}
```

무엇보다 네임스페이스 디렉티브는 그 모듈에 지역적인 세부 구현이라 모듈의 사용자에게 영향을 미치지 않는다.

using 디렉티브를 사용하면 네임스페이스 내 이름을 선택적으로 사용할 수 없으므로 신중해야 하며, 보통은 애플리케이션에 아주 흔한 라이브러리(예를 들어 std)나 namespace를 사용하지 않았던 애플리케이션을 변환할 때 사용한다.

네임스페이스는 주로 라이브러리 같은 더 큰 프로그램 컴포넌트 구성에 쓰인다. 별도로 개발된 부분을 프로그램으로 구성할 때보다 간소해진다.

3.4 함수 인수와 반환값

프로그램의 한 부분에서 다른 부분으로 정보를 전달하는 주된 방법이자 권장하는 방법은 함수 호출function call을 통해서다. 작업 수행에 필요한 정보를 함수에 인수로 전달하고 생성

72

된 결과를 다시 반환값으로 전달받는다. 예제로 살펴보자.

```cpp
int sum(const vector<int>& v)
{
  int s = 0;
  for (const int i : v)
    s += i;
  return s;
}

vector fib = {1, 2, 3, 5, 8, 13, 21};

int x = sum(fib); // x는 53이 된다
```

함수 간 정보를 전달하는 또 다른 경로로 전역변수(1.5절)와 클래스 객체의 공유 상태(5장)가 있다. 전역변수는 알려진 오류의 원인이기에 되도록 사용을 자제해야 하며, 일반적으로 상태는 명확한 추상을 공동으로 구현한 함수 간에만 공유해야 한다(예를 들어 클래스의 멤버 함수. 2.3절).

함수와 정보를 주고받는 것이 너무나 중요하기에 그 방법도 다양하다. 다음을 핵심적으로 고려해야 한다.

- 객체를 복사하거나 공유하는가?
- 객체를 공유한다면 가변인가?
- "빈 객체empty object"를 남기고 객체를 이동시키는가? (6.2.2절)

인수 전달이든 값 반환이든 기본 동작은 "복사하기(1.9절)"이지만 지나치게 자주 복사할 경우 암묵적으로 이동move으로 최적화할 수 있다.

sum() 예제에서 결괏값 int는 sum() 밖으로 복사할 수 있으나 잠재적으로 아주 클 수 있는 vector를 sum()으로 복사하는 것은 비효율적이고 무의미하므로 인수를 참조(&로 가리킴, 1.7절)로 전달한다.

sum()은 인수를 전혀 수정하지 않는다. vector 인수를 const(1.6절)로 선언함으로써 이러한 불변성을 표현하고, vector를 const 참조const-reference로 전달한다.

3.4.1 인수 전달

함수로 값을 넣는 법부터 먼저 살펴보자. 복사("값으로 전달")가 기본이고, 호출자의 환경에서 객체를 참조하려면 참조("참조로 전달")를 사용한다. 예제로 보자.

```cpp
void test(vector<int> v, vector<int>& rv) // v는 값으로 전달하고, rv는 참조로 전달한다
{
  v[1] = 99;      // v(지역변수)를 수정한다
  rv[2] = 66;     // rv가 참조하는 것을 수정한다
}

int main()
{
  vector fib = {1, 2, 3, 5, 8, 13, 21};
  test(fib,fib);
  cout << fib[1] << ' ' << fib[2] << '\n';   // 2 66을 출력한다
}
```

성능을 고려할 때 보통 값이 작으면 값으로, 크면 참조로 전달한다. 여기서 "작다"는 의미는 "복사 비용이 매우 저렴하다"는 뜻이다. "작다"의 정확한 의미는 머신 아키텍처에 따라 다르나 어림잡아 "두 세 포인터 정도의 크기"이다. 이에 따라 성능이 크게 좌우된다면 직접 측정해보자.

성능상의 이유로 참조로 전달하고 싶은데 인수를 수정하지 않을 때는 sum() 예제처럼 const 참조로 전달한다. 빠르고 오류 가능성이 적어 보통의 잘 짜인 코드에서 가장 일반적으로 쓰인다.

함수 인수에 기본값, 즉 우선되거나 단순히 가장 일반적인 값을 둘 때가 많다. 이러한 기본값을 기본 함수 인수^{default function argument}로 명시할 수 있다. 예제로 보자.

```cpp
void print(int value, int base =10); // 밑을 "base"로 해서 값을 출력한다

print(x,16); // 16진수
print(x,60); // 60진수(수메르 방식)
print(x); // 기본 설정인 10진수를 사용한다
```

다음은 오버로딩보다 기호적으로 더 간단한 방법이다.

```
void print(int value, int base); // 밑을 "base"로 해서 값을 출력한다

void print(int value) // 밑을 10으로 해서 값을 출력한다
{
  print(value,10);
}
```

기본 인수를 사용한다는 것은 함수 정의가 하나뿐이라는 뜻이다. 이해하기 쉽고 코드 크기도 줄어든다. 타입은 다른데 시맨틱은 같은 코드를 구현해야 한다면 오버로딩을 사용하자.

3.4.2 값 반환

결과를 계산했으면 함수 밖으로 꺼내 다시 호출자에게 돌려줘야 한다. 이번에도 복사가 값 반환의 기본 동작이며, 작은 객체에 가장 이상적인 방법이다. 함수에 지역적이지 않은 객체에 호출자가 접근해야 할 때만 "참조"로 반환한다. Vector에서 사용자는 첨자 지정sub scripting을 통해 원소에 접근할 수 있다.

```
class Vector {
public:
  // ...
  double& operator[](int i) { return elem[i]; } // i번째 원소로의 참조를 반환한다
private:
  double* elem; // elem은 sz 크기의 배열을 가리킨다
  // ...
};
```

Vector의 i번째 원소는 첨자 지정 연산자 호출과 독립적으로 존재하므로 그 참조를 반환할 수 있다.

한편 지역변수는 함수를 반환하는 시점에 사라지니 지역변수로의 포인터나 참조를 반환해서는 안 된다.

```
int& bad()
```

```
{
  int x;
  // ...
  return x; // 잘못된 코드: 지역변수 x로의 참조를 반환한다
}
```

다행히 주요 C++ 컴파일러는 bad() 내 명백한 오류를 잡아낸다.

"작은" 타입의 참조나 값 반환은 효율적이지만 대량의 정보는 어떻게 함수 밖으로 전달할까? 다음을 생각해보자.

```
Matrix operator+(const Matrix& x, const Matrix& y)
{
  Matrix res;
  // ... for all res[i,j], res[i,j] = x[i,j]+y[i,j] ...
  return res;
}

Matrix m1, m2;
// ...
Matrix m3 = m1+m2; // 복사하지 않는다
```

Matrix는 아주 클 수 있고 최신 하드웨어라도 복사 비용이 클 것이다. 따라서 복사 대신 아주 저렴하게 Matrix를 operator+() 밖으로 이동시키는 이동 생성자^{move constructor}(6.2.2절)를 Matrix에 제공했다. 이동 생성자를 정의하지 않더라도 컴파일러는 종종 최적화로 복사를 없앨(생략할) 수 있고 꼭 필요할 때만 Matrix를 생성할 수 있다. 이를 복사 생략^{copy elision}이라 부른다.

메모리를 수동으로 관리하는 방식으로 퇴행해서는 절대 안 된다.

```
Matrix* add(const Matrix& x, const Matrix& y) // 복잡하고 오류가 발생하기 쉬운 20세기 방식
{
  Matrix* p = new Matrix;
  // ... for all *p[i,j], *p[i,j] = x[i,j]+y[i,j] ...
  return p;
}
```

```
Matrix m1, m2;
// ...
Matrix* m3 = add(m1,m2);    // 단순히 포인터를 복사한다
// ...
delete m3;                  // 쉽게 잊어버린다
```

안타깝게도 과거에는 큰 객체를 포인터로 반환하는 방법이 흔했고 찾기 어려운 오류의 주된 원인이었다. 이렇게 코드를 작성하지 말자. `Matrix operator+()`는 `Matrix add()`만큼 효율적이면서 정의 내리고 사용하기 훨씬 쉬운 데다 오류 발생 가능성도 적다.

함수에서 요구된 작업을 수행할 수 없으면 예외를 던질 수 있다(4.2절). 이렇게 "이례적 문제"를 잡아내는 오류−코드 테스트로 코드가 복잡해지지 않게 막는다.

3.4.3 반환 타입 추론

함수의 반환값으로부터 반환 타입을 추론할 수 있다. 예제로 보자.

```
auto mul(int i, double d) { return i*d; } // 여기서 "auto"는 "반환 타입을 추론한다"는 뜻이다
```

특히 제네릭 함수(7.3.1절)와 람다(7.3.3절)에서 편리한데 추론된 타입이 안정적인 인터페이스를 제공하지 않으니 주의를 기울여야 한다. 함수(나 람다) 구현이 바뀌면 타입도 바뀔 수 있다.

3.4.4 후위 반환 타입

왜 반환 타입을 함수 이름과 인수 앞에 둘까? 역사적인 이유가 가장 크다. 포트란, C, 시뮬라가 그렇게 했기(여전히 하고 있기) 때문이다. 하지만 인수를 보고 결과 타입을 결정해야 할 때도 있다. 반환 타입 추론도 그중 하나일 뿐 유일한 사례는 아니다. 이 책의 범위를 벗어나 그러한 사례를 나열할 수는 없으나 네임스페이스(3.3절), 람다(7.3.3절), 콘셉트(8.2절)와 관련된 이슈가 발생하기 시작한다. 따라서 반환 타입을 명시하고 싶으면 인수 목록 뒤에 반환 타입을 추가하자. 그럼 `auto`는 "반환 타입을 나중에 언급하거나 추론하겠다"로 해석된다. 예제로 보자.

```
auto mul(int i, double d) -> double { return i*d; } // 반환 타입은 "double"이다
```

변수에서처럼(1.4.2절) 이러한 표기로 이름을 더 깔끔하게 정렬할 수 있다. 후위 반환 타입
버전과 1.3절 버전을 비교해보자.

```
auto next_elem() -> Elem*;
auto exit(int) -> void;
auto sqrt(double) -> double;
```

후위 반환 타입 표기가 전통적인 전위 표기보다 더 논리적이지만 대부분의 코드가 전통적
표기를 사용하므로 이 책에서도 그 방식을 고수하겠다.

3.4.5 구조적 바인딩

함수는 값 하나만 반환할 수 있으나 그 값이 멤버를 여러 개 포함하는 클래스 객체여도 상
관없다. 이러한 방법으로 많은 값을 간결하게 반환할 수 있다. 예제로 보자.

```
struct Entry {
  string name;
  int value;
};

Entry read_entry(istream& is) // 단순한 읽기 함수(개선 버전은 11.5절 참고)
{
  string s;
  int i;
  is >> s >> i;
  return {s,i};
}

auto e = read_entry(cin);

cout << "{ " << e.name << " , " << e.value << " }\n";
```

여기서 {s,i}는 Entry 반환값을 구성하는 데 쓰인다. 비슷하게 Entry의 멤버를 지역변수로

"꺼낼unpack" 수 있다.

```
auto [n,v] = read_entry(is);
cout << "{ " << n << " , " << v << " }\n";
```

auto [n,v]는 두 지역변수 n과 v를 선언하는데, 각각의 타입은 read_entry()의 반환 타입
으로부터 추론한다. 클래스 객체의 멤버에 지역명을 부여하는 이러한 메커니즘을 구조적
바인딩structured binding이라 부른다.

또 다른 예제를 보자.

```
map<string,int> m;
// ... m을 채운다 ...
for (const auto [key,value] : m)
  cout << "{" << key << "," << value << "}\n";
```

언제나처럼 auto를 const와 &로 장식할 수 있다. 예제로 보자.

```
void incr(map<string,int>& m) // m의 각 원소 값을 증가시킨다
{
  for (auto& [key,value] : m)
    ++value;
}
```

프라이빗 데이터가 없는 클래스에 구조적 바인딩을 사용할 때 바인딩되는 방법은 아주 간
단하다. 클래스 객체 내 데이터 멤버 수와 바인딩에 정의된 이름 수가 같으며, 바인딩에 넣
은 각 이름이 해당하는 멤버를 명명한다. 명시적으로 복합 객체를 사용했을 때와 비교해 객
체 코드 품질에 전혀 차이가 없다. 특히 구조적 바인딩을 사용한다고 해서 struct가 복사
되지는 않는다. 또한 간단한 struct를 반환하는 경우에도 간단한 반환 타입은 필요한 위치
에 직접 생성할 수 있으므로(3.4.2절) 복사가 거의 일어나지 않는다. 구조적 바인딩은 오로
지 아이디어를 얼마나 잘 표현하느냐에 관련된다.

멤버 함수를 통해 접근하는 클래스도 처리할 수 있다. 예제로 보자.

```
complex<double> z = {1,2};
```

```
auto [re,im] = z+2; // re=3; im=2
```

complex는 멤버변수가 2개이지만 인터페이스는 real()과 imag() 같은 접근 함수다. complex<double>을 re와 im 같은 두 지역변수로 매핑하는 방법도 효율적이나 이 책에서 다룰 기법은 아니다.

3.5 조언

[1]   (인터페이스로 쓰이는) 선언과 (구현으로 쓰이는) 정의를 구분한다(3.1절).

[2]   (module이 지원되는) 헤더보다는 mudule이 낫다(3.2.2절).

[3]   헤더 파일로 인터페이스를 표현해 논리적 구조를 강조한다(3.2절). [CG: SF.3]

[4]   함수를 구현한 소스 파일에 헤더를 #include한다(3.2절). [CG: SF.5]

[5]   인라인이 아닌non-inline 함수 정의는 헤더에 쓰지 않는다(3.2절). [CG: SF.2]

[6]   네임스페이스로 논리적 구조를 표현한다(3.3절). [CG: SF.20]

[7]   using 디렉티브는 전이transition나 (std 같은) 기초 라이브러리에 사용하거나 지역 범위 안에 사용한다(3.3절). [CG: SF.7]

[8]   using 디렉티브를 헤더 파일에 넣지 않는다(3.3절). [CG: SF.7]

[9]   "작은" 값은 값으로, "큰" 값은 참조로 전달한다(3.4.1절). [CG: F.16]

[10]   그냥 참조로 전달하기보다는 const 참조로 전달하는 편이 낫다(3.4.1절). [CG: F.17]

[11]   값을 (인수로 내보내지 말고) 함수 반환값으로 반환한다(3.4.2절). [CG: F.20] [CG: F.21]

[12]   반환 타입 추론을 남용하지 말자(3.4.2절).

[13]   구조적 바인딩을 남용하지 말자. 반환 타입을 명명한 코드가 대개 더 읽기 쉽다(3.4.5절).

4

오류 처리

내가 가로막는 중에는 가로막지 마.

– 윈스턴 S. 처칠

- 소개
- 예외
- 불변
- 오류 처리 대안
- 어설션
    assert(), static_assert, noexcept
- 조언

4.1 소개

오류 처리는 단순히 언어 기능을 넘어 프로그래밍 기법과 도구에 속하는 넓고 복잡한 주제로서 여러 걱정거리와 함께 다양한 영향을 미친다. 하지만 C++는 몇 가지 유용한 기능을 제공한다. 타입 시스템 자체가 주요 도구다. 어렵게 내장 타입(예를 들어 char, int, double)과 명령문(예를 들어 if, while, for)으로 애플리케이션을 만드는 대신 애플리케이션에 적합한 타입(예를 들어 string, map, thread)과 알고리듬(예를 들어 sort(), find_if(), draw_all())을 만든다. 이 같은 고급 구조체는 프로그래밍을 간소화하고, 실수의 가능성을 줄이고(예를 들어 대화 상자에 트리 순회를 할 리 없다), 컴파일러가 오류를 잡을 가능성을 높인다. C++ 언어 구조체는 대부분 간결하고 효율적인 추상(예를 들어 사용자 정의 타입과 그 타입을 사용하는 알고리듬)을 디자인하고 구현하기 위한 것이다. 이러한 추상을 사용하면 런타임 오류를 감지할 수 있는 지점과 그 오류를 처리할 수 있는 지점이 분리되는 효과가 있다. 프로그램이 커질수록 특히 라이브러리를 광범위하게 사용할수록 오류 처리 표준이 중요해진다. 이는 프로그램 개발 초기에 오류 처리 전략을 명확히 하는 좋은 방법이다.

4.2 예외

Vector 예제를 다시 살펴보자. 2.3절에서 벡터 범위 밖의 원소에 접근하려 하면 어떻게 처리해야 할까?

- Vector의 작성자는 이럴 때 어떻게 하고 싶은지 모른다(심지어 Vector의 작성자는 벡터가 어떤 프로그램에서 실행되는지조차 모른다).
- Vector의 사용자는 문제를 일관되게 감지할 수 없다(사용자가 감지할 수 있었다면 애초에 범위를 벗어나서 접근하지 않았을 것이다).

범위 밖 접근이 일종의 복구하고 싶은 오류라면 Vector 구현자가 범위 밖 접근 시도를 감지해서 이를 사용자에게 알리면 된다. 그럼 사용자가 적절한 동작을 취한다. 예를 들어 아래 Vector::operator[]()는 범위 밖 접근 시도를 감지해 out_of_range 예외를 던진다.

```
double& Vector::operator[](int i)
{
  if (!(0<=i && i<size()))
    throw out_of_range{"Vector::operator[]"};
  return elem[i];
}
```

throw는 Vector::operator[]()를 직접적으로 혹은 간접적으로 호출했던 함수에서 out_of_range 타입의 예외를 처리하는 핸들러를 찾아 제어를 넘긴다. 구현은 그 호출자의 컨텍스트로 다시 돌아가야 할 때마다 함수 호출 스택을 푼다. 즉, 예외 처리 메커니즘은 이러한 종류의 예외를 처리하는 호출자에게 돌아가야 할 때마다 범위와 함수를 벗어나며, 필요할 때마다 그 과정에서 소멸자(5.2.2절)를 호출한다. 예제로 살펴보자.

```cpp
void f(Vector& v)
{
  // ...
  try { // 이 블록에서 던지는 out_of_range 예외는 아래에 정의된 핸들러가 처리한다
    compute1(v);                    // v의 끝을 벗어나는 접근을 시도할 수 있다
    Vector v2 = compute2(v);        // v의 끝을 벗어나는 접근을 시도할 수 있다
    compute3(v2);                   // v2의 끝을 벗어나는 접근을 시도할 수 있다
  }
  catch (const out_of_range& err) { // 이런, out_of_range 오류다
    // ... 범위 오류를 처리한다 ...
    cerr << err.what() << '\n';
  }
  // ...
}
```

예외 처리 코드는 try 블록에 넣는다. 범위 오류가 발생할 때 미리 감지하기 어려운 코드를 표현하고자 compute1(), compute2(), compute3()을 넣었다. catch절에서 out_of_range 타입의 예외를 처리한다. 예외를 처리하기에 f()가 부적절했다면 try 블록을 사용하는 대신 예외를 암묵적으로 f()의 호출자에게 전달했을 것이다.

out_of_range 타입은 표준 라이브러리에(<stdexcept> 안에) 정의되며 실제로는 표준 라이브러리 컨테이너 접근 함수에서 사용한다.

복사를 막기 위해 참조로 예외를 잡았고, what() 함수로 throw 지점에 들어갈 오류 메시지를 출력했다.

예외 처리 메커니즘을 사용함으로써 오류 처리가 더 간단해지고 더 체계적으로 바뀌며 더 읽기 쉬워진다. 그렇다고 try문을 남용하지 말자. 많은 프로그램에서 throw와 던져진 예외를 아주 적절히 처리하는 함수 사이에서 전형적으로 수십 개의 함수를 호출한다. 즉, 대부분의 함수는 단순히 예외를 호출 스택 위로 전달할 수 있어야 한다. 간단하고 체계적으로

오류를 처리하는 주된 기법은 5.2.2절에서 설명하겠다(이를 "자원 획득은 초기화RAII, Resource Acquisition Is Initialization"라 부른다). RAII의 취지는 생성자가 클래스를 운영하는 데 필요한 자원을 획득하게 하고, 소멸자가 모든 자원을 해제하게 해서 자원 해제를 암묵적으로 보장하는 것이다.

4.3 불변

예외를 사용해 out_of_range 접근을 알리는 방식은 인수를 검사해 기본 가정, 즉 전제 조건precondition이 성립하지 않았을 때 동작을 거절하는 함수의 예다. Vector의 첨자 지정 연산자를 형식적으로 명시하자면 "인덱스는 [0:size()) 범위에 속해야 한다"인데, 실제로 이 조건을 operator[]()에서 테스트했다. [a:b) 표기는 반 개half-open 범위를 명시한다. a는 범위에 속하고 b는 속하지 않는다는 뜻이다. 함수를 정의할 때는 항상 그 함수의 전제 조건이 무엇이고, 테스트가 필요한지 생각해야 한다(4.4절). 대부분의 애플리케이션에서는 간단한 불변을 테스트하는 것이 좋다. 4.5절을 참고하자.

예제에서는 Vector 타입의 객체에 대해 operator[]()를 수행하므로 Vector의 멤버가 "적절한" 값이 아니면 무엇도 계산할 수 없다. 특히 "elem은 sz개의 double로 된 배열을 가리킨다"고 언급했으나 주석으로만 남겼을 뿐이다. 클래스에서 참으로 가정하는 것에 대한 이러한 진술을 클래스 불변class invariant 또는 간단히 불변invariant이라 부른다. 클래스의 불변을 정립하고 함수가 종료될 때까지 멤버 함수가 그 불변을 유지하도록 하는 것이 생성자의 역할이다. 안타깝게도 예제의 Vector 생성자는 그 역할을 부분적으로만 완수했다. Vector 멤버는 적절히 초기화했으나 전달받은 인수가 타당한지 검사하지 않았다. 다음을 생각해보자.

```
Vector v(-27);
```

이러면 혼란을 야기하기 쉽다.

더 알맞게 정의해보자.

```
Vector::Vector(int s)
{
  if (s<0)
    throw length_error{"Vector constructor: negative size"};
  elem = new double[s];
  sz = s;
}
```

표준 라이브러리 연산 중에 length_error 예외로 이러한 종류의 문제를 보고하는 경우가
있어 예제에서도 표준 라이브러리 예외인 length_error로 원소 수가 음수임을 알렸다. new
연산자는 할당할 메모리를 찾을 수 없으면 std::bad_alloc을 던진다. 이제 작성해보자.

```
void test(int n)
{
  try {
    Vector v(n);
  }
  catch (std::length_error& err) {
    // ... 음수 크기를 처리한다 ...
  }
  catch (std::bad_alloc& err) {
    // ... 메모리 고갈을 처리한다 ...
  }
}

void run()
{
  test(-27);              // length_error를 던진다(-27은 너무 작다)
  test(1'000'000'000);    // bad_alloc을 던질 수 있다
  test(10);               // 아마 OK일 것이다
}
```

메모리 고갈은 머신이 제공하는 것보다 더 많은 메모리를 요청하거나 프로그램이 이미 메
모리 대부분을 소비했는데 그 제한을 넘어 요청할 때 발생한다. 일반적으로 최신 운영체
제는 한 번에 물리적 메모리에 들어갈 수 있는 양보다 더 많은 공간을 제공하므로 너무 많
은 메모리를 요청하면 bad_alloc을 던지기 이미 훨씬 전에 심각한 속도 저하를 야기할 수
있다.

예외로 사용할 클래스를 사용자가 직접 정의해 오류를 감지한 시점부터 처리하는 시점 (4.2절)까지 필요할 때마다 최소한 혹은 최대한의 정보를 전달할 수 있다. 꼭 표준 라이브러리 예외 계층 구조를 사용하지 않아도 된다.

예외를 던지고 할당된 작업을 완료하지 못하는 함수가 종종 있다. 이럴 때 예외 "처리"란 최소한의 지역 해제^{cleanup}를 수행하고 예외를 다시 던진다는 의미다. 예제로 보자.

```
void test(int n)
{
  try {
    Vector v(n);
  }
  catch (std::length_error&) { // 무언가를 하고 다시 던진다
    cerr << "test failed: length error\n";
    throw; // 다시 던진다
  }
  catch (std::bad_alloc&) {   // 이런! 이 프로그램은 메모리 고갈을 처리하도록 디자인되지 않았다
    std::terminate();          // 프로그램을 종료한다
  }
}
```

잘 디자인된 코드에는 try 블록이 거의 없다. RAII 기법을 체계적으로 사용함으로써 남용을 막자(5.2.2절, 6.3절).

불변 개념은 클래스 디자인의 핵심이며 전제 조건은 함수 디자인에서 불변과 비슷한 역할을 한다.

- 불변 수립은 정확히 무엇을 하고 싶은지 명확히 해준다.
- 불변을 통해 구체적으로 바뀐다. 코드를 더 정확하게 바꿀 기회를 제공한다.

불변 개념은 C++에서 생성자와 소멸자가 지원하는 자원 운영 개념의 기초다(5.2.2절, 15.2.1절).

4.4 오류 처리 대안

오류 처리는 실제 쓰이는 모든 소프트웨어의 핵심 사안이므로 그 방법 역시 다양하다. 오류를 감지하고 함수에서 지역적으로 처리할 수 없으면 함수는 어떻게 해서라도 그 문제를 다른 호출자에게 알려야 한다. 예외 던지기가 C++의 가장 일반적인 메커니즘이다.

예외를 단순히 값을 반환하는 하나의 메커니즘으로 디자인한 언어도 있다. C++는 이와 달리 주어진 태스크를 완료하지 못했음을 보고하는 용도로 디자인했다. 예외를 생성자와 소멸자에 통합시켜 일관된 오류 처리 및 자원 관리 프레임워크를 제공한다. 어떤 값을 예외로 던질 때보다 값으로 반환할 때 훨씬 비용이 적도록 컴파일러를 최적화했다.

예외 던지기만이 지역에서 처리할 수 없는 오류를 보고하는 유일한 방법은 아니다. 함수는 다음의 방법으로 할당된 태스크를 수행할 수 없음을 표시한다.

- 예외 던지기
- 어떻게 해서든 실패를 뜻하는 값 반환하기
- 프로그램 종료하기(terminate()나 exit(), abort() 같은 함수 호출(16.8절))

다음의 상황에서 오류 지시자("오류 코드")를 반환한다.

- 실패가 정상이고 예상된다. 예를 들어 파일 열기 요청의 실패는 정상적으로 일어날 수 있다(해당하는 이름의 파일이 없거나 요청된 권한으로 파일을 열 수 없는 등).
- 중간 호출자가 분명 실패를 처리할 것이다.
- 병렬 작업 중 하나에서 오류가 발생하면 어떤 작업에서 실패했는지 알아야 한다.
- 시스템 메모리가 거의 고갈돼 필수 기능보다 런타임 예외 지원이 우선시된다.

다음의 상황에서 예외를 던진다.

- 오류가 거의 발생하지 않아 프로그래머가 검사를 잊기 쉽다. 가령 printf()의 반환값을 언제 마지막으로 확인했는지 기억하는가?
- 중간 호출자가 오류를 처리할 수 없다. 오류를 호출 사슬 위 "궁극적 호출자"에게 다시 전달해야 한다. 예를 들어 애플리케이션 내 모든 함수가 모든 할당 실패와 네

트워크 단절을 확실히 처리하기란 불가능하다. 오류 코드를 반복적으로 검사하면 장황해지고 비용도 크며 오류가 발생하기 쉽다. 오류 테스트와 오류 코드를 반환값으로 전달하면 함수의 핵심 로직을 이해하기 어려워진다.

- 새로운 종류의 오류를 애플리케이션의 저수준 모듈에 추가하면 고수준 모듈에 이러한 오류를 처리하는 코드를 작성하지 않아도 된다. 예를 들어 단일 스레드였던 애플리케이션을 다수의 스레드를 사용하도록 수정하거나 네트워크를 통해 원격으로 자원에 접근해야 할 때가 바로 그것이다.

- 오류 코드를 반환할 적절한 경로가 없다. 예를 들어 생성자에 "호출자"가 검사할 반환값이 없다. 특히 여러 개의 지역변수나 부분적으로 생성된 복합 객체에서 생성자를 호출하면 오류 코드에 기반한 해제가 상당히 복잡하다. 비슷하게 일반적으로 연산자에도 분명한 오류 코드 반환 경로가 없다. 예를 들어 a*b+c/d가 그렇다.

- 값과 오류 지시자를 둘 다 반환해야 하면(예를 들어 pair. 15.3.3절) 함수의 반환 경로가 복잡해지거나 비용이 더 커지므로 출력 매개변수, 비지역 오류 상태 지시자, 그외 다른 해결책을 사용해야 한다.

- 오류 복구는 여러 함수 호출의 결과에 따라 달라지며, 호출과 복잡한 제어 구조 간 지역 상태를 유지해야 한다.

- 오류를 찾은 함수는 콜백(함수 인수)이므로 중간 호출자는 어떤 함수가 호출됐는지조차 모를 수 있다.

- 오류는 일종의 "되돌리기 동작"이 필요함을 암시한다(5.2.2절).

다음의 상황에서 종료시킨다.

- 복구할 수 없는 유형의 오류일 때. 예를 들어 전부는 아니지만 많은 시스템에서 메모리 고갈을 복구할 적당한 방법이 없다.

- 분명하지 않은 오류가 감지될 때마다 스레드나 프로세스, 컴퓨터 재시작에 기반해 오류를 처리하는 시스템일 때

확실히 종료시키는 한 가지 방법은 함수에 noexcept(4.5.3절)를 추가해 함수 구현 내 어디에서든 throw가 terminate()로 바뀌도록 하는 것이다. 무조건적 종료를 허용할 수 없는 애플

리케이션이라면 다른 방법을 택해야 한다. 범용 라이브러리는 무조건적으로 종료돼서는 안 된다.

안타깝게도 이러한 조건이 항상 논리적으로 구분되는 것은 아니며 적용하기 쉬운 것도 아니다. 프로그램의 크기와 복잡도에 따라 다르다. 애플리케이션이 진화함에 따라 절충점이 바뀌기도 한다. 경험을 쌓는 수밖에 없다. 의심스러우면 예외를 사용하자. 예외는 확장하기 쉬울 뿐더러 모든 오류를 처리하는지 검사하는 외부 도구도 필요 없다.

모든 오류 코드나 모든 예외를 나쁘게 보지 말자. 분명 쓸모가 있다. 또한 예외 처리가 느리다는 근거 없는 믿음도 버리자. 복잡하거나 드문 오류 조건이나 반복된 오류 코드 테스트를 올바르게 처리할 때보다 대개 더 빠르다.

RAII(5.2.2절, 6.3절)는 예외를 사용해 간단하고 효율적으로 오류를 처리하는 데 꼭 필요하다. try 블록이 잔뜩 들어간 코드는 오히려 오류 코드에 맞서는 최악의 오류 처리 전략임을 보여줄 때가 많다.

4.5 어설션

불변이나 전제 조건 등의 선택적 런타임 테스트를 작성하는 일반적이고 표준적인 방법은 아직 없다. 하지만 많은 대규모 프로그램에서 테스트 중에 광범위한 런타임 검사는 하되 최소한의 검사로 코드를 효율적으로 사용하려는 사용자가 많으니 적절히 지원해줘야 한다.

현재로서는 애드혹 메커니즘에 의존해야 한다. 메커니즘은 굉장히 많다. 유연하고 보편적이며 비활성화했을 때 비용이 들지 않아야 한다. 즉, 구현의 구상과 기교가 단순해야 한다는 뜻이다. 저자가 사용했던 스키마를 예로 들겠다.

```
enum class Error_action { ignore, throwing, terminating, logging }; // 다른 오류 처리 방법

constexpr Error_action default_Error_action = Error_action::throwing; // 기본 방법

enum class Error_code { range_error, length_error };                 // 개개 오류
```

```cpp
string error_code_name[] { "range error", "length error" }; // 개개 오류의 이름

template<Error_action action = default_Error_action, class C>
constexpr void expect(C cond, Error_code x) // 예상 조건 "cond"가 성립하지 않으면
"action"을 취한다
{
  if constexpr (action == Error_action::logging)
    if (!cond()) std::cerr << "expect() failure: " << int(x) << ' ' << error_code_
name[int(x)] << '\n';
  if constexpr (action == Error_action::throwing)
    if (!cond()) throw x;
  if constexpr (action == Error_action::terminating)
    if (!cond()) terminate();
  // 혹은 어떤 동작도 하지 않는다
}
```

어떤 언어 기능을 사용했는지 아직 설명하지 않았으니 한눈에 봐서는 이해하기 어려울 것이다. 하지만 요구 사항대로 사용하기 매우 유연하고 명확하다. 예제로 보자.

```cpp
double& Vector::operator[](int i)
{
  expect([i,this] { return 0<=i && i<size(); }, Error_code::range_error);
  return elem[i];
}
```

위 코드는 첨자 지정이 범위에 속하면 기본 동작을 취하고, 그렇지 않으면 예외를 던진다. 성립할 거라 예상한 조건인 0<=i && i<size()를 람다 [i,this] {return 0<=i && i< size();}로 expect()에 전달한다(7.3.3절). if constexpr 테스트는 컴파일 타임에 수행되므로(7.4.3절) 최대 하나의 런타임 테스트가 각 expect() 호출마다 수행된다. action을 Error_action::ignore로 할당할 뿐 어떤 동작도 취하지 않고 expect()를 위해 어떤 코드도 생성하지 않는다.

default_Error_action을 설정함으로써 사용자는 terminating이나 logging 같은 특정 프로그램 배치에 알맞은 동작을 선택할 수 있다. 로깅을 지원하려면 error_code_name 표를 정의해야 한다. 로깅 정보는 source_location을 사용해 개선할 수 있다(16.5절).

많은 시스템에서 expect() 같은 어설션 메커니즘은 어설션 실패의 의미를 제어할 단일 지점을 제공해야 한다. 대규모 코드 기반에서 실제 가정을 검사하는 if문을 검색하기란 일반적으로 불가능하다.

4.5.1 assert()

표준 라이브러리는 디버그 매크로인 assert를 제공해 런타임에 참이어야 하는 조건을 표명 assert한다. 예제로 보자.

```
void f(const char* p)
{
  assert(p!=nullptr); // p는 nullptr이어서는 안 된다
  // ...
}
```

"디버그 모드"에서 assert()의 조건이 실패하면 프로그램은 종료된다. 디버그 모드가 아니면 assert()는 검사되지 않는다. 다소 조잡하고 유연하지 못하나 아무것도 안 하는 것보다는 낫다.

4.5.2 정적 어설션

예외는 런타임에 찾은 오류를 보고한다. 컴파일 타임에 찾을 수 있는 오류라면 미리 찾는 편이 좋다. 그래서 사용자 정의 타입의 인터페이스를 명시하는 타입 시스템과 기능이 존재하는 것이다. 컴파일 타임에 알 수 있는 대부분의 속성을 간단히 검사한 후 예상을 벗어난 실패는 컴파일러 오류 메시지로 보고할 수도 있다. 예제로 보자.

```
static_assert(4<=sizeof(int), "integers are too small"); // 정수 크기 검사
```

위 코드는 4<=sizeof(int)가 참이 아니면, 즉 이 시스템에서 int가 최소 4바이트를 갖지 않으면 integers are too small이라고 출력한다. 이러한 기대문statements of expectations을 어설션assertion이라 부른다.

static_assert 메커니즘은 상수 표현식(1.6절)으로 표현할 수 있는 무엇에든 사용할 수 있다. 예제로 보자.

```
constexpr double C = 299792.458; // km/s

void f(double speed)
{
  constexpr double local_max = 160.0/(60*60);      // 160km/h == 160.0/(60*60)km/s

  static_assert(speed<C,"can't go that fast");     // 오류: speed는 상수여야 한다
  static_assert(local_max<C,"can't go that fast"); // OK

  // ...
}
```

일반적으로 static_assert(A, S)는 A가 참이 아니면 컴파일러 오류 메시지로서 S를 출력한다. 메시지를 출력하고 싶지 않으면 S를 빼고 컴파일러가 기본 메시지를 제공하게 둔다.

```
static_assert(4<=sizeof(int)); // 기본 메시지를 사용한다
```

기본 메시지는 전형적으로 static_assert의 소스 위치에 표명한 프레디킷predicate의 문자 표현이다.

static_assert는 주로 제네릭 프로그래밍에서 인자로 쓰인 타입에 대한 어설션을 만들 때 쓰인다(8.2절, 16.4절).

4.5.3 noexcept

예외를 던지면 안 되는 함수는 noexcept로 선언한다. 예제로 보자.

```
void user(int sz) noexcept
{
  Vector v(sz);
  iota(&v[0],&v[sz],1);  // 1,2,3,4...로 v를 채운다 (17.3절 참고)
  // ...
}
```

좋은 의도와 계획이 모두 실패해 user()가 예외를 던지면 std::terminate()가 호출돼 프로그램이 즉시 종료된다.

아무 생각 없이 함수에 noexcept를 남용하면 위험하다. noexcept 함수가 호출한 함수가 사실은 예외를 잡아서 처리해주길 기대하며 예외를 던지는 함수였는데, noexcept는 치명적 오류fatal error로 바꿔버린다. 또한 noexcept는 작성자가 복잡하고 오류가 발생하기 쉽고 비용이 클 수 있는 형태의 오류 코드로 오류를 처리하게 유도한다(4.4절). 다른 강력한 언어 기능들처럼 noexcept도 이해와 주의를 기울여 사용해야 한다.

4.6 조언

[1] 할당된 작업을 수행할 수 없음을 나타내는 예외를 던진다(4.4절). [CG: E.2]

[2] 예외는 오류 처리에만 사용한다(4.4절). [CG: E.3]

[3] 파일을 여는 데 실패하거나 반복 끝에 도달하지 못하는 경우는 예상되는 실패이며 이례적이지 않다(4.4절).

[4] 중간 호출자가 오류를 처리하리라 예상될 때는 오류 코드를 사용한다(4.4절).

[5] 많은 함수 호출을 통할 것 같은 오류에는 예외를 던진다(4.4절).

[6] 예외를 사용할지 오류 코드를 사용할지 불확실하면 예외를 사용한다(4.4절).

[7] 디자인 초기에 오류 처리 전략을 세운다(4.4절). [CG: E.12]

[8] (내장 타입이 아니라) 목적에 맞게 디자인된 사용자 정의 타입을 예외로 사용한다(4.2절).

[9] 모든 함수에서 모든 예외를 잡으려 하지 말자(4.4절). [CG: E.7]

[10] 표준 라이브러리 예외 클래스 계층 구조를 사용하지 않아도 된다(4.3절).

[11] 명시적 try 블록보다 RAII를 사용한다(4.2절, 4.3절). [CG: E.6]

[12] 생성자가 불변을 수립하게 하고 할 수 없으면 던진다(4.3절). [CG: E.5]

[13] 불변에 대한 오류 처리 전략을 디자인한다(4.3절). [CG: E.4]

[14] 컴파일 타임에 검사할 수 있는 것은 대개 컴파일 타임에 검사하는 것이 최선이다(4.5.2절). [CG: P.4] [CG: P.5]

[15] 어설션 메커니즘으로 실패를 의미하는 단일 제어 지점을 제공한다(4.5절).

[16] 콘셉트(8.2절)은 컴파일 타임 프레디킷이므로 주로 어설션에 유용하다(4.5.2절).

[17] 함수가 던지지 않을 수 있으면 noexcept로 선언한다(4.4절). [CG: E.12]

[18] noexcept를 함부로 적용하지 말자(4.5.3절).

5

클래스

> 그러한 타입들은 "추상적"이지 않아.
> int와 float만큼 실제적이야.
>
> — 더그 매킬로이Doug McIlroy

- 소개
  - 클래스
- 구체 타입
  - 산술 타입, 컨테이너, 컨테이너 초기화
- 추상 타입
- 가상 함수
- 클래스 계층 구조
  - 계층 구조의 이점, 계층 구조 탐색, 자원 누수 방지
- 조언

5.1 소개

5장과 이어지는 6~8장에서는 C++가 지원하는 추상과 자원 관리를 설명하되 지나치게 세부적으로 파고들진 않는다.

- 5장은 새 타입(사용자 정의 타입)을 정의하고 사용하는 방법을 형식에 구애 받지 않

고 설명한다. 기본 속성과 구현 기법을 비롯해 구체 클래스concrete class와 추상 클래스abstarct class, 클래스 계층 구조class hierarchy에 쓰이는 언어 기능을 설명한다.

- 6장은 생성자, 소멸자, 할당 등 C++에서 의미를 정의하는 연산을 소개한다. 객체 수명 주기를 제어하고, 간단하고 효율적이고 완전한 자원 관리를 지원하기 위해 이러한 연산을 조합해서 사용하는 규칙을 간략히 설명한다.

- 7장에서는 타입과 알고리듬을 다른 타입과 알고리듬으로 매개변수화하는 메커니즘인 템플릿을 소개한다. 사용자 정의 타입과 내장 타입에 수행하는 계산은 함수로 표현되며, 때때로 함수 템플릿function template과 함수 객체function object로 일반화된다.

- 8장에서는 제네릭 프로그래밍의 기저를 이루는 개념과 기법, 언어 기능의 개요를 설명한다. 템플릿과 가이드 디자인의 인터페이스를 정확히 명시하는 콘셉트의 정의와 사용에 초점을 맞춘다. 가장 일반적이고 가장 유연한 인터페이스를 명시하기 위해 가변 인자 템플릿variadic template을 소개한다.

C++는 객체지향 프로그래밍과 제네릭 프로그래밍이라 알려진 프로그래밍 스타일을 지원하는 기능을 제공한다. 9~18장에서 표준 라이브러리 기능과 그 용법의 예제를 보며 알아보겠다.

5.1.1 클래스

C++의 가장 중요한 언어 기능은 클래스class다. 클래스는 프로그램 코드 내 엔티티를 표현하기 위해 제공되는 사용자 정의 타입이다. 유용한 개념이나 엔티티, 데이터 컬렉션 등으로 프로그램을 디자인할 때 그 아이디어가 그저 머릿속이나 디자인 문서, 주석 대신 코드에 들어갈 수 있도록 프로그램 내 클래스로 표현한다. 클래스 집합을 잘 선별해 만든 프로그램은 내장 타입에 기반해 모든 것을 직접 만든 프로그램보다 이해하고 파악하기 훨씬 쉽다. 라이브러리가 제공하는 것이 주로 클래스다.

기초 타입, 연산자, 명령문을 넘어 기본적으로 모든 언어 기능은 더 나은 클래스를 정의하는 데 필요하거나 클래스를 보다 편리하게 사용하기 위해 존재한다. "더 나아진다"는 것은 더 정확하고 유지 보수하기 쉬우며, 더 효율적이고, 더 간결하고, 더 사용하기 쉽고, 더 읽기 쉽고, 더 추론하기 쉽다는 뜻이다. 대부분의 프로그래밍 기법은 특정 유형의 클래스 디자인과 구현을 이용한다. 프로그래머의 요구와 취향은 매우 다양하다. 그에 따라 클래스에 대한 지원도 광범위하다. 여기서는 다음의 세 가지 주요 클래스 유형에 대한 기본 지원을 알아본다.

- 구체 클래스(5.2절)
- 추상 클래스(5.3절)
- 클래스 계층 구조 내 클래스(5.5절)

믿기 어려울 정도로 많은 유용한 클래스가 위 셋 중 하나에 속한다. 더 많은 클래스가 위 유형들의 간단한 변형 또는 셋에 쓰인 기법의 조합으로 구현된다.

5.2 구체 타입

구체 클래스concrete class의 기본 개념은 "내장 타입과 완전히 똑같이" 동작하는 것이다. 예를 들어 복소수complex number 타입과 무한 정밀도infinite-precision 정수는 그 타입만의 시맨틱과 연산 집합이 있으나 내장 int와 매우 비슷하다. 비슷하게 vector와 string은 내장 배열과 매우 비슷하지만 더 유연하고 더 매끄럽다(10.2절, 11.3절, 12.2절).

구체 타입의 특징을 정의한다는 것은 표현representation을 정의에 넣는다는 뜻이다. vector 등 많은 중요한 타입에서 표현은 어딘가 저장된 데이터로의 하나 이상의 포인터일 뿐이지만 그 표현은 구체 클래스의 각 객체 내에 존재한다. 이로써 시간과 공간 면에서 가장 효율적으로 구현된다. 구체적으로 다음을 할 수 있다.

- 구체 타입의 객체를 스택, 정적으로 할당된 메모리, 다른 객체 내에 둘 수 있다(1.5절).
- 객체를 (포인터나 참조를 통해서만이 아니라) 직접 참조할 수 있다.
- 객체를 즉시 그리고 완전하게 초기화할 수 있다(예를 들어 생성자를 사용해, 2.3절).
- 객체를 복사하고 이동할 수 있다(6.2절).

표현은 프라이빗일 수 있고 멤버 함수를 통해서만 접근할 수 있으나(2.3절의 Vector에서처럼) 분명 존재한다. 따라서 표현이 눈에 띄게 바뀌면 사용자는 다시 컴파일해야 한다. 구체 타입을 완전히 내장 타입처럼 동작시키는 대가이다. 자주 바뀌지 않고 지역변수에 꼭 필요한 명확성과 효율성을 제공하는 타입이라면 구체 타입을 사용해도 되고, 이럴 때 이상적이다. 유연성을 높이기 위해 구체 타입은 표현의 주요 부분을 자유 저장소(동적 메모리, 힙)에 두고, 클래스 객체 자체에 저장된 부분을 통해 접근한다. vector와 string이 이렇게 구현됐다. 두 타입은 정교하게 만들어진 인터페이스를 갖는 자원 핸들이다.

5.2.1 산술 타입

"전형적인 사용자 정의 산술 타입"이 바로 complex이다.

```cpp
class complex {
  double re, im; // 표현: double 2개
public:
  complex(double r, double i) :re{r}, im{i} {}      // 두 스칼라로 complex를 생성한다
  complex(double r) :re{r}, im{0} {}                 // 한 스칼라로 complex를 생성한다
  complex() :re{0}, im{0} {}                         // 기본 complex: {0,0}

  double real() const { return re; }
  void real(double d) { re=d; }
  double imag() const { return im; }
  void imag(double d) { im=d; }

  complex& operator+=(complex z)
  {
    re+=z.re;       // re와 im을 더한다
    im+=z.im;
    return *this; // 결과를 반환한다
  }

  complex& operator-=(complex z)
  {
    re-=z.re;
    im-=z.im;
```

```
    return *this;
  }

  complex& operator*=(complex);  // 클래스 밖 어딘가에 정의된다
  complex& operator/=(complex);  // 클래스 밖 어딘가에 정의된다
};
```

위 코드는 표준 라이브러리 complex(17.4절)를 단순화한 버전이다. 클래스 정의 자체는 표현에 접근하는 데 필요한 연산만 포함한다. 표현은 간단하고 매우 평범하다. 현실적인 이유로 60년 전 포트란이 제공한 타입과 호환 가능해야 하며 기존 연산자 집합이 필요하다. 이러한 논리적 요구 사항 외에도 complex는 효율적이어야 하며 그렇지 못하면 쓰이지 못한다. 결국 간단한 연산은 인라인 함수로 정의해야 한다는 뜻이다. 즉, 간단한 연산(생성자, +=, imag() 등)은 함수 호출 없이 기계 코드로 구현해야 한다. 클래스에 정의된 함수는 기본적으로 인라인 함수다. 함수 선언 앞에 inline 키워드를 넣으면 명시적으로 인라인 함수로 요청할 수 있다. (표준 라이브러리의 complex처럼) 아주 강력한 complex는 적절히 인라인을 사용하도록 세심히 구현된다. 또한 표준 라이브러리 complex는 컴파일 타임에 복잡한 산술을 수행할 수 있도록 이 책에서 constexpr로 선언된 함수를 포함한다.

복사 할당과 복사 초기화는 암묵적으로 정의된다(6.2절).

인수 없이 호출할 수 있는 생성자를 기본 생성자default constructor라 부른다. 즉, complex()는 complex의 기본 생성자다. 기본 생성자를 정의하면 그 타입의 초기화하지 않은 변수가 생길 가능성이 사라진다.

실수부와 허수부를 반환하는 함수의 const 지정자는 이 함수를 호출한 객체를 수정하지 않겠다는 뜻이다. const 멤버 함수는 const와 비const 객체 모두 호출할 수 있으나 비const 멤버 함수는 비const 객체만 호출할 수 있다. 예제로 보자.

```
complex z = {1,0};
const complex cz {1,3};
z = cz;              // OK: const가 아닌 변수에 할당
cz = z;              // 오류: const에 할당
double x = z.real();      // OK: complex::real()은 const다
```

많은 유용한 연산이 complex 표현에 직접 접근하지 않아도 되므로 클래스 정의와 별도로 정의할 수 있다.

```
complex operator+(complex a, complex b) { return a+=b; }
complex operator-(complex a, complex b) { return a-=b; }
complex operator-(complex a) { return {-a.real(), -a.imag()}; } // 단항 빼기
complex operator*(complex a, complex b) { return a*=b; }
complex operator/(complex a, complex b) { return a/=b; }
```

예제에서는 값으로 전달한 인수가 복사된다는 점을 이용해 호출자의 복사본에 영향을 주지 않으면서 인수를 수정하고 그 결과를 반환값으로 사용한다.

==와 !=의 정의는 이해하기 쉽다.

```
bool operator==(complex a, complex b) { return a.real()==b.real() && a.imag()==b.imag(); } // 동등
bool operator!=(complex a, complex b) { return !(a==b); } // 부등
```

다음과 같이 complex 클래스를 사용한다.

```
void f(complex z)
{
  complex a {2.3}; // 2.3으로 {2.3,0.0}을 생성한다
  complex b {1/a};
  complex c {a+z*complex{1,2.3}};
  if (c != b)
    c = -(b/a)+2*b;
}
```

컴파일러는 complex 수를 포함하는 연산자를 적절한 함수 호출로 변환한다. 예를 들어 c!=b는 operator!=(c,b), 1/a는 operator/(complex{1},a)를 뜻한다.

사용자 정의 연산자("오버로딩 연산자")는 신중하게 그리고 관례에 따라 쓰여야 한다(6.4절). 문법은 언어에 따라 정해지므로 단항 /는 정의할 수 없다. 또한 내장 타입의 연산자의 의미를 바꿀 수도 없으므로 +가 int를 빼도록 다시 정의할 수도 없다.

5.2.2 컨테이너

컨테이너container는 원소 묶음을 담아두는 객체다. Vector 타입의 객체가 컨테이너이므로 Vector 클래스를 컨테이너라 부른다. 2.3절에서 정의했듯이 Vector는 double을 담을 컨테이너로 적절하다. 이해하기 쉽고, 유용한 불변을 정립하며(4.3절), 접근할 때 범위를 검사하고(4.2절), 원소를 순회하게 해주는 size()를 제공한다. 하지만 치명적 결함이 있다. 원소를 new로 할당하고는 절대 해제하지 않는다. C++는 사용되지 않는 메모리를 새 객체가 사용하도록 해주는 가비지 컬렉터를 제공하지 않으므로 매우 치명적이다. 어떤 환경에서는 컬렉터를 사용할 수 없을 뿐더러 논리적 또는 성능상의 이유로 보통은 소멸을 더 정확히 제어하고 싶어 한다. 생성자가 할당한 메모리를 반드시 해제할 메커니즘이 필요하다. 이러한 메커니즘이 바로 소멸자destructor이다.

```cpp
class Vector {
public:
  Vector(int s) :elem{new double[s]}, sz{s}  // 생성자: 자원을 획득한다
  {
    for (int i=0; i!=s; ++i)                  // 원소를 초기화한다
      elem[i]=0;
  }

  ~Vector() { delete[] elem; }               // 소멸자: 자원을 해제한다

  double& operator[](int i);
  int size() const;
private:
  double* elem;                              // elem은 double sz개로 된 배열을 가리킨다
  int sz;
};
```

소멸자 이름에는 클래스명 앞에 부정 연산자 ~를 붙인다. 생성자와 역할이 반대이다.

Vector의 생성자는 new 연산자를 사용해 자유 저장소(힙 또는 동적 메모리라고도 부름)에 일부 메모리를 할당한다. 소멸자는 delete[] 연산자로 메모리를 해제함으로써 깨끗이 비운다. delete는 객체 하나를 삭제하고, delete[]는 배열을 삭제한다.

이 모든 과정에 Vector의 사용자는 개입하지 않는다. 사용자는 마치 내장 타입변수처럼 Vector를 생성하고 사용할 뿐이다. 예제로 보자.

```
Vector gv(10); // 전역변수 gv는 프로그램이 종료되면 소멸된다.

Vector* gp = new Vector(100); // 자유 저장소 내 Vector. 절대 암묵적으로 소멸되지 않는다.

void fct(int n)
{
  Vector v(n);
  // ... v를 사용한다 ...
  {
    Vector v2(2*n);
    // ... v와 v2를 사용한다 ...
  } // 여기서 v2가 소멸된다
  // ... v를 사용한다 ...
} // 여기서 v가 소멸된다
```

Vector는 명명, 범위, 할당, 수명 주기 등에 있어 int와 char 같은 내장 타입과 동일한 규칙을 따른다(1.5절). 예제에서는 오류 처리를 생략해 Vector를 간소화했다. 4.4절을 참고한다.

생성자와 소멸자 조합은 여러 정교한 기법의 근간이다. 특히 C++에 널리 쓰이는 대다수의 자원 관리 기법의 기초다(6.3절, 15.2.1절). Vector를 그림으로 묘사해보겠다.

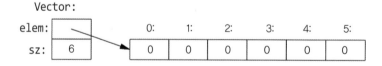

생성자는 원소를 할당하고 Vector의 멤버를 적절히 초기화한다. 소멸자는 원소를 해제한다. 이러한 데이터 처리 모델handle-to-data model은 객체의 수명 주기 동안 크기가 다양하게 변할 수 있는 데이터 관리에 아주 일반적으로 쓰인다. 생성자에서 자원을 획득하고 소멸자에서 해제하는 기법을 자원 획득은 초기화Resource Acquisition Is Initialization, 줄여서 RAII라 부른다. RAII로 "무방비로 쓰이는 new 연산"을 제거해준다. 즉, 일반적인 코드에 자주 등장하는 할당을 없애 올바르게 동작하는 추상 구현 안에 감춘다. 비슷하게 "무방비로 쓰이는 delete 연산"도 피해야 한다. 무방비의 new와 무방비의 delete를 피함으로써 코드의 오류 발생 가능성이 크게 줄고 자원 누수를 피하기도 훨씬 쉽다(15.2.1절).

5.2.3 컨테이너 초기화

컨테이너는 원소를 담아 두는 용도이므로 컨테이너에 편하게 넣을 방법이 필요하다. 적절한 원소 수로 Vector를 생성한 후 할당할 수도 있으나 일반적으로 다른 방법이 더 정교하다. 두 가지만 언급하겠다.

- **초기자 리스트 생성자**initializer-list constructor: 원소 리스트로 초기화한다.
- push_back(): 새 원소를 시퀀스 끝에 추가한다.

두 방법은 다음과 같이 선언할 수 있다.

```cpp
class Vector {
public:
  Vector(); // 기본적으로 "빈 상태"로 초기화한다. 즉, 어떤 원소로도 초기화하지 않는다
  Vector(std::initializer_list<double>); // double 리스트로 초기화한다
  // ...
  void push_back(double); // 크기를 1씩 증가시키며 끝에 원소를 추가한다
  // ...
};
```

push_back()은 입력 원소 수가 임의적일 때 유용하다. 예제로 보자.

```cpp
Vector read(istream& is)
{
  Vector v;
  for (double d; is>>d; ) // d에서 부동소수점 값을 읽는다
    v.push_back(d); // d를 v에 추가한다
  return v;
}
```

입력 루프는 파일 끝에 도달하거나 포맷팅 오류가 발생하면 종료된다. 이렇게 읽은 각 수를 Vector에 추가하므로 마지막 v의 크기가 읽은 원소 수다. while문이 더 편리하나 루프에서 d의 범위를 제한하도록 for문을 사용했다.

잠재적으로 많을 수 있는 데이터를 read()로 반환하면 비용이 커질 수 있다. 적은 비용의 Vector 반환 비용을 보장하려면 이동 생성자로 제공한다(6.2.2절).

```
Vector v = read(cin); // 이렇게 하면 Vector 원소들의 복사본이 생겨나지 않는다
```

12.2절에서 std::vector를 어떻게 표현해야 push_back()을 비롯해 vector의 크기를 변경하는 다른 연산을 효율적으로 사용할 수 있는지 보이겠다.

초기자 리스트 생성자 정의에 쓰인 std::initializer_list는 컴파일러가 아는 표준 라이브러리 타입이다. {1,2,3,4} 같은 {}-리스트를 사용하면 컴파일러는 initializer_list 타입의 객체를 생성해 프로그램에 넘긴다. 즉, 다음과 같이 작성할 수 있다.

```
Vector v1 = {1, 2, 3, 4, 5};      // v1의 원소는 5개이다
Vector v2 = {1.23, 3.45, 6.7, 8}; // v2의 원소는 4개이다
```

Vector의 초기자 리스트 생성자는 다음과 같이 정의할 수 있다.

```
Vector::Vector(std::initializer_list<double> lst) // 리스트로 초기화한다
  :elem{new double[lst.size()]}, sz{static_cast<int>(lst.size())}
{
  copy(lst.begin(),lst.end(),elem); // lst에서 elem으로 복사한다(13.5절)
}
```

안타깝게도 표준 라이브러리는 unsigned 정수로 크기와 첨자를 지정하므로 다소 보기 흉하지만 static_cast를 사용해 명시적으로 초기자 리스트의 크기를 int로 변환해야 한다. 사용자가 직접 작성하는 리스트의 원소 수가 가장 큰 정수(16비트 정수라면 32,767, 32비트 정수라면 2,147,483,647)보다 클 가능성은 거의 없으므로 너무 규칙에 얽매이는 것처럼 보일 수 있다. 하지만 타입 시스템은 상식대로 움직이지 않는다. 이 시스템은 변수의 실제 값이 아니라 가능한 값으로 판단하므로 실제 위반하지 않았더라도 오류를 뱉을 수 있다. 이러한 경

고가 때로는 심각한 오류로부터 프로그래머를 구해주기도 한다.

static_cast는 변환 중인 값을 검사하지 않는다. 프로그래머가 올바르게 사용할 것이라 믿는다. 항상 옳은 가정은 아니니 의심스러우면 값을 검사하자. 명시적 타입 변환(고장나더라도 동작하도록 돕는다는 의미에서 종종 캐스트^{cast}라 부름)은 되도록 피해야 한다. 시스템 최하단에서만 확인되지 않은 캐스트^{unchecked cast}를 사용하자. 캐스트는 오류에 취약하다.

이 밖에도 객체를 단순히 바이트 시퀀스로 처리하는 reinterpret_cast와 bit_cast(16.7절) 그리고 "const를 제거하는" const_cast가 있다. 타입 시스템과 체계적인 라이브러리를 현명하게 사용함으로써 보다 고수준의 소프트웨어에서 확인되지 않은 캐스트를 없앨 수 있다.

5.3 추상 타입

Complex와 Vector처럼 정의에 표현을 포함하는 타입을 구체 타입^{concrete type}이라 부른다. 이러한 면에서 내장 타입과 비슷하다. 대조적으로 추상 타입^{abstract type}은 세부 구현을 사용자에게 완전히 감춘다. 즉, 표현에서 인터페이스를 분리하고 지역변수를 사용하지 않는다. 사용자는 추상 타입의 표현을 (심지어 그 크기조차) 전혀 모르므로 객체를 자유 저장소에 할당한 후(5.2.2절) 참조나 포인터로 접근해야 한다(1.7절, 15.2.1절).

먼저 Container 클래스의 인터페이스를 Vector보다 더 추상적으로 디자인해 정의하겠다.

```
class Container {
public:
  virtual double& operator[](int) = 0;  // 순수 가상 함수
  virtual int size() const = 0;          // const 멤버 함수(5.2.1절)
  virtual  ~Container() {}                // 소멸자(5.2.2절)
};
```

위 클래스는 곧이어 정의할 컨테이너들의 순수 인터페이스^{pure interface}이다. virtual이라는 키워드는 "이 클래스에서 파생된 클래스에서 나중에 다시 정의할 수 있다"는 의미이다. 이름 그대로 virtual로 선언된 함수를 가상 함수^{virtual function}라 부른다. Container에서 파생

된 클래스는 Container 인터페이스의 구현을 제공한다. 신기한 = 0 문법은 함수가 순수 가상pure virtual임을 뜻하며, Container에서 파생된 클래스는 반드시 함수를 정의해야 한다는 뜻이다. 즉, 그냥 Container인 객체는 정의할 수 없다. 예제로 보자.

```
Container c;                          // 오류: 추상 클래스의 객체는 존재하지 않는다
Container* p = new Vector_container(10);  // OK: Container는 Vector_container의
인터페이스이다
```

Container는 클래스의 인터페이스 역할만 할 뿐 Container의 operator[]()와 size() 함수는 해당 클래스에서 구현한다. 순수 가상 함수로 이뤄진 클래스를 추상 클래스abstract class라 부른다.

위 Container는 다음과 같이 쓰인다.

```
void use(Container& c)
{
  const int sz = c.size();

  for (int i=0; i!=sz; ++i)
    cout << c[i] << '\n';
}
```

use()가 세부 구현을 전혀 모르면서 어떻게 Container 인터페이스를 사용하는지 잘 보자. 정확히 어떤 타입에서 구현을 제공하는지 모른 채 size()와 []를 사용한다. 여러 클래스의 인터페이스를 제공하는 클래스를 종종 다형 타입polymorphic type이라 부른다.

Container는 생성자를 포함하지 않는데 이는 추상 클래스의 일반적인 특징이다. 즉, 어떤 데이터도 초기화하지 않는다. 반면 Container는 소멸자를 포함하며, virtual로 선언했기 때문에 Container에서 파생된 클래스에서 구현을 제공할 수 있다. 추상 클래스는 주로 참조나 포인터를 통해 조작되고 포인터를 통해 Container를 소멸시키는 사용자는 구현에서 어떤 자원을 소유하는지 전혀 모르므로 이 역시 추상 클래스의 일반적 특징이다. 5.5절을 참고하자.

Container 추상 클래스는 인터페이스만 정의할 뿐 구현은 정의하지 않는다. Container

가 실제로 쓰이려면 하나의 컨테이너를 구현해 인터페이스에서 요구하는 함수를 구현해야한다. 이제 구체 클래스 Vector를 사용해보자.

```
class Vector_container : public Container { // Vector_container는 Container를 구현한다
public:
  Vector_container(int s) : v(s) { } // s개의 원소로 된 Vector
   ~Vector_container() {}

  double& operator[](int i) override { return v[i]; }
  int size() const override { return v.size(); }
private:
  Vector v;
};
```

: public은 "~에서 파생된" 또는 "~의 하위 타입"이라 읽는다. Vector_container 클래스는 Container 클래스에서 파생됐고, Container 클래스는 Vector_container 클래스의 기반이다. 또 다른 용어로 Vector_container와 Container를 각각 하위 클래스와 상위 클래스라고도 부른다. 파생된 클래스는 기반 클래스의 멤버를 상속하므로 기반 클래스와 파생된 클래스의 사용을 흔히 상속inheritance이라 부른다.

멤버인 operator[]()와 size()는 기반 클래스 Container의 상응하는 멤버를 오버라이딩한다. 의도를 명확히 하기 위해 명시적 오버라이딩을 사용했다. override 키워드를 생략해도 되지만 명시적으로 선언하면 함수명의 철자 오류나 가상 함수와 오버라이딩하려는 함수의 타입 간 알아채기 어려운 차이를 컴파일러가 잡아내 실수를 막아준다. 더 복잡한 클래스 계층 구조에서는 무엇이 무엇을 오버라이딩하는지 파악하기 어려우므로 명시적으로 override를 사용하는 편이 유용하다.

소멸자(~Vector_container())는 기반 클래스 소멸자(~Container())를 오버라이딩한다. 이때 클래스의 소멸자(~Vector_container())는 암묵적으로 멤버 소멸자(~Vector())를 호출한다.

세부 구현을 모른 채 Container를 사용하는 use(Container&) 같은 함수를 사용하려면 그 함수에 전달할 객체를 다른 함수에서 만들어줘야 한다. 예제로 보자.

```
void g()
{
  Vector_container vc(10); // 원소 10개짜리 Vector
  // ... vc를 채운다 ...
  use(vc);
}
```

use()는 Vector_container 가 아니라 Container 인터페이스만 알고 있으므로 Container
의 다른 구현에도 잘 동작한다. 예제로 보자.

```
class List_container : public Container { // List_container는 Container를 구현한다
public:
  List_container() { } // 빈 List
  List_container(initializer_list<double> il) : ld{il} { }
  ~List_container() {}

  double& operator[](int i) override;
  int size() const override { return ld.size(); }
private:
  std::list<double> ld; // (표준 라이브러리) double 리스트(12.3절)
};

double& List_container::operator[](int i)
{
  for (auto& x : ld) {
    if (i==0)
      return x; --i;
  }
  throw out_of_range{"List container"};
}
```

표현으로 표준 라이브러리의 list<double>을 사용했다. list 첨자 지정은 vector 첨자 지
정에 비해 성능이 현저히 떨어지므로 이 책에서는 list로 첨자 연산을 수행하는 컨테이너
는 되도록 구현하지 않는다. 잘 쓰이지 않는 구현의 예를 보인 것뿐이다.

이제 함수에서 List_container를 생성해 use()를 호출할 수 있다.

```
void h()
{
  List_container lc = {1, 2, 3, 4, 5, 6, 7, 8, 9};
  use(lc);
}
```

use(Container&)는 인수가 Vector_container인지 List_container인지, 혹은 다른 종류의 컨테이너인지 모르며, 몰라도 된다. 어떤 종류의 Container든 사용할 수 있다. use(Container&)는 Container가 정의한 인터페이스만 안다. 따라서 List_container의 구현이 바뀌거나 Container에서 파생된 전혀 다른 클래스를 사용하더라도 use(Container&)를 다시 컴파일할 필요가 없다.

다만 이러한 유연성을 유지하려면 객체를 포인터나 참조로 조작해야 한다(6.2절, 15.2.1절).

5.4 가상 함수

Container의 용법을 다시 보자.

```
void use(Container& c)
{
  const int sz = c.size();

  for (int i=0; i!=sz; ++i)
    cout << c[i] << '\n';
}
```

use()에서 c[i]를 호출할 때 어떻게 알맞은 operator[]()를 찾는 걸까? h()에서 use()를 호출할 때는 List_container의 operator[]()를 호출해야 한다. g()에서 use()를 호출할 때에는 Vector_container의 operator[]()를 호출해야 한다. 올바르게 찾아내려면 런타임에 알맞은 함수를 고를 수 있게 해주는 정보가 Container 객체에 들어 있어야 한다. 일반적으로는 컴파일러가 가상 함수의 이름을 함수 포인터로 이뤄진 테이블의 인덱스로 변환하도록 구현된다. 이러한 테이블을 일반적으로 가상 함수 테이블virtual function table 또는 줄여서 vtbl이라 부른다. 가상 함수를 포함하는 클래스마다 가상 함수를 식별하는 vtbl이 딸려 있다. 그림으로 나타내면 다음과 같다.

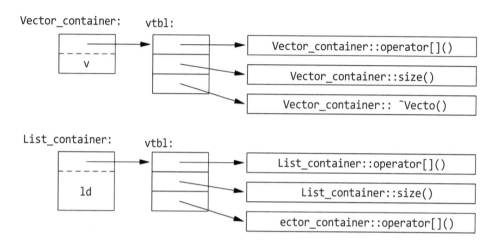

호출자는 객체의 크기와 데이터 레이아웃을 몰라도 vtbl 내 함수를 통해 객체를 올바르게 사용할 수 있다. 호출자의 구현에서는 Container의 vtbl 포인터 위치와 각 가상 함수의 인덱스만 알면 된다. 이러한 가상 호출 메커니즘은 "일반적인 함수 호출" 메커니즘과 효율성이 거의 비슷하다(25% 이내이며 같은 객체를 반복 호출할 때는 훨씬 저렴하다). 공간 면에서는 가상 함수를 포함하는 각 클래스마다 vtbl 하나 그리고 그 클래스의 각 객체마다 포인터 하나의 오버헤드가 든다.

5.5 클래스 계층 구조

Container는 아주 간단한 클래스 계층 구조의 예다. 클래스 계층 구조class hierarchy란 파생 derivation(예를 들어: public)으로 생성된 클래스들을 격자 형태로 정렬한 집합이다. "소방차는 트럭의 한 종류이고, 트럭은 자동차의 한 종류이다", "스마일 기호는 원의 한 종류이고 원은 도형의 한 종류이다"처럼 클래스 계층 구조를 통해 계층적 관계 개념을 표현한다. 보통은 수백 개의 클래스들이 깊고 넓은 거대한 계층 구조를 이룬다. 현실과 조금 동떨어진 클래스 예제로서 컴퓨터 화면에 그려지는 도형을 생각해보자.

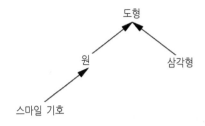

화살표는 상속 관계를 나타낸다. 예를 들어 Circle 클래스는 Shape 클래스에서 파생됐다. 관례상 클래스 계층 구조는 가장 기본 클래스인 루트부터 (나중에 정의되는) 파생되는 클래스로 그려 내려 간다. 이 간단한 그림을 코드로 표현하기 위해서는 모든 도형의 일반적 특성을 정의하는 클래스를 먼저 명시해야 한다.

```
class Shape {
public:
  virtual Point center() const =0; // 순수 가상
  virtual void move(Point to) =0;

  virtual void draw() const = 0; // 현재 "Canvas"에 그린다
  virtual void rotate(int angle) = 0;

  virtual  ~Shape() {} // 소멸자
  // ...
};
```

당연히 위 인터페이스는 추상 클래스다. 표현 면에서 (vtbl의 포인터 위치를 제외하고는) 모든 Shape에 공통된 사항이 없다. 위 정의를 바탕으로 도형들을 가리키는 포인터 벡터를 조작하는 일반적인 함수를 작성할 수 있다.

```
void rotate_all(vector<Shape*>& v, int angle) // angle 각도로 v의 원소들을 회전시킨다
{
  for (auto p : v)
    p->rotate(angle);
}
```

특정 도형을 정의하려면 먼저 Shape임을 밝힌 후 그 도형의 특성(가상 함수 포함)을 명시해야

한다.

```cpp
class Circle : public Shape {
public:
  Circle(Point p, int rad) :x{p}. r{rad} {}   // 생성자

  Point center() const override { return x; }
  void move(Point to) override { x = to; }
  void draw() const override;
  void rotate(int) override {}                 // 간단 명료한 알고리듬
private:
  Point x; // 중심
  int r;    // 반지름
};
```

지금까지는 Container와 Vector_container 예제와 비교해 Shape와 Circle 예제에 새로운 내용이 없으나 이제부터 만들어보겠다.

```cpp
class Smiley : public Circle { // 스마일 기호의 기반으로 원을 사용한다
public:
  Smiley(Point p, int rad) : Circle{p,rad}, mouth{nullptr} { }
   ~Smiley()
  {
    delete mouth;
    for (auto p : eyes)
      delete p;
  }

  void move(Point to) override;

  void draw() const override;
  void rotate(int) override;

  void add_eye(Shape* s)
  {
    eyes.push_back(s);
  }
```

112

```
  void set_mouth(Shape* s);
  virtual void wink(int i);        // i번 윙크한다

  // ...
private:
  vector<Shape*> eyes;             // 보통은 눈 2개
  Shape* mouth;
};
```

vector의 push_back() 멤버는 전달 받은 인수를 vector(여기서는 eyes)의 마지막 원소로 복사하므로 벡터의 크기가 하나 늘어난다.

이제 Smiley의 기반과 멤버 draw()를 호출해 Smiley::draw()를 정의할 수 있다.

```
void Smiley::draw() const
{
  Circle::draw();
  for (auto p : eyes)
    p->draw();
  mouth->draw();
}
```

Smiley가 어떻게 눈을 표준 라이브러리 vector로 표현하고, 어떻게 소멸자에서 삭제하는지 유심히 보자. Shape의 소멸자는 virtual이므로 Smiley의 소멸자에서 오버라이딩한다. 파생된 클래스의 객체는 주로 그 객체의 추상 기반 클래스가 제공하는 인터페이스를 통해 조작하므로 추상 클래스에 virtual 소멸자는 필수다. 특히 이러한 객체는 기반 클래스로의 포인터를 통해 삭제되기도 한다. 이럴 때는 가상 함수 호출 메커니즘으로 적절한 소멸자를 호출한다. 호출된 소멸자는 암묵적으로 자신의 기반과 멤버의 소멸자를 호출한다.

단순화시킨 위 예제에서 얼굴을 표현하는 원 안에 눈과 입을 적절히 배치시키는 것이 프로그래머의 역할이다.

파생을 통해 새 클래스를 정의함으로써 데이터 멤버와 연산, 혹은 둘 다를 추가할 수 있다. 유연성이 매우 높아지나 동시에 그만큼의 혼란과 형편없는 디자인이 될 가능성도 높아진다.

5.5.1 계층 구조의 이점

클래스 계층 구조에는 두 가지 이점이 있다.

- **인터페이스 상속**: 파생된 클래스의 객체를 기반 클래스의 객체가 필요한 곳에 사용할 수 있다. 즉, 기반 클래스는 파생된 클래스의 인터페이스처럼 동작한다. Container 와 Shape 클래스가 그 예다. 이러한 클래스는 대개 추상 클래스다.
- **구현 상속**: 기반 클래스는 파생된 클래스의 구현을 간소화해주는 함수나 데이터를 제공한다. Smiley에서 Circle의 생성자와 Circle::draw()의 사용이 그 예이다. 이러한 기반 클래스는 대개 데이터 멤버와 생성자이다.

구체 클래스, 특히 작은 표현으로 된 클래스는 지역변수로 정의하고 이름으로 접근하며 복사할 수 있다는 점에서 내장 타입과 매우 비슷하다. 한편 클래스 계층 구조 내 클래스는 이와 다르다. new로 자유 저장소에 할당하려 하고 포인터나 참조로 접근한다. 입력 스트림에서 도형을 설명하는 데이터를 읽어 적절한 Shape 객체를 생성하는 함수를 예제로 보자.

```
enum class Kind { circle, triangle, smiley };

Shape* read_shape(istream& is) // 입력 스트림 is로부터 도형 설명을 읽는다
{
  // ... is에서 도형 헤더를 읽어 Kind k를 찾는다 ...

  switch (k) {
  case Kind::circle:
    // ... 원 데이터 {Point,int}를 p와 r로 읽어들인다 ...
    return new Circle{p,r};
  case Kind::triangle:
    // ... 삼각형 데이터 {Point,Point,Point}를 p1, p2, p3로 읽어들인다 ...
    return new Triangle{p1, p2, p3};
  case Kind::smiley:
    // ... 스마일 기호 데이터 {Point, int, Shape, Shape, Shape}를 p, r, e1, e2, m으로 읽어
들인다 ...
    Smiley* ps = new Smiley{p, r};
    ps->add_eye(e1);
    ps->add_eye(e2);
    ps->set_mouth(m);
```

```
    return ps;
  }
}
```

프로그램에서는 위 도형 리더를 다음과 같이 사용한다.

```
void user()
{
  std::vector<Shape*> v;

  while (cin)
    v.push_back(read_shape(cin));

  draw_all(v);      // draw()를 호출한다
  rotate_all(v,45); // 각 원소마다 rotate(45)를 호출한다

  for (auto p : v)  // 원소 제거를 잊지 말자
    delete p;
}
```

매우 단순화시킨, 특히 오류 처리를 단순화시킨 예제이지만 user()가 어떤 종류의 도형을 조작하는지 정말 모른다는 점을 선명하게 보여준다. user() 코드를 컴파일하면 향후 프로그램에 추가되는 새 Shape에도 사용할 수 있다. user() 외부에는 도형을 가리키는 포인터가 없으니 해제도 user()에서 책임져야 한다. 이때 delete 연산자를 사용하며, Shape의 가상 소멸자가 꼭 필요하다. 소멸자가 가상이므로 delete는 가장 마지막에 파생된 클래스의 소멸자를 호출한다. 파생된 클래스에서 해제해야 할 모든 종류의 자원(파일 핸들, 락, 출력 스트림 같은)을 획득했을 수 있으므로 반드시 이렇게 해야 한다. 예제에서 Smiley는 eyes와 mouth 객체를 삭제한다. 이후 Circle의 소멸자를 호출한다. 객체는 생성자에 의해 "아래에서부터"(기반부터) 생성되고 소멸자에 의해 "위에서부터"(나중에 파생된 클래스부터) 소멸된다.

5.5.2 계층 구조 탐색

read_shape() 함수는 모든 Shape를 똑같이 처리하도록 Shape*를 반환한다. 그럼 Smiley

의 wink()처럼 특정 파생 클래스에서만 제공하는 멤버 함수를 사용하려면 어떻게 해야 할까? dynamic_cast 연산자를 사용해 "이 Shape가 Smiley의 한 종류인가요?"라고 묻는다.

```
Shape* ps {read_shape(cin)};

if (Smiley* p = dynamic_cast<Smiley*>(ps)) { // does ps point to a Smiley?
  // ... Smiley가 맞으니 사용한다 ...
}
else {
  // ... Smiley가 아니니 다른 것을 시도한다 ...
}
```

런타임에 dynamic_cast의 인수(여기서는 ps)가 가리키는 객체가 예상했던 타입(여기서는 Smiley)에 속하지 않거나 예상했던 타입에서 파생된 클래스가 아니면 dynamic_cast는 null ptr을 반환한다.

다른 파생 클래스의 객체로의 포인터도 인수로서 유효하면 포인터 타입에 dynamic_cast를 사용한다. 그리고 결과가 nullptr인지 테스트한다. 편의상 종종 조건문 내 변수의 초기화에 이 테스트를 넣는다.

다른 타입을 허용할 수 없으면 단순히 참조 타입에 dynamic_cast를 수행한다. 객체가 예상했던 타입에 속하지 않으면 dynamic_cast는 bad_cast 예외를 던진다.

```
Shape* ps {read_shape(cin)};
Smiley& r {dynamic_cast<Smiley&>(*ps)}; // 어딘가에서 std::bad_cast를 잡는다
```

dynamic_cast를 되도록 자제해야 코드가 명확해진다. 런타임에 타입 정보를 테스트하지 않을수록 더 간단하고 효율적인 코드를 작성할 수 있으나 어쩌다 타입 정보를 잃어버렸다면 복구해야 한다. 보통은 기반 클래스에서 명시한 인터페이스를 허용하는 시스템에 객체를 전달할 때 발생한다. 시스템에서 객체를 다시 되돌려줄 때 원래 타입을 복구해야 할지도 모른다. dynamic_cast 같은 연산을 "의 종류is kind of" 또는 "~의 인스턴스is instance of" 연산이라 부른다.

5.5.3 자원 누수 방지

누수[leak]는 자원 획득과 해제에 실패한 상황을 일컫는 전통적 용어이다. 누수된 자원은 시스템에서 사용할 수 없으니 자원 누수는 꼭 피해야 한다. 다시 말해 시스템에 필요한 자원이 고갈되므로 누수는 성능 저하, 심지어 고장으로까지 이어진다.

경험이 많은 프로그래머라면 Smiley 예제에서 실수할 여지 3개를 열어 뒀음을 눈치챘을 것이다.

- Smiley의 구현자가 mouth로의 포인터를 delete하는 데 실패할 수 있다.
- read_shape()의 사용자가 반환된 포인터를 delete하는 데 실패할 수 있다.
- Shape 포인터들의 컨테이너의 소유자가 가리켜진 객체를 delete하는 데 실패할 수 있다.

이러한 면에서 자유 저장소에 할당된 객체를 가리키는 포인터는 위험하다. "기존의 일반적인 포인터"로 소유권을 표현하지 말자. 예제로 보자.

```
void user(int x)
{
  Shape* p = new Circle{Point{0,0},10};
  // ...
  if (x<0) throw Bad_x{}; // 잠재적 누수
  if (x==0) return;       // 잠재적 누수
  // ...
  delete p;
}
```

x가 양수가 아니면 누수된다. "기존[naked] 포인터"에 new의 결과를 할당하는 것은 화를 자초하는 일이다.

한 가지 간단한 해결책을 제시하자면 삭제가 필요할 때 "기존 포인터" 대신 표준 라이브러리의 unique_ptr(15.2.1절)을 사용하자.

```
class Smiley : public Circle {
  // ...
```

```
private:
  vector<unique_ptr<Shape>> eyes; // 대개 두 눈
  unique_ptr<Shape> mouth;
};
```

간단하고 일반적이며 효율적인 자원 관리 기법의 한 예이다(6.3절).

이렇게 바꿀 경우 한 가지 반가운 부수 효과는 더 이상 Smiley의 소멸자를 정의하지 않아도 된다는 점이다. 컴파일러가 암묵적으로 unique_ptr에 필요한 소멸을 수행하는 소멸자를 vector 내에 생성한다(6.3절). unique_ptr을 사용하는 코드는 원시raw 포인터를 올바르게 사용한 코드만큼 효율적이다.

unique_ptr을 사용하도록 read_shape()와 user()를 바꿔보자.

```
unique_ptr<Shape> read_shape(istream& is) // 입력 스트림 is로부터 도형 설명을 읽는다
{
  // ... is에서 도형 헤더를 읽어 Kind k를 찾는다 ...

  switch (k) {
  case Kind::circle:
    // ... 원 데이터 {Point,int}를 p와 r로 읽어들인다 ...
    return unique_ptr<Shape>{new Circle{p,r}}; // 15.2.1절
  // ...
}

void user()
{
  vector<unique_ptr<Shape>> v;


  while (cin)
    v.push_back(read_shape(cin));

  draw_all(v);      // 각 원소마다 draw()를 호출한다
  rotate_all(v,45); // 각 원소마다 rotate(45)를 호출한다
} // 모든 Shape가 암묵적으로 소멸된다
```

이제 unique_ptr이 각 객체를 소유하므로 unique_ptr은 객체가 더 이상 필요 없어지면,

즉 객체의 unique_ptr이 범위를 벗어나면 delete를 수행한다.

user()의 unique_ptr이 동작하려면 draw_all()과 rotate_all()이 vector<unique_ptr
<Shape>>를 허용하도록 바꿔야 한다. 많은 _all() 함수를 작성하려면 번거로우니 7.3.2절
에서 대안을 제시하겠다.

5.6 조언

[1] 아이디어를 코드에 직접적으로 표현한다(5.1절). [CG: P.1]

[2   구체 타입은 가장 단순한 종류의 클래스다. 되도록이면 복잡한 클래스와 평범한 데이터
     구조보다는 구체 타입을 사용한다(5.2절). [CG: C.10]

[3] 간단한 개념은 구체 클래스로 표현한다(5.2절).

[4] 성능이 중요한 컴포넌트에는 클래스 계층 구조보다 구체 클래스를 사용한다(5.2절).

[5] 생성자를 정의해 객체의 초기화를 처리한다(5.2.1절, 6.1.1절). [CG: C.40], [CG: C.41]

[6] 클래스의 표현에 직접 접근해야 할 경우 함수를 멤버만 접근할 수 있게 만든다(5.2.1절).
     [CG: C.4]

[7] 연산자는 주로 기존의 사용법을 모방하도록 정의한다(5.2.1절). [CG: C.160]

[8] 대칭 연산자에는 비멤버 함수를 사용한다(5.2.1절). [CG: C.161]

[9] 객체의 상태를 수정하지 않는 멤버 함수는 const로 선언한다(5.2.1절).

[10] 생성자가 자원을 획득하면 그 클래스에는 그 자원을 해제할 소멸자도 필요하다(5.2.2절).
     [CG: C.20]

[11] "기존naked"의 new와 delete 연산을 쓰지 말자(5.2.2절). [CG: R.11]

[12] 자원을 관리할 때 자원 핸들과 RAII를 사용한다(5.2.2절). [CG: R.1]

[13] 클래스가 컨테이너이면 초기자 리스트 생성자를 넣는다(5.2.3절). [CG: C.103]

[14] 인터페이스와 구현을 완전히 분리해야 하면 추상 클래스를 인터페이스로 사용한다(5.3절).
     [CG: C.122]

[15] 다형 객체는 포인터와 참조로 접근한다(5.3절).

[16] 추상 클래스에는 일반적으로 생성자가 필요 없다(5.3절). [CG: C.126]

[17] 클래스 계층 구조를 사용해 상속된 계층 구조 개념을 표현한다(5.5절).

[18] 가상 함수를 포함하는 클래스는 가상 소멸자를 포함해야 한다(5.5절). [CG: C.127]

[19] 대규모 클래스 계층 구조에서 명시적으로 오버라이딩할 때는 override를 사용한다(5.3절). [CG: C.128]

[20] 클래스 계층 구조를 디자인할 때 구현 상속과 인터페이스 상속을 구분한다(5.5.1절). [CG: C.129]

[21] 클래스 계층 구조 탐색이 불가피하면 dynamic_cast를 사용한다(5.5.2절). [CG: C.146]

[22] 필요한 클래스를 찾는 데 실패해서는 안 되면 참조 타입에 dynamic_cast를 사용한다(5.5.2절). [CG: C.147]

[23] 필요한 클래스를 찾는 데 실패해도 유효하면 포인터 타입에 dynamic_cast를 사용한다(5.5.2절). [CG: C.148]

[24] new를 사용해 생성된 객체를 반드시 delete하려면 unique_ptr이나 shared_ptr을 사용한다(5.5.3절). [CG: C.149]

6

필수 연산

누군가
말하는 대로 다 해주는
프로그래밍 언어를 달라고 하면,
차라리 막대 사탕을 줘라.

– 앨런 펄리스Alan Perlis

- 소개
    필수 연산, 변환, 멤버 초기자
- 복사와 이동
    컨테이너 복사, 컨테이너 이동
- 자원 관리
- 연산자 오버로딩
- 전통적 연산
    비교, 컨테이너 연산, 반복자와 "스마트 포인터", 입력과 출력 연산자, swap(),
    hash<>
- 사용자 정의 리터럴
- 조언

6.1 소개

초기화나 할당, 복사, 이동 같은 연산은 언어 규칙에서 가정할 정도로 매우 기본적인 연산이다. ==와 << 같은 연산은 무시하기 어려운 전통적 의미를 지닌다.

6.1.1 필수 연산

타입의 생성자, 소멸자, 복사와 이동 연산은 논리적으로 별개가 아니다. 서로 연관된 집합으로 정의하지 않으면 논리적 문제나 성능 문제를 겪게 된다. 클래스 X가 자유 저장소 반납이나 자원 해제 같은 중대한 작업을 수행하는 소멸자를 포함하면 그 클래스에 함수 구성 전체를 넣어야 할 것이다.

```
class X {
public:
  X(Sometype);          // "일반적인 생성자": 객체를 생성한다
  X();                  // 기본 생성자
  X(const X&);          // 복사 생성자
  X(X&&);               // 이동 생성자
  X& operator=(const X&); // 복사 할당: 타깃을 지우고 복사한다
  X& operator=(X&&);    // 이동 할당: 타깃을 지우고 이동시킨다
  ~X();                 // 소멸자: 해제
  // ...
};
```

다음의 다섯 가지 경우에 객체를 복사하거나 이동시킨다.

- 할당의 소스로서
- 객체 초기자로서
- 함수 인수로서
- 함수 반환값으로서
- 예외로서

할당은 복사나 이동 할당 연산자를 이용한다. 원칙적으로 나머지 경우에는 복사나 이동 생성자를 이용한다. 하지만 일반적으로는 타깃 객체에서 바로 초기화해주는 객체를 생성하도

록 최적화해서 복사나 이동 생성자 호출을 제거한다. 예제로 보자.

```
X make(Sometype);
X x = make(value);
```

일반적으로 컴파일러는 x 내 make()로부터 바로 X를 생성해 복사를 제거("생략")한다.

명명된 객체와 자유 저장소 내 객체의 초기화 외에 생성자는 임시 객체 초기화와 명시적 타입 변환 구현에도 쓰인다.

"일반적인 생성자"를 제외하고 이러한 특수 멤버 함수는 필요 시에 컴파일러가 생성한다. 기본 구현 생성을 다음과 같이 명시적으로 할 수도 있다.

```
class Y {
public:
  Y(Sometype);
  Y(const Y&) = default; // 기본 복사 생성자와
  Y(Y&&) = default;      // 기본 이동 생성자가 정말 필요하다
  // ...
};
```

몇 가지를 기본으로 명시하면 다른 기본 정의는 생성되지 않는다.

일반적으로 클래스가 포인터 멤버를 포함할 때는 복사와 이동 연산을 명시적으로 하는 편이 좋다. 클래스가 delete해야 할 무언가를 포인터가 가리킬 수 있는데, 기본 멤버 단위 복사가 틀릴 수도 있기 때문이다. 혹은 클래스가 delete하지 말아야 할 무언가를 가리킬 수도 있다. 어느 쪽이든 코드의 독자는 알고 싶어 한다. 6.2.1절의 예제를 참고한다.

경험상 좋은 방법(0의 법칙the rule of zero이라고도 부름)은 필수 연산을 전부 정의하거나 하나도 정의하지 않는 것이다(모든 연산에 default 사용). 예제로 보자.

```
struct Z {
  Vector v;
  string s;
};
```

```
Z z1;       // z1.v와 z1.s를 기본 초기화한다
Z z2 = z1; // z1.v와 z1.s를 기본 복사한다
```

위 코드에서 컴파일러는 필요 시에 올바른 시맨틱으로 멤버 단위의 기본 생성, 복사, 이동
을 만들어낸다.

=default를 보완하기 위해 연산을 생성하지 말라는 의미로 =delete를 사용한다. 멤버 단
위 복사를 허용하고 싶지 않은 대표적인 예가 클래스 계층 구조 내 기반 클래스이다. 예제
로 보자.

```
class Shape {
public:
  Shape(const Shape&) =delete; // 복사 금지
  Shape& operator=(const Shape&) =delete;
  // ...
};

void copy(Shape& s1, const Shape& s2)
{
  s1 = s2; // 오류: Shape 복사는 금지됐다
}
```

=delete로 선언된 함수를 사용하려 하면 컴파일 타임 오류가 발생한다. =delete는 기초 멤
버 함수뿐만 아니라 모든 함수를 막는 데 사용할 수 있다.

6.1.2 변환

인수를 하나만 받는 생성자는 그 인수 타입으로부터의 변환을 정의한다. 예를 들어
complex(5.2.1절)는 double로부터의 생성자를 제공한다.

```
complex z1 = 3.14; // z1은 {3.14,0.0}이 된다
complex z2 = z1*2; // z2는 z1*{2.0,0} == {6.28,0.0}이 된다
```

이러한 암묵적 변환이 이상적일 때도 있으나 늘 그렇진 않다. 예를 들어 Vector(5.2.2절)는
int로부터의 생성자를 제공한다.

```
Vector v1 = 7; // OK: v1의 원소는 7개다
```

일반적으로 위 코드는 적절하지 않으므로 표준 라이브러리 vector는 int에서 vector로의 "변환"을 허용하지 않는다.

문제를 방지하려면 명시적 "변환"만 허용한다고 선언하면 된다. 즉 생성자를 다음과 같이 정의한다.

```
class Vector {
public:
  explicit Vector(int s); // int에서 Vector로 암묵적 변환되지 않는다
  // ...
};
```

이제 다음과 같이 바뀐다.

```
Vector v1(7); // OK: v1의 원소는 7개다
Vector v2 = 7; // 오류: int에서 Vector로 암묵적 변환되지 않는다
```

변환과 관련해 많은 타입이 complex보다는 Vector와 비슷하므로 다른 분명한 이유가 있지 않은 한 인수 하나를 받는 생성자에는 explicit를 사용하자.

6.1.3 멤버 초기자

클래스의 데이터 멤버를 정의할 때 기본 멤버 초기자default member initializer라는 기본 초기자를 제공할 수 있다. 다음은 complex를 변경한 코드다(5.2.1절).

```
class complex {
  double re = 0;
  double im = 0; // 표현: 기본값이 0.0인 double 2개
public:
  complex(double r, double i) :re{r}, im{i} {} // 두 스칼라로 복소수를 생성한다: {r,i}
  complex(double r) :re{r} {}                   // 한 스칼라로 복소수를 생성한다: {r,0}
  complex() {}                                  // 기본 복소수: {0,0}
  // ...
}
```

생성자가 값을 제공하지 않으면 항상 기본값이 쓰인다. 코드를 간소화해주며 실수로 멤버를 초기화하지 않는 경우에 대비해준다.

6.2 복사와 이동

기본적으로 객체는 복사할 수 있다. 내장 타입뿐만 아니라 사용자 정의 타입의 객체도 마찬가지다. 복사의 기본적 의미는 멤버 단위 복사로서 각 멤버를 복사한다. 5.2.1절의 complex를 예로 들겠다.

```
void test(complex z1)
{
  complex z2 {z1}; // 복사 초기화
  complex z3;
  z3 = z2;          // 복사 할당
  // ...
}
```

할당과 초기화 모두 두 멤버를 복사했으므로 z1, z2, z3는 값이 같다.

클래스를 디자인할 때는 항상 객체를 왜 복사해야 하고 어떻게 복사할 수 있는지 고려해야 한다. 간단한 구체 타입이라면 복사는 멤버 단위 복사를 의미한다. Vector같이 정교한 구체 타입이라면 복사가 단순히 멤버 단위 복사가 아니며, 추상 타입에서도 거의 마찬가지이다.

6.2.1 컨테이너 복사

클래스가 자원 핸들resource handle인 경우, 즉 클래스가 포인터로 접근하는 객체를 처리하는 경우 기본 멤버 단위 복사는 사실상 재앙에 가깝다. 멤버 단위 복사가 자원 핸들의 불변(4.3절)을 위반하기 때문이다. 예를 들어 기본 복사는 원래의 원소를 똑같이 참조하는 Vector의 복사본을 생성한다.

```
void bad_copy(Vector v1)
{
```

```
    Vector v2 = v1; // v1의 표현을 v2로 복사한다
    v1[0] = 2; // 이제 v2[0]도 2다!
    v2[1] = 3; // 이제 v1[1]도 3이다!
}
```

v1에 원소가 4개라고 가정하고 그림으로 나타내면 다음과 같다.

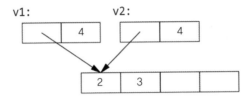

다행히도 Vector에 소멸자가 있다는 사실이 기본 (멤버 단위) 복사의 시맨틱이 잘못됐으며 최소한 컴파일러에서 위 예제를 경고해야 한다는 강력한 암시를 준다. 보다 적합한 복사 시맨틱을 정의해야 한다.

클래스의 객체 복사는 복사 생성자^{copy constructor}와 복사 할당^{copy assignment}이라는 두 멤버로 정의된다.

```
class Vector {
public:
  Vector(int s);                     // 생성자: 불변을 수립하고 자원을 획득한다
   ~Vector() { delete[] elem; }      // 소멸자: 자원을 해제한다

  Vector(const Vector& a);          // 복사 생성자
  Vector& operator=(const Vector& a);  // 복사 할당

  double& operator[](int i);
  const double& operator[](int i) const;

  int size() const;
private:
  double* elem; // elem은 sz의 double로 된 배열을 가리킨다
  int sz;
};
```

복사 후 각 Vector가 원소들의 복사본을 갖도록 Vector의 복사 생성자를 알맞게 정의하려면 필요한 원소 수만큼 공간을 할당해 원소들을 해당 공간에 복사해야 한다.

```
Vector::Vector(const Vector& a)   // 복사 생성자
  :elem{new double[a.sz]},         // 원소들을 위한 공간을 할당한다
  sz{a.sz}
{
  for (int i=0; i!=sz; ++i)        // 원소들을 복사한다
    elem[i] = a.elem[i];
}
```

이제 v2=v1 예제의 결과가 다음과 같이 바뀐다.

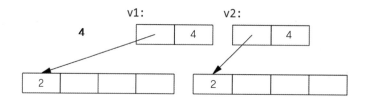

물론 복사 생성자 외에 복사 할당도 필요하다.

```
Vector& Vector::operator=(const Vector& a) // 복사 할당
{
  double* p = new double[a.sz];
  for (int i=0; i!=a.sz; ++i)
    p[i] = a.elem[i];
  delete[] elem; // 기존 원소들을 삭제한다
  elem = p;
  sz = a.sz;
  return *this;
}
```

멤버 함수에 미리 정의되는 this라는 이름은 그 멤버 함수를 호출한 객체를 가리킨다.

원소 복사 중에 생기는 문제로 인해 예외가 발생해도 Vector의 기존 값을 보존하도록 기존 원소를 삭제하기 전에 원소들을 복사했다.

6.2.2 컨테이너 이동

복사 생성자와 복사 할당을 정의해 복사를 제어할 수 있으나 컨테이너가 크면 복사 비용도 커진다. 참조를 사용해 함수에 객체를 전달하면 복사 비용이 줄어드나 지역 객체의 참조를 결과로 반환할 수는 없다(지역 객체는 호출자가 그 객체를 보기도 전에 소멸된다). 다음을 보자.

```
Vector operator+(const Vector& a, const Vector& b)
{
  if (a.size()!=b.size())
    throw Vector_size_mismatch{};

  Vector res(a.size());

  for (int i=0; i!=a.size(); ++i)
    res[i]=a[i]+b[i];
  return res;
}
```

+로부터 반환한다는 것은 지역변수 res 결과를 갖고 나와 호출자가 접근할 수 있는 어딘가로 복사한다는 의미이다. +는 다음과 같이 쓰인다.

```
void f(const Vector& x, const Vector& y, const Vector& z)
{
  Vector r;
  // ...
  r = x+y+z;
  // ...
}
```

예제에서는 Vector를 최소 2번 복사한다(+ 연산자를 사용할 때마다 1번씩). Vector가 크면, 가령 double이 10,000개이면 상당히 곤란하다. 가장 당혹스러운 부분은 operator+() 내 res를 복사하고는 다시 사용하지 않는다는 점이다. 복사를 원한 적도 없고 결과를 함수 밖으로 가져오고 싶었을 뿐이다. 즉, Vector를 복사하는 것이 아니라 이동시키고 싶었다. 다행히 이러한 의도를 명시할 수 있다.

```
class Vector {
  // ...

  Vector(const Vector& a);              // 복사 생성자
  Vector& operator=(const Vector& a);   // 복사 할당

  Vector(Vector&& a);                   // 이동 생성자
  Vector& operator=(Vector&& a);        // 이동 할당
};
```

위와 같이 정의하면 컴파일러는 이동 생성자를 골라 함수로부터의 반환값 전달을 구현한다. 즉, r=x+y+z는 Vector를 전혀 복사하지 않는다. 대신 Vector를 이동시킨다.

언제나처럼 Vector의 이동 생성자는 정의하기 쉽다.

```
Vector::Vector(Vector&& a)
  :elem{a.elem},   // a로부터 "원소들을 가로챈다"
  sz{a.sz}
{
  a.elem = nullptr; // 이제 a는 어떤 원소도 포함하지 않는다
  a.sz = 0;
}
```

&&는 "rvalue 참조"라는 의미로 rvalue에 바인딩할 수 있는 것을 참조한다. "rvalue"는 "lvalue"를 보완하는 용어로서 "lvalue"는 "할당문 왼편에 넣을 수 있는 것" 정도로 이해하면 된다[Stroustrup, 2010]. 따라서 rvalue는 쉽게 말해 함수 호출에서 반환하는 정수처럼 할당할 수 없는 값이다. 즉, rvalue 참조는 누구도 할당할 수 없는 것을 참조하므로 안전하게 그 값을 "가져올" 수 있다. Vector의 operator+() 내 res 지역변수가 그 예이다.

이동 생성자는 const 인수를 받지 못한다. 다시 말해 이동 생성자는 인수에서 값을 제거하는 용도이다. 이동 할당move assignment도 비슷하게 정의한다.

이동 연산은 rvalue 참조가 초기자나 할당문 우항에 쓰일 때 적용된다.

이동 후 값이 옮겨진 객체는 소멸자를 실행시킬 수 있는 상태여야 한다. 또한 일반적으로 옮겨진 객체로의 할당도 허용한다. '표준 라이브러리 알고리듬'(13장)에서 이렇게 가정한다.

예제의 Vector도 마찬가지이다.

프로그래머는 어떤 값이 다시 쓰이지 않을 것임은 아는데 컴파일러는 이를 알만큼 똑똑하지 않으면 프로그래머가 다음과 같이 구체적으로 구현한다.

```
Vector f()
{
  Vector x(1000);
  Vector y(2000);
  Vector z(3000);
  z = x;              // 복사한다 (나중에 x가 f()에서 쓰일 수 있다)
  y = std::move(x);   // 이동시킨다 (이동 할당)
  // ... 여기에서는 되도록 x를 쓰지 않는다 ...
  return z;           // 이동시킨다
}
```

표준 라이브러리 함수 move()는 실제로 무엇도 이동시키지 않는다. 대신 이동시킬 수도 있는 인수로의 참조, 즉 rvalue 참조rvalue reference를 반환한다. 일종의 캐스팅이다(5.2.3절).

다음은 return 바로 전의 상태이다.

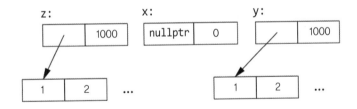

f()에서 반환할 때 return이 z의 원소를 f() 밖으로 이동시킨 후 z는 소멸된다. 반면 y의 소멸자는 원소들을 delete[]한다.

컴파일러는 (C++ 표준에 따라) 초기화에 쓰였던 대부분의 복사본을 제거할 의무가 있으므로 이동 생성자는 생각과 달리 자주 호출되지 않는다. 이러한 복사 생략copy elision은 이동으로 생기는 아주 사소한 오버헤드조차 없애준다. 이와 달리 할당에서 복사나 이동 연산을 암묵적으로 제거하기란 일반적으로 불가능하므로 이동 할당은 성능에 큰 영향을 미칠 수 있다.

6.3 자원 관리

생성자, 복사 연산, 이동 연산, 소멸자를 정의함으로써 프로그래머는 획득한 자원(컨테이너의 원소 등)의 수명 주기를 완벽하게 제어할 수 있다. 나아가 이동 생성자는 간단하고 저렴하게 객체를 한 범위에서 다른 범위로 이동시킨다. 이러한 방법으로 범위 밖으로 복사할 수 없거나 하고 싶지 않은 객체를 간단하고 저렴하게 밖으로 이동시킬 수 있다. 동시 실행을 나타내는 표준 라이브러리의 thread(18.2절)와 백만 개의 double로 된 Vector를 생각해 보자. 전자는 복사할 수 없고 후자는 복사하고 싶지 않다.

```
std::vector<thread> my_threads;

Vector init(int n)
{
  thread t {heartbeat}; // (별개의 스레드에서) 하트비트(heartbeat)를 동시에 실행시킨다
  my_threads.push_back(std::move(t)); // t를 my_threads로 이동시킨다(16.6절)
  // ... 또 다른 초기화 ...

  Vector vec(n);
  for (auto& x : vec)
    x = 777;
  return vec;       // vec를 init() 밖으로 이동시킨다
}

auto v = init(1'000'000); // 하트비트를 시작시키고 v를 초기화한다
```

많은 경우 내장 포인터를 직접 사용하는 것보다 Vector와 thread 같은 자원 핸들을 사용하는 편이 훨씬 낫다. 실제로 unique_ptr 같은 표준 라이브러리 "스마트 포인터"는 그 자체로 자원 핸들이다(15.2.1절).

7.2절 전까지는 원소 타입으로 된 간단한 Vector를 매개변수화parameterize할 일이 없으므로 thread를 표준 라이브러리 vector에 저장하겠다.

new와 delete를 애플리케이션 코드에서 없앴던 방법 그대로 포인터를 자원 핸들에서 없앨 수 있다. 둘 다 오버헤드 없이 더 간단하고 더 유지 보수하기 쉬운 코드로 탈바꿈된다. 특히 강력한 자원 안전strong resource safety을 달성할 수 있다. 즉, 일반적인 개념의 자원에 대해 자

원 누수를 막을 수 있다. 메모리를 담는 vector, 시스템 스레드를 담는 thread, 파일 핸들을 담는 fstream이 그 예이다.

많은 언어가 자원 관리를 주로 가비지 컬렉터에 위임한다. C++에서는 가비지 컬렉터를 플러그인할 수 있다. 하지만 가비지 컬렉터는 더 간결하고 더 보편적이고 더 지역화가 잘 되는 자원 관리 대안이 모두 불가능할 때 마지막 옵션으로 고려해야 한다. 이상적인 대안은 어떤 가비지도 생성하지 않는 것, 즉 가비지 컬렉터의 존재 이유 자체를 없애는 것이다. 쓰레기를 버리지 말자.

가비지 컬렉션은 기본적으로 전역 메모리 관리 체계이다. 기발한 구현으로 보정할 수 있으나 시스템이 점점 더 분산됨에 따라(캐시, 멀티코어, 클러스터 등을 생각해보자) 지역성이 그 어느 때보다 중요하다.

또한 메모리만 자원이 아니다. 자원은 획득하고 사용한 후 (명시적으로 혹은 암묵적으로) 해제해야 하는 모든 것을 지칭한다. 메모리, 락, 소켓, 파일 핸들, 스레드 핸들 등이 해당한다. 말 그대로 메모리 이외의 모든 자원을 비메모리 자원non-memory resource이라 부른다. 훌륭한 자원 관리 시스템은 모든 종류의 자원을 처리한다. 오래 실행되는 시스템에서 누수도 반드시 처리해야 하지만 과도한 자원 보유도 누수만큼 치명적이다. 예를 들어 시스템이 메모리, 락, 파일 등을 2배 더 길게 보유할 경우 시스템에는 잠재적으로 2배 더 많은 자원이 공급돼야 한다.

가비지 컬렉션에 의지하기 전에 자원 핸들을 체계적으로 사용하자. 어떤 범위 안에서 각 자원을 소유하고 기본적으로 그 소유의 범위가 끝나면 해제시키자. C++에서는 이를 RAII(자원 획득은 초기화)라 부르며 예외 형태로 오류 처리와 통합시켰다. 이동 시맨틱이나 "스마트 포인터"를 사용해 자원을 범위 간 이동시킬 수 있고 공유 소유권은 "공유 포인터"로 나타낼 수 있다(15.2.1절).

C++ 표준 라이브러리에서 RAII는 메모리(string, vector, map, unordered_map, etc.), 파일(ifstream, ofstream, etc.), 스레드(thread), 락(lock_guard, unique_lock, etc.), 일반적인 객체(unique_ptr과 shared_ptr을 통한) 등에 매우 보편적으로 쓰인다. 암묵적 자원 관리를 통해 일반적으로 사용할 때는 보이지 않으나 자원 보유 기간을 짧게 유지시킨다.

6.4 연산자 오버로딩

사용자 정의 타입에서는 C++ 연산자에 다른 의미를 부여할 수 있다(2.4절, 5.2.1절). 이름이 같은 연산자 집합에서 적합한 연산자 구현을 골라야 한다는 뜻에서 연산자 오버로딩operation overloading이라 부른다. 예를 들어 앞서 복소수 z1+z2에 쓰인 +는(5.2.1절) 정수 +와 부동소수점 +와 구분돼야 한다(1.4.1절).

^^나 ===, **, $, 단항 % 같이 완전히 새로운 연산자는 정의할 수 없다. 허용했다간 엄청난 혼란을 불러올 것이다.

반드시 전통적 시맨틱으로 연산자를 정의하자. 뺄셈을 하는 + 연산자는 아무에게도 쓸모가 없다.

사용자 정의 타입(클래스와 열거형)에는 다음의 연산자를 정의할 수 있다.

- **이진 산술 연산자**: +, -, *, /, %
- **이진 논리 연산자**: &(비트 and), |(비트 or), ^(비트 배타적 or)
- **이진 관계 연산자**: ==, !=, <, <=, >, >=, <=>
- **논리 연산자**: &&와 ||
- **단항 산술과 논리 연산자**: +, -, ~(비트 보수), !(논리 부정)
- **할당**: =, +=, *= 등
- **증감**: ++, --
- **포인터 연산**: ->, 단항 *, 단항 &
- **애플리케이션**(호출): ()
- **첨자 지정**: [ ]
- **콤마**: ,
- **시프트**: >>, <<

안타깝게도 스마트 참조smart reference를 수행하는 점(.) 연산자는 정의할 수 없다.

다음과 같이 연산자를 멤버 함수로 정의할 수 있다.

```
class Matrix {
  // ...
  Matrix& operator=(const Matrix& m); // m을 *this에 할당하고, *this로의 참조를 반환한다
};
```

관례상 첫 번째 피연산자를 수정하는 연산자를 멤버 함수로 정의하고, 역사적인 이유로 =, ->, (), [] 등이 여기에 해당한다.

혹은 대부분의 연산자는 독립 함수로 정의할 수 있다.

```
Matrix operator+(const Matrix& m1, const Matrix& m2); // m1과 m2를 더해 그 합을 반환한다
```

일반적으로 대칭 피연산자로 이뤄진 연산자는 두 피연산자를 동일하게 다루도록 독립 함수로 정의한다. Matrix처럼 잠재적으로 큰 객체를 효율적으로 반환하려면 이동 시맨틱을 이용한다(6.2.2절).

6.5 전통적 연산

어떤 연산들은 타입에 따라 전통적 의미를 지니기도 한다. 프로그래머와 라이브러리(특히 표준 라이브러리)는 이러한 전통적 의미를 종종 가정하므로 현명한 개발자라면 연산이 올바르게 쓰이도록 관습에 맞춰 새 타입을 디자인해야 한다.

- **비교**: ==, !=, <, <=, >, >=, <=> (6.5.1절)
- **컨테이너 연산**: size(), begin(), end() (6.5.2절)
- **반복자와 "스마트 포인터"**: ->, *, [], ++, --, +, -, +=, -= (13.3절, 15.2.1절)
- **함수 객체**: () (7.3.2절)
- **입력과 출력 연산**: >>, << (6.5.4절)
- **swap()** (6.5.5절)
- **해시 함수**: hash<> (6.5.6절)

6.5.1 비교(관계 연산자)

동등 비교(==와 !=)의 의미는 복사와 매우 밀접하게 관련된다. 복사본끼리 비교할 때 동등해야 한다.

```
X a = something;
X b = a;
assert(a==b); // a!=b이면 매우 이상하다(4.5절)
```

==를 정의할 때 !=도 함께 정의해서 a!=b가 곧 !(a==b)를 뜻하게 하자.

마찬가지로 <를 정의할 때도 <=, >, >=를 함께 정의해서 다음의 일반적 동등을 성립시킨다.

- a<=b는 (a<b)||(a==b)와 !(b<a)를 뜻한다.
- a>b는 b<a를 뜻한다.
- a>=b는 (a>b)||(a==b)와 !(a<b)를 뜻한다.

== 같은 이진 연산자의 양쪽 피연산자를 동등하게 다루려면 그 클래스의 네임스페이스 내에 독립 함수로 정의하는 것이 가장 좋다. 예제로 보자.

```
namespace NX {
  class X {
    // ...
  };
  bool operator==(const X&, const X&);
  // ...
};
```

"우주선 연산자spaceship operator" <=>는 저만의 규칙을 따른다. 이 연산자의 규칙은 나머지 모든 연산자의 규칙과 다르다. 특히 기본 <=>을 정의하면 나머지 관계 연산자가 암묵적으로 정의된다.

```
class R {
  // ...
  auto operator<=>(const R& a) const = default;
};
```

```
void user(R r1, R r2)
{
  bool b1 = (r1<=>r2) == 0; // r1==r2
  bool b2 = (r1<=>r2) < 0;  // r1<r2
  bool b3 = (r1<=>r2) > 0;  // r1>r2

  bool b4 = (r1==r2);
  bool b5 = (r1<r2);
}
```

C의 strcmp()처럼 <=>는 3자간 비교를 구현한다. 음수 반환값은 "~보다 적다", 0은 "같다", 양숫값은 "~보다 크다"는 뜻이다.

<=>를 non-default로 정의하면 ==는 암묵적으로 정의되지 않지만 <와 나머지 관계 연산자는 정의된다! 예제로 보자.

```
struct R2 {
  int m;
  auto operator<=>(const R2& a) const { return a.m == m ? 0 : a.m < m ? -1 : 1; }
};
```

예제에서는 표현식 형태의 if문을 사용했다. p?x:y는 조건 p를 평가해 참이면 ?: 표현식의 값이 x이고 그렇지 않으면 y이다.

```
void user(R2 r1, R2 r2)
{
  bool b4 = (r1==r2); // 오류: non-default인 ==가 없다
  bool b5 = (r1<r2);  // OK
}
```

일반적이지 않은 타입에서는 다음과 같은 형태로 정의된다.

```
struct R3 { /* ... */ };

auto operator<=>(const R3& a,const R3& b) { /* ... */ }

bool operator==(const R3& a, const R3& b) { /* ... */ }
```

string과 vector 같은 대부분의 표준 라이브러리 타입은 위 형태를 따른다. 타입에 비교할 원소가 둘 이상일 때 기본 <=>는 한 번에 하나씩 사전순으로 검사하기 때문이다. 이럴 때는 <=>가 세 가지 가능성을 밝히기 위해 모든 원소를 검사해야 하므로 별도의 최적화된 ==를 추가로 제공하면 좋다. 다음의 문자 문자열 비교를 보자.

```
string s1 = "asdfghjkl";
string s2 = "asdfghjk";

bool b1 = s1==s2; // false
bool b2 = (s1<=>s2)==0; // false
```

전통적인 ==를 이용해 문자 수를 살펴봄으로써 문자열이 동등하지 않아낸다. <=>를 사용하면 s2의 문자를 모두 읽어야만 s2가 s1보다 작고 그래서 동등하지 않은지 알아낼 수 있다.

<=> 연산자는 이 외에도 많은 기능을 지원하나 비교와 정렬 관련 라이브러리를 구현할 고급 개발자가 궁금해할 내용으로 이 책의 범위 밖이다. 오래된 코드에서는 <=>를 사용하지 않는다.

6.5.2 컨테이너 연산

다르게 디자인할 아주 정당한 이유가 있지 않은 한 표준 라이브러리 컨테이너의 방식대로 컨테이너를 디자인하자(12장). 무엇보다 적절한 필수 연산을 포함하는 핸들로 컨테이너를 구현해 컨테이너 자원을 안전하게 지키자(6.1.1절, 6.2절).

모든 표준 라이브러리 컨테이너는 원소 수를 알고 있으며, size()를 호출해 알아낼 수 있다. 예제로 보자.

```
for (size_t i = 0; i!=c.size(); ++i) // size_t는 표준 라이브러리 size()가 반환하는 타입명이다.
  c[i] = 0;
```

하지만 표준 알고리듬(13장)은 0부터 size()까지의 인덱스를 사용해 컨테이너를 순회하기보다는 반복자iterator 쌍들로 구분된 시퀀스sequence 개념을 사용한다.

```
for (auto p = c.begin(); p!=c.end(); ++p)
  p = 0;
```

여기서 c.begin()은 c의 첫 번째 원소를 가리키는 반복자이며, c.end()는 c의 마지막 원소 바로 다음을 가리킨다. 포인터처럼 반복자도 다음 원소로 이동하는 ++와 가리키는 원소의 값에 접근하는 *를 지원한다.

begin()과 end() 함수는 범위 기반 for 구현에도 쓰여서 범위를 순회하는 루프를 간소화 해준다.

```
for (auto& x : c)
  x= 0;
```

반복자는 시퀀스를 표준 라이브러리 알고리듬에 전달하는 데 쓰인다. 예제로 보자.

```
sort(v.begin(),v.end());
```

반복자 모델iterator model(13.3절)은 매우 높은 일반성과 효율성을 제공한다. 더 자세한 내용과 이 외 다른 컨테이너 연산자는 12장과 13장을 참고하자.

begin()과 end()는 독립 함수로도 정의할 수 있다. 7.2절을 참고한다. const 컨테이너에 사용하는 begin()과 end()를 cbegin()과 cend()라 부른다.

6.5.3 반복자와 "스마트 포인터"

사용자 정의 반복자(13.3절)와 "스마트 포인터"(15.2.1절)는 목적에 맞게 포인터의 연산자와 특징을 구현하고 필요에 따라 시맨틱을 추가하기도 한다.

- 접근: *, ->(클래스용), [ ](컨테이너용)
- 반복/탐색: ++(전방), --(후방), +=, -=, +, -
- 복사와/나 이동: =

6.5.4 입력과 출력 연산

정수 쌍에서 <<는 왼쪽 시프트, >>는 오른쪽 시프트를 뜻한다. 하지만 iostream에서는 각각 출력과 입력 연산자를 뜻한다(1.8절, 11장). 자세한 내용과 더 많은 입출력 연산은 11장을 참고한다.

6.5.5 swap()

많은 알고리듬, 그중에서도 특히 sort()는 두 객체의 값을 교환할 때 swap() 함수를 사용한다. 이러한 알고리듬은 일반적으로 swap()이 아주 빠르고 예외를 던지지 않는다고 가정한다. 표준 라이브러리는 세 이동 연산으로 구현된 std::swap(a, b)를 제공한다(16.6절). 복사 비용이 크고 (가령 정렬 함수로) 교환될 가능성이 높은 타입을 디자인할 때는 이동 연산을 넣거나 swap()을 넣거나 아니면 둘 다 넣자. 표준 라이브러리 컨테이너(12장)와 string(10.2.1절)은 빠른 이동 연산을 지원한다.

6.5.6 hash<>

표준 라이브러리 unordered_map<K, V>는 K가 키 타입이고 V가 값 타입인 해시 테이블이다(12.6절). 타입 X를 키로 사용하려면 hash<X>를 정의해야 한다. std::string 같은 일반적인 타입은 표준 라이브러리에 이미 hash<>가 정의돼 있다.

6.6 사용자 정의 리터럴

클래스의 한 가지 목적은 내장 타입과 아주 비슷하게 프로그래머 스스로 타입을 디자인하고 구현하게 하는 것이었다. 생성자의 초기화도 내장 타입의 초기화만큼 혹은 그 이상의 유연성과 효율성을 제공하나 내장 타입은 다음과 같은 리터럴을 지원한다.

- 123은 int다.
- 0xFF00u는 unsigned int다.
- 123.456은 double이다.

- "Surprise!"는 const char[10]이다.

사용자 정의 타입도 이러한 리터럴을 지원하면 유용하다. 다음과 같이 리터럴에 적절한 접미사를 붙여 그 의미를 정의하면 된다.

- "Surprise!"s는 std::string이다.
- 123s는 second다.
- 12.7i은 12.7i+47이 complex 수(예를 들어 {47,12.7})여야 하니 imaginary이다.

적절한 헤더와 네임스페이스를 사용해 표준 라이브러리에서 이러한 예제를 가져올 수 있다.

리터럴에 쓰이는 표준 라이브러리 접미사		
<chrono>	std::literals::chrono_literals	h, min, s, ms, us, ns
<string>	std::literals::string_literals	s
<string_view>	std::literals::string_literals	sv
<complex>	std::literals::complex_literals	i, il, if

사용자 정의 접미사가 붙은 리터럴을 사용자 정의 리터럴User-Defined Literal 또는 UDL이라 부른다. 이러한 리터럴은 리터럴 연산자literal operator를 사용해 정의된다. 리터럴 연산자는 인수 타입의 리터럴과 그 뒤에 오는 첨자를 반환 타입으로 변환한다. 예를 들어 imaginary의 접미사 i를 다음과 같이 구현한다.

```
constexpr complex<double> operator""i(long double arg) { // imaginary 리터럴
  return {0,arg};
}
```

위 예에서,

- operator""는 리터럴 연산자를 정의하겠다는 뜻이다.
- 리터럴 지시자literal indicator인 "" 뒤에 나오는 i는 연산자가 의미를 부여하는 접미사다.

- 인수 타입 long double은 접미사(i)를 부동소수점 리터럴에 정의하겠다는 뜻이다.
- 반환 타입 complex<double>은 결과 리터럴의 타입을 명시한다.

이제 다음과 같이 작성할 수 있다.

```
complex<double> z = 2.7182818+6.283185i;
```

접미사 i와 +의 구현은 둘 다 constexpr이므로 z의 값은 컴파일 타임에 계산된다.

6.7 조언

[1]   객체의 생성, 복사, 이동, 소멸을 제어하자(6.1.1절). [CG: R.1]

[2]   생성자, 할당, 소멸자를 서로 연관된 연산 집합으로 디자인하자(6.1.1절). [CG: C.22]

[3]   필수 연산을 모두 정의하거나 아니면 전부 정의하지 않는다(6.1.1절). [CG: C.21]

[4]   기본 생성자나 할당, 소멸자가 적절하면 컴파일러가 생성하게 둔다(6.1.1절). [CG: C.20]

[5]   클래스가 포인터 멤버를 포함할 때는 사용자 정의 또는 제거된[deleted] 소멸자, 복사, 이동
      이 필요한지 생각해본다(6.1.1절). [CG: C.32] [CG: C.33]

[6]   클래스가 사용자 정의 소멸자를 포함할 때는 사용자 정의 또는 제거된 복사와 이동이 필
      요할 가능성이 높다(6.2.1절).

[7]   기본적으로 인수가 하나인 생성자는 explicit로 선언한다(6.1.2절). [CG: C.46]

[8]   클래스 멤버에 타당한 기본값을 제공할 수 있으면 이를 데이터 멤버 초기자로 제공한다
      (6.1.3절). [CG: C.48]

[9]   기본값이 타입에 적절하지 않으면 다시 정의하거나 복사를 금지한다(6.1.1절). [CG:
      C.61]

[10] 컨테이너는 값으로 반환한다(효율성을 위해 복사 생략과 이동을 이용한다)(6.2.2절). [CG:
      F.20]

[11] 명시적 std::copy()는 사용하지 않는다(16.6절). [CG: ES.56]

[12] 피연산자가 크면 const 참조 인수 타입을 사용한다(6.2.2절). [CG: F.16]

[13] 강력한 자원 안전을 제공한다. 즉, 자원으로 간주되는 것은 무엇도 누수시키지 않는다(6.3절). [CG: R.1]

[14] 클래스가 자원 핸들을 포함할 때는 그 클래스에는 사용자 정의 생성자, 소멸자, non-default 복사 연산이 필요하다(6.3절). [CG: R.1]

[15] RAII를 사용해 모든 메모리 및 비메모리 자원을 관리한다(6.3절). [CG: R.1]

[16] 전통적 용법을 모방하도록 연산을 오버로딩한다(6.5절). [CG: C.160]

[17] 연산자를 오버로딩할 때 전통적으로 함께 쓰이는 연산도 모두 정의한다(6.1.1절, 6.5절).

[18] 타입의 <=>를 non-default로 정의할 때는 ==도 정의한다(6.5.1절).

[19] 표준 라이브러리 컨테이너 디자인을 따른다(6.5.2절). [CG: C.100]

7

템플릿

여기에 인용하라.
– B. 스트롭스트룹[B. Stroustrup]

- 소개
- 매개변수화 타입
    제한된 템플릿 인수, 값 템플릿 인수, 템플릿 인수 추론
- 매개변수화 연산
  함수 템플릿, 함수 객체, 람다식
- 템플릿 메커니즘
    변수 템플릿, 에일리어스, 컴파일 타임 if
- 조언

7.1 소개

벡터의 사용자가 항상 벡터에 double만 넣을 리 없다. 벡터는 부동소수점 수 개념과 무관한 보편적 개념이다. 따라서 벡터의 원소 타입을 독립적으로 표현해야 한다. 템플릿[template]은 타입 또는 값 집합으로 매개변수화한 클래스나 함수를 말한다. vector의 원소 타입으로 double을 명시하듯, 인수 타입을 명시해 특정 타입과 함수를 생성하도록 일반화한 개념을

템플릿을 사용해 표현한다.

7장에서는 언어 메커니즘에 초점을 맞춘다. 8장에서 프로그래밍 기법을 알아보고, 라이브 러리를 소개하는 장들(10장에서 18장)에서 다양한 예제를 제공하겠다.

7.2 매개변수화 타입

예제로 사용했던 double 타입의 벡터(5.2.2절)를 template으로 만든 후 double이라는 특정 타입을 타입 매개변수로 대체하면 모든 타입의 벡터로 일반화할 수 있다. 예제로 보자.

```cpp
template<typename T>
class Vector {
private:
  T* elem; // elem은 타입 T의 원소 sz개로 된 배열을 가리킨다
  int sz;
public:
  explicit Vector(int s);          // 생성자: 불변을 수립하고 자원을 획득한다
   ˜Vector() { delete[] elem; } // 소멸자: 자원을 해제한다

  // ... 복사와 이동 연산 ...

  T& operator[](int i);                // non-const Vector에 사용
  const T& operator[](int i) const;  // const Vector에 사용(5.2.1절)
  int size() const { return sz; }
};
```

클래스나 함수 선언 앞에 template<typename T>를 붙이면 T는 그 선언의 타입 매개변수가 된다. 수학적 용어인 "모든 T에 대해", 좀 더 정확하게는 "모든 타입 T에 대해"를 C++ 방식으로 표현한 것이다. 수학에서 말하는 "P(T)인 모든 T에 대해"를 표현하려면 콘셉트concept 을 이용한다(7.2.1절, 8.2절). typename 대신 class를 타입 매개변수로 넣을 수도 있으며 오 래된 코드에서는 주로 template<class T>를 선언 앞에 붙인다.

멤버 함수도 비슷하게 정의할 수 있다.

```
template<typename T>
Vector<T>::Vector(int s)
{
  if (s<0)
    throw length_error{"Vector constructor: negative size"};
  elem = new T[s];
  sz = s;
}

template<typename T>
const T& Vector<T>::operator[](int i) const
{
  if (i<0 || size()<=i)
    throw out_of_range{"Vector::operator[]"};
  return elem[i];
}
```

위 정의를 바탕으로 Vector를 정의하면 다음과 같다.

```
Vector<char> vc(200);       // 문자 200개로 된 벡터
Vector<string> vs(17);      // 문자열 17개로 된 벡터
Vector<list<int>> vli(45); // 정수 리스트 45개로 된 벡터
```

Vector<list<int>>의 >>는 입력 연산자를 잘못 사용한 것이 아니라 중첩 템플릿 인수를 종료한 것이다.

이제 Vector를 다음과 같이 사용할 수 있다.

```
void write(const Vector<string>& vs)  // 문자열로 된 Vector
{
  for (int i = 0; i!=vs.size(); ++i)
    cout << vs[i] << '\n';
}
```
위 Vector가 범위 기반 for 루프를 지원하려면 적절한 begin()과 end() 함수를 정의해야 한다.

```
template<typename T>
```

```
T* begin(Vector<T>& x)
{
  return &x[0]; // 첫 번째 원소 혹은 마지막 원소 바로 다음을 가리키는 포인터
}

template<typename T>
T* end(Vector<T>& x)
{
  return &x[0]+x.size(); // 마지막 원소 바로 다음을 가리키는 포인터
}
```

그럼 다음과 같이 작성할 수 있다.

```
void write2(Vector<string>& vs) // 문자열로 된 Vector
{
  for (auto& s : vs)
    cout << s << '\n';
}
```

리스트, 벡터, 맵(즉, 연관 배열), 정렬되지 않은 맵(즉, 해시 테이블) 등도 템플릿으로 정의할 수 있다(12장).

템플릿은 컴파일 타임 메커니즘이므로 직접 작성한 코드와 비교해 런타임 오버헤드가 없다. 실제로 Vector<double> 구현에 쓰인 코드는 5장의 Vector 버전 구현에 쓰인 코드와 동일하다. 나아가 표준 라이브러리 vector<double> 구현에 쓰인 코드는 더 효율적이다(더 공들여 구현했으니 당연하다).

템플릿과 템플릿 인수 집합을 묶어 구체화[instantiation] 혹은 특수화[specialization]라 부른다. 컴파일 과정의 후반부인 구체화 타임[instantiation time] 때 프로그램 내 각 구체화를 위한 코드를 생성한다(8.5절).

7.2.1 제한된 템플릿 인수

대부분의 경우 템플릿은 일정 기준에 부합하는 템플릿 인수만 허용한다. 예를 들어 Vector 는 일반적으로 복사 연산을 제공하므로 원소가 복사 가능해야 한다. 즉, Vector의 템플릿

148

인수는 단순히 typename이 아니라 Element여야 하며, "Element"는 원소가 될 수 있는 타입의 요구 사항을 명시해준다.

```
template<Element T>
class Vector {
private:
  T* elem; // elem은 타입 T의 원소 sz개로 된 배열을 가리킨다
  int sz;
  // ...
};
```

앞에 붙인 template<Element T>는 수학에서 말하는 "Element(T)인 모든 T에 대해"를 C++로 표현한 것이다. 즉, Element는 T가 Vector에서 요구하는 특성을 만족하는지 검사하는 프레디킷이다. 이러한 프레디킷을 콘셉트concept라 부른다(8.2절). 콘셉트를 명시한 템플릿 인수를 제한된 인수constrained argument라 부르며 인수가 제한된 템플릿을 제한된 템플릿 constrained template이라 부른다.

표준 라이브러리 원소의 타입 요구 사항은 약간 복잡하나(12.2절) 예제의 간단한 Vector에서 Element는 표준 라이브러리 콘셉트 copyable 정도일 것이다(14.5절).

이 요구 사항에 부합하지 않는 타입의 템플릿을 사용하려 하면 컴파일 타임 오류가 발생한다. 예제로 보자.

```
Vector<int> v1;    // OK: int를 복사할 수 있다
Vector<thread> v2; // 오류: 표준 스레드를 복사할 수 없다(18.2절)
```

즉, 콘셉트에 기반해 컴파일러가 사용 시점에 타입 검사를 수행하므로 제한되지 않은 템플릿 인수를 사용할 때보다 훨씬 일찍 유용한 오류 메시지를 제공할 수 있다. C++20 이전에는 공식적으로 콘셉트를 지원하지 않았으므로 예전 코드는 제한되지 않은 템플릿 인수를 사용하는 대신 요구 사항을 설명서로 남겼다. 하지만 제한되지 않은 템플릿 코드라도 직접 작성한 코드만큼 타입 안전일 수 있도록 템플릿으로 생성한 코드는 모두 타입을 검사한다. 제한되지 않은 인자라면 포함된 모든 엔티티의 타입을 사용할 수 있을 때까지 타입 검사를

미뤘다가 컴파일 과정 후반부인 구체화 타임(8.5절)에 수행하므로 오류 메시지가 주로 형편 없다.

콘셉트 검사는 전적으로 컴파일 타임 메커니즘이고 생성된 코드는 제한되지 않은 템플릿으로 만들어진 코드와 동일하다.

7.2.2 값 템플릿 인수

템플릿은 타입 인수 외에 값도 인수로 받는다. 예제로 보자.

```cpp
template<typename T, int N>
struct Buffer {
  constexpr int size() { return N; }
  T elem[N];
  // ...
};
```

값 인수는 많은 맥락에서 유용하다. 예를 들어 Buffer는 자유 저장소(동적 메모리)를 쓰지 않고도 임의의 크기의 버퍼를 생성하게 해준다.

```cpp
Buffer<char,1024> glob; // 문자들의 전역 버퍼(정적 할당)

void fct()
{
  Buffer<int,10> buf; // 정수들의 지역 버퍼(스택)
  // ...
}
```

안타깝게도 잘 알려지지 않은 기술적 이유로 문자열 리터럴은 템플릿 값 인수로 사용할 수 없다. 하지만 경우에 따라 문자열 값으로 매개변수화하는 기능이 꼭 필요할 때가 있다. 이럴 때는 문자열의 문자들을 배열에 저장한다.

```cpp
template<char* s>
void outs() { cout << s; }

char arr[] = "Weird workaround!";
```

```
void use()
{
  outs<"straightforward use">(); // (현재는) 오류
  outs<arr>();                    // 쓰기: 기이한 차선책!
}
```

C++는 일반적으로 차선책을 지원하니 모든 유스케이스를 직접 만들지 않아도 된다.

7.2.3 템플릿 인수 추론

템플릿의 구체화로 타입을 정의하려면 템플릿 인수를 명시해야 한다. 표준 라이브러리 템플릿 pair를 예제로 보자.

```
pair<int,double> p = {1, 5.2};
```

인수가 많으면 템플릿 인수 타입을 일일이 명시하기 번거롭다. 다행히도 많은 경우에 pair의 생성자가 초기자로부터 템플릿 인수를 추론할 수 있다.

```
pair p = {1, 5.2}; // p는 pair<int,double>이다
```

이번에는 컨테이너 예제를 보자.

```
template<typename T>
class Vector {
public:
  Vector(int);
  Vector(initializer_list<T>); // initializer-list constructor
  =// ...
};
Vector v1 {1, 2, 3}; // 초기자 원소 타입으로부터 v1의 원소 타입을 추론한다: int
Vector v2 = v1;      // v1의 원소 타입으로부터 v2의 원소 타입을 추론한다: int

auto p = new Vector{1, 2, 3}; // p는 Vector<int>*다
Vector<int> v3(1);            // 여기서는 원소 타입을 명시적으로 밝혀야 한다(어떤 원소 타입도
                              //   언급하지 않았으므로)
```

이렇게 하면 표기가 간단해지고 같은 템플릿 인수 타입을 반복해서 작성할 때 철자 오류가
생길 가능성도 없다. 하지만 만병통치약은 아니다. 여느 강력한 메커니즘처럼 추론도 혼란
을 일으킨다. 다음 예제를 보자.

```
Vector<string> vs {"Hello", "World"};   // OK: Vector<string>
Vector vs1 {"Hello", "World"};          // OK: Vector<const char*>으로 추론(의외인가?)
Vector vs2 {"Hello"s, "World"s};        // OK: Vector<string>으로 추론
Vector vs3 {"Hello"s, "World"};         // 오류: 초기자 리스트가 통일되지 않았다
Vector<string> vs4 {"Hello"s, "World"}; // OK: 원소 타입을 명시했다
```

C에서 문자열 리터럴의 타입은 const char*(1.7.1절)이다. vs1에 의도했던 타입이 아니라
면 원소 타입을 명시적으로 밝히거나 s 접미사를 붙여 적절한 string으로 만들어야 한다
(10.2절).

초기자 리스트의 원소끼리 타입이 다르면 고유한 원소 타입을 추론할 수 없으므로 모호성
오류가 발생한다.

때론 모호성을 해소해야 한다. 예를 들어 표준 라이브러리 vector의 생성자는 시퀀스를 구
분하는 반복자 쌍을 받는데 초기자 생성자도 값 쌍을 받는다. 다음을 보자.

```
template<typename T>
class Vector {
public:
  Vector(initializer_list<T>); // 초기자 리스트 생성자

  template<typename Iter>
    Vector(Iter b, Iter e);     // [b:e) 반복자 쌍 생성자

  struct iterator { using value_type = T; /* ... */ };
  iterator begin();

  // ...
};

Vector v1 {1, 2, 3, 4, 5};        // 원소 타입은 int이다
Vector v2(v1.begin(),v1.begin()+2); // 반복자 쌍일까, (반복자 타입의) 값 쌍일까?
Vector v3(9,17);  // 오류: 모호함
```

콘셉트로 해결할 수 있으나(8.2절) 표준 라이브러리 외 많은 주요 코드는 콘셉트를 지원하기 수십 년 전에 작성됐다. 이러한 코드에는 "같은 타입의 값 쌍은 반복자로 간주한다"고 말해 줄 방법이 필요하다. Vector 선언 뒤에 다음과 같은 추론 안내^{deduction guide}를 추가한다.

```
template<typename Iter>
  Vector(Iter,Iter) -> Vector<typename Iter::value_type>;
```

이제 다음과 같다.

```
Vector v1 {1, 2, 3, 4, 5}; // 원소 타입은 int이다
Vector v2(v1.begin(),v1.begin()+2); // 반복자 쌍: 원소 타입은 int이다
Vector v3 {v1.begin(),v1.begin()+2}; // 원소 타입은 Vector2::iterator이다
```

{} 초기자 문법은 (존재한다면) 항상 initializer_list 생성자를 우선시하므로 v3는 반복자 벡터인 Vector<Vector<int>::iterator>이다.

() 초기화 문법(12.2절)은 보통 initializer_list를 원하지 않을 때 사용한다.

추론 안내로 어떻게 바뀌는지 이해하기 어려울 때가 많으니 추론 안내를 하지 않아도 되는 클래스 템플릿을 디자인하는 것이 가장 좋다.

"클래스 템플릿 인수 추론^{Class Template Argument Deduction}"을 줄여서 CTAD라고도 부른다.

7.3 매개변수화 연산

템플릿의 용도는 단순히 원소 타입으로 컨테이너를 매개변수화하는 데 그치지 않는다. 표준 라이브러리의 타입 및 알고리듬(12.8절, 13.5절)을 매개변수화하는 데 광범위하게 쓰인다.

다음 세 방법으로 타입이나 값으로 매개변수화한 연산을 표현한다.

- 함수 템플릿
- 함수 객체: 데이터를 운반하는 객체로서 함수처럼 호출한다.
- 람다식: 함수 객체의 축약형

7.3.1 함수 템플릿

다음 함수는 범위 기반 for로 순회할 수 있는 모든 시퀀스(예를 들어 컨테이너) 내 원소 값들의 합을 계산한다.

```
template<typename Sequence, typename Value>
Value sum(const Sequence& s, Value v)
{
  for (auto& x : s)
    v+=x;
  return v;
}
```

템플릿 인수 Value와 함수 인수 v를 넣음으로써 호출자가 타입과 어큐뮬레이터accumulator(합을 모을 변수)의 초깃값을 명시할 수 있게 했다.

```
void user(Vector<int>& vi, list<double>& ld, vector<complex<double>>& vc)
{
  int x = sum(vi,0);                     // int 벡터의 합(int를 더한다)
  double d = sum(vi,0.0);                // int 벡터의 합(double을 더한다)
  double dd = sum(ld,0.0);               // double 리스트의 합
  auto z = sum(vc,complex{0.0,0.0});     // complex<double> 벡터의 합
}
```

int를 double에 더하는 이유는 합이 가장 큰 int 값보다 커져도 적절히 처리하기 위해서이다. sum<Sequence,Value>의 템플릿 인수 타입을 함수 인수로부터 어떻게 추론하는지 주목하자. 다행히 타입을 명시하지 않아도 된다.

위 코드의 sum()은 표준 라이브러리 accumulate()(17.3절)를 간소화한 구현이다.

함수 템플릿은 멤버 함수일 수는 있어도 virtual 멤버일 수는 없다. 컴파일러가 프로그램에 쓰인 템플릿의 모든 구체화를 알지 못하니 vtbl(5.4절)을 생성할 수 없다.

7.3.2 함수 객체

함수 객체function object(functor라고도 부름)는 함수처럼 호출할 수 있는 객체를 정의하는 데 쓰는 정말 유용한 템플릿 유형 중 하나이다. 예제로 보자.

```
template<typename T>
class Less_than {
  const T val; // 비교할 값
public:
  Less_than(const T& v) :val{v} { }
  bool operator()(const T& x) const { return x<val; } // operator를 호출한다
};
```

함수 operator()는 "함수 호출" 또는 그냥 "호출"이라고도 부르는 애플리케이션 연산자 application operator()를 구현한다.

이제 일부 인수 타입에 Less_than 타입의 명명된 변수를 정의할 수 있다.

```
Less_than lti {42};            // lti(i)는 <를 사용해 i와 42를 비교한다(i<42)
Less_than lts {"Backus"s};     // lts(s)는 <를 사용해 s와 "Backus"를 비교한다
                                 (s<"Backus")
Less_than<string> lts2 {"Naur"}; // "Naur"는 C 방식의 문자열이므로 올바른 <를 가져오려면
                                   <string>이 필요하다
```

함수를 호출하듯이 위 객체를 호출할 수 있다.

```
void fct(int n, const string& s)
{
  bool b1 = lti(n); // n<42이면 참
  bool b2 = lts(s); // s<"Backus"이면 참
  // ...
}
```

함수 객체는 알고리듬의 인수로 널리 쓰인다. 예를 들어 프레디킷에서 true를 반환하는 값이 몇 개인지 셀 수 있다.

```
template<typename C, typename P>
```

```
int count(const C& c, P pred) // C는 컨테이너, P는 원소를 검사할 프레디킷이라 가정한다
{
  int cnt = 0;
  for (const auto& x : c)
    if (pred(x))
      ++cnt;
  return cnt;
}
```

위 코드는 표준 라이브러리 count_if 알고리듬(13.5절)을 간소화한 구현이다.

콘셉트가 주어지면(8.2절) count()에서 인수를 어떻게 가정하는지 형식화해 컴파일 타임에 인수를 검사할 수 있다.

프레디킷predicate은 호출 결과로 true나 false를 반환하는 함수다. 예제로 보자.

```
void f(const Vector<int>& vec, const list<string>& lst, int x, const string& s)
{
  cout << "number of values less than " << x << ": " << count(vec,Less_than{x})
<< '\n';
  cout << "number of values less than " << s << ": " << count(lst,Less_than{s})
<< '\n';
}
```

Less_than{x}는 호출 연산자가 x라는 int 값과 비교할 Less_than<int> 타입의 객체를 생성하고, Less_than{s}는 s라는 문자열 값과 비교할 객체를 생성한다.

함수 객체의 장점은 자신과 비교할 값을 함께 전달한다는 것이다. 각 값(그리고 각 타입)마다 별도의 함수를 작성하지 않아도 되며, 값을 저장하느라 지저분하게 전역변수를 넣지 않아도 된다. 또한 Less_than처럼 간단한 함수 객체라면 인라이닝inlining이 간단해서 간접적 함수 호출보다 Less_than 호출이 훨씬 효율적이다. 데이터를 함께 전달하는 기능에 효율성까지 더하니 함수 객체가 알고리듬의 인수로 유용할 수밖에 없다.

일반적인 알고리듬에서 핵심 연산의 의미를 명시해주는 함수 객체(가령 count()의 Less_than)를 정책 객체policy object라고도 부른다.

7.3.3 람다식

7.3.2절에서는 Less_than을 따로 정의해두고 사용했다. 이 방식이 불편할 때가 있다. 이럴 때는 암묵적으로 함수 객체를 생성하는 표기를 사용한다.

```
void f(const Vector<int>& vec, const list<string>& lst, int x, const string& s)
{
  cout << "number of values less than " << x
    << ": " << count(vec,[&](int a){ return a<x; })
    << '\n';

  cout << "number of values less than " << s
    << ": " << count(lst,[&](const string& a){ return a<s; })
    << '\n';
}
```

[&](int a){ return a<x; } 표기를 람다식lambda expression이라 부른다. 이 람다식은 Less_than<int>{x}와 비슷한 함수 객체를 생성한다. [&]는 람다 본문에 쓰인 모든 지역명(가령 x)을 참조를 통해 접근하겠다고 명시한 캡처 리스트capture list다. x만 "캡처"하려면 [&x]라고 명시한다. 생성된 객체에 x의 복사본을 넘기려면 [x]라고 명시한다. 무엇도 캡처하지 않으려면 [ ]를, 참조에 쓰인 모든 지역명을 캡처하려면 [&]를, 값에 쓰인 모든 지역명을 캡처하려면 [=]를 사용한다.

멤버 함수 안에 정의된 람다에 [this]라고 명시하면 클래스 멤버로 참조할 수 있도록 현재 객체를 참조로 캡처한다. 현재 객체의 복사본을 캡처하려면 [*this]라고 명시한다.

일부 객체만 캡처하고 싶으면 하나씩 열거한다. expect()에 쓰인 [i, this](4.5절)가 그 예다.

7.3.3.1 함수 인수로서의 람다

람다를 사용하면 편리하고 간결하지만 동시에 모호하다. 일반적이지 않은 동작(가령 표현식이 간단하지 않을 때)에는 목적이 보다 분명하게 드러나도록 연산을 명명해 프로그램의 여러 위치에서 사용할 수 있도록 하자.

5.5.3절에서 설명했듯이 포인터와 unique_ptr로 된 vector들의 원소에 대해 연산하려면 번거롭게도 draw_all()과 rotate_all()처럼 많은 함수를 작성해야 했었다. 함수 객체(특히 람다)는 각 원소에 수행할 연산에 대한 명세와 컨테이너 순회를 분리시킴으로써 골칫거리를 없애준다.

먼저 포인터로 된 컨테이너의 원소들이 가리키는 각 객체에 연산을 수행할 함수가 필요하다.

```
template<typename C, typename Oper>
void for_each(C& c, Oper op) // C를 포인터들의 컨테이너라고 가정한다(8.2.1절 참고)
{
  for (auto& x : c)
    op(x);  // 가리키는 각 원소로의 참조를 op()에 전달한다
}
```

위 코드는 표준 라이브러리 for_each 알고리듬을 간소화한 구현이다(13.5절).

이제 _all 함수 집합을 작성할 필요 없이 5.5절의 user() 함수를 작성할 수 있다.

```
void user()
{
  vector<unique_ptr<Shape>> v;
  while (cin)
    v.push_back(read_shape(cin));
  for_each(v,[](unique_ptr<Shape>& ps){ ps->draw(); });     // draw_all()
  for_each(v,[](unique_ptr<Shape>& ps){ ps->rotate(45); }); // rotate_all(45)
}
```

unique_ptr<Shape>를 람다에 참조로 전달했다. 이제 for_each()에서 수명 주기 이슈를 다루지 않아도 된다.

함수처럼 람다도 제네릭일 수 있다. 예제로 보자.

```
template<class S>
void rotate_and_draw(vector<S>& v, int r)
{
```

```
    for_each(v,[](auto& s){ s->rotate(r); s->draw(); });
}
```

변수 선언에서처럼 위 코드의 auto는 어떤 타입의 값이든 초기자로 허용하겠다는 뜻이다. (인수는 호출 안에서 형식 인자를 초기화한다) 이로써 auto 인자를 가진 람다는 템플릿, 즉 제네릭 람다generic lambda가 된다. 필요에 따라 콘셉트로 인자를 제한할 수 있다(8.2절). 예를 들어 *와 ->를 요구하는 Pointer_to_class를 다음과 같이 정의하고 작성할 수 있다.

```
for_each(v,[](Pointer_to_class auto& s){ s->rotate(r); s->draw(); });
```

draw()하고 rotate()할 수 있는 객체들의 모든 컨테이너에 위 제네릭 rotate_and_draw() 를 호출할 수 있다. 예제로 보자.

```
void user()
{
  vector<unique_ptr<Shape>> v1;
  vector<Shape*> v2;
  // ...
  rotate_and_draw(v1,45);
  rotate_and_draw(v2,90);
}
```

더욱 엄격하게 검사하려면 도형으로 사용할 수 있는 타입의 특성을 명시하는 Pointer_to_Shape 콘셉트를 정의한다. 이렇게 하면 Shape 클래스로부터 파생되지 않은 도형을 사용할 수 있다.

7.3.3.2 람다로 초기화

람다를 사용해 어떤 명령문이든 표현식으로 바꿀 수 있다. 주로 인수 값으로 값을 계산하는 연산에 쓰이지만 보편적인 기능이다. 다음의 복잡한 초기화를 살펴보자.

```
enum class Init_mode { zero, seq, cpy, patrn }; // 여러 가지 초기자

void user(Init_mode m, int n, vector<int>& arg, Iterator p, Iterator q)
```

```
{
  vector<int> v;

  // 지저분한 초기화 코드

  switch (m) {
  case zero:
    v = vector<int>(n); // 0으로 초기화된 n개의 원소
    break;
  case cpy:
    v = arg;
    break;
  };

  // ...

  if (m == seq)
    v.assign(p,q); // sequence [p:q]로부터 복사

  // ...
}
```

정형화시킨 예제이나 안타깝게도 상당히 일반적이다. 여러 후보 중 하나를 골라 데이터 구조를 초기화해야(여기서는 v), 각 후보마다 계산을 다르게 수행해야 한다. 이러한 코드는 대개 지저분하고, "효율성을 위해" 치러야 할 대가처럼 여겨지며, 다음의 이유로 버그의 원천이 된다.

- 의도했던 값을 할당하기 전에 변수를 사용할 수 있다.
- "초기화 코드"가 다른 코드와 섞여 이해하기 어려워질 수 있다.
- "초기화 코드"가 다른 코드와 섞이면 case를 더 쉽게 잊어버린다.
- 초기화가 아니라 할당이다(1.9.2절).

그러니 람다를 초기자로 변환하자.

```
void user(Init_mode m, int n, vector<int>& arg, Iterator p, Iterator q)
{
```

```
  vector<int> v = [&] {
    switch (m) {
    case zero: return vector<int>(n);   // 0으로 초기화된 원소 n개
    case seq: return vector<int>{p,q}; // sequence [p:q]로부터 복사
    case cpy: return arg;
    }
  }();

  // ...
}
```

이번에도 case를 "잊어버렸으나" 발견하기 더 쉽다. 대부분의 경우 컴파일러가 문제를 찾아 경고한다.

7.3.3.3 finally

소멸자는 더 이상 사용하지 않는 객체를 해제하는 일반적이고 암묵적인 메커니즘을 제공하지만 단일 객체이거나 (C 프로그램과 공유된 타입이라) 소멸자가 없는 객체와 관련되지 않으면 어떻게 해제해야 할까? 범위가 종료될 때 필요한 동작을 실행하는 finally() 함수를 정의해 해결한다.

```
void old_style(int n)
{
  void* p = malloc(n*sizeof(int)); // C 방식
  auto act = finally([&]{free(p);}); // 범위 종료 시 람다를 호출한다
  // ...
} // 범위 종료 시 p는 암묵적으로 해제된다
```

임시 방편이지만 함수가 종료될 때마다 free(p)를 정확하고 일관되게 호출하는 방법보다 훨씬 낫다.

finally() 함수는 아주 명백하다.

```
template <class F>
[[nodiscard]] auto finally(F f)
```

```
{
  return Final_action{f};
}
```

사용자가 생성된 Final_action을 액션이 필요한 범위 안으로 잊지 않고 복사하도록 [[nodis
card]] 속성을 넣었다.

다음은 필요한 소멸자를 제공하는 Final_action 클래스다.

```
template <class F>
struct Final_action {
    explicit Final_action(F f) :act(f) {}
    ~Final_action() { act(); }
    F act;
};
```

핵심 가이드라인 지원 라이브러리^{GSL, Core Guidelines Support Library}에서 finally()를 제공하며,
표준 라이브러리에서는 보다 정교한 scope_exit 메커니즘을 제안한다.

7.4 템플릿 메커니즘

좋은 템플릿을 정의하려면 몇 가지 언어 기능 지원이 뒤따라야 한다.

- **타입에 따른 값**: 변수 템플릿^{variable template}(7.4.1절)
- **타입과 템플릿의 에일리어스**: 에일리어스 템플릿^{alias template}(7.4.2절)
- **컴파일 타임 선택 메커니즘**: if constexpr(7.4.3절)
- **타입과 표현식의 속성을 묻는 컴파일 타임 메커니즘**: requires식(8.2.3절)

constexpr 함수(1.6절)와 static_asserts(4.5.2절)도 종종 템플릿을 디자인하고 사용하는
데 필요하다.

이러한 기초 메커니즘은 일반적이고 근본적인 추상을 구성하는 주된 도구이다.

7.4.1 변수 템플릿

타입을 사용하려면 대개 상수와 그 타입의 값이 필요하다. 클래스 템플릿을 사용할 때도 마찬가지이다. C<T>를 정의하려면 대개 상수뿐만 아니라 타입 C<T>와 T를 이용하는 다른 타입의 변수가 필요하다. 다음은 유체 역학 시뮬레이션 예제이다[Garcia, 2015].

```
template <class T>
  constexpr T viscosity = 0.4;

template <class T>
  constexpr space_vector<T> external_acceleration = { T{}, T{-9.8}, T{} };

auto vis2 = 2*viscosity<double>;
auto acc = external_acceleration<float>;
```

space_vector는 3차원 벡터이다.

묘하게도 대부분의 변수 템플릿이 상수로 보인다. 그렇지만 대부분의 변수도 마찬가지이다. 용어는 이 책의 불변성 개념을 따르지 않는다.

물론 적절한 타입의 임의의 표현식을 초기자로 사용할 수 있다. 다음을 보자.

```
template<typename T, typename T2>
constexpr bool Assignable = is_assignable<T&, T2>::value; // is_assignable는 타입 트레
                                                     이트(trait)이다(16.4.1)

template<typename T>
void testing()
{
  static_assert(Assignable<T&, double>, "can't assign a double to a T");
  static_assert(Assignable<T&, string>, "can't assign a string to a T");
}
```

몇 가지 중요한 변화를 거쳐 위 개념이 콘셉트 정의의 핵심이 된다(8.2절).

표준 라이브러리는 변수 템플릿을 사용해 pi와 log2e 같은 수학 상수를 제공한다(17.9절).

7.4.2 에일리어스

생각보다 자주 타입이나 템플릿의 동의어가 유용하게 쓰인다. 예를 들어 표준 헤더 <cstd def>는 다음과 같은 에일리어스 size_t의 정의를 포함한다.

```
using size_t = unsigned int;
```

실제로 size_t라 명명된 타입은 구현에 따라 다르므로 어떤 구현에서는 size_t가 unsigned long이다. 에일리어스 size_t를 통해 프로그래머는 이식 가능한 코드를 작성할 수 있다.

매개변수화 타입은 흔히 템플릿 인수와 연관된 타입의 에일리어스를 제공한다. 예제로 보자.

```
template<typename T>
class Vector {
public:
  using value_type = T;
  // ...
};
```

실제로 모든 표준 라이브러리 컨테이너는 원소들의 타입의 이름으로서 value_type을 제공한다(12장). 이로써 이 관례를 따르는 모든 컨테이너에 동작하는 코드를 작성할 수 있다. 예제로 보자.

```
template<typename C>
using Value_type = C::value_type;  // C의 원소들의 타입

template<typename Container>
void algo(Container& c)
{
  Vector<Value_type<Container>> vec; // 결과를 여기에 보관한다
  // ...
}
```

위 Value_type은 표준 라이브러리 range_value_t(16.4.4절)를 간소화한 구현이다. 에일리

164

어싱 메커니즘은 일부 혹은 전체 템플릿 인수를 바인딩함으로써 새 템플릿을 정의하게 해준다. 예제로 보자.

```
template<typename Key, typename Value>
class Map {
  // ...
};

template<typename Value>
using String_map = Map<string,Value>;

String_map<int> m; // m은 Map<string,int>이다
```

7.4.3 컴파일 타임 if

2개의 함수 slow_and_safe(T)나 simple_and_fast(T) 중 하나로 구현할 수 있는 연산을 작성한다고 하자. 일반성과 성능 최적화가 매우 중요한 기초 코드에서 많이 발생하는 문제이다. 클래스 계층 구조를 이룬다면 기반 클래스에서 slow_and_safe라는 일반적 연산을 제공하고 파생 클래스는 simple_and_fast 구현으로 오버라이딩할 수 있다.

혹은 컴파일 타임 if를 사용해도 된다.

```
template<typename T>
void update(T& target)
{
  // ...
  if constexpr(is_trivially_copyable_v<T>)
    simple_and_fast(target); // "보통의 기존 데이터"에 쓰임
  else
    slow_and_safe(target);    // 좀 더 복잡한 타입에 쓰임
  // ...
}
```

is_trivially_copyable_v<T>는 단순하게 타입을 복사할 수 있는지 알려주는 타입 프레디킷(16.4.1절)이다.

컴파일러는 if constexpr에서 선택된 브랜치만 검사한다. 이로써 최적의 성능과 지역성 최적화를 제공한다.

무엇보다 if constexpr은 텍스트 조작 메커니즘이 아니며, if constexpr로는 일반적인 문법과 타입, 범위 규칙을 위반할 수 없다. 예를 들어 다음과 같이 단순하게 try 블록 내에서 조건부로 호출을 래핑하려는 시도는 실패한다.

```
template<typename T>
void bad(T arg)
{
  if constexpr(!is_trivially_copyable_v<T>)
    try { // 이런, if가 이 행 너머까지 이어진다

  g(arg);

  if constexpr(!is_trivially_copyable_v<T>)
    } catch(...) { /* ... */ } // 문법 오류
}
```

이렇게 텍스트 조작을 허용하면 코드 가독성이 심각하게 훼손되고 최신 프로그램 표현 기법("추상 구문 트리" 등)에 의존하는 도구에 문제가 생긴다.

뿐만 아니라 이렇게 시도된 많은 해킹은 범위 규칙을 위반하지 않는 더 명쾌한 해법으로 해결할 수 있으므로 불필요하다. 예제로 보자.

```
template<typename T>
void good(T arg)
{
  if constexpr (is_trivially_copyable_v<T>)
    g(arg);
  else
    try {
      g(arg);
    }
    catch (...) { /* ... */ }
}
```

7.5 조언

[1] 템플릿을 사용해 여러 인수 타입에 적용되는 알고리듬을 표현한다(7.1절). [CG: T.2]

[2] 템플릿을 사용해 컨테이너를 표현한다(7.2절). [CG: T.3]

[3] 템플릿을 사용해 코드 추상화 수준을 높인다(7.2절). [CG: T.1]

[4] 템플릿은 타입 안전^{type safe}이지만 제한되지 않은 템플릿의 경우 검사가 너무 늦다(7.2절).

[5] 함수 템플릿의 생성자가 클래스 템플릿 인수 타입을 추론하게 두자(7.2.3절).

[6] 함수 객체를 알고리듬의 인수로 사용한다(7.3.2절). [CG: T.40]

[7] 간단한 함수 객체를 한 곳에서만 사용할 때는 람다를 사용한다(7.3.2절).

[8] 가상 함수 멤버는 템플릿 멤버 함수일 수 없다(7.3.1절).

[9] `finally()`를 이용해 "해제 연산"이 필요한 소멸자 없이도 타입의 RAII를 제공한다 (7.3.3.3절).

[10] 템플릿 에일리어스를 사용해 표기를 간소화하고 상세 구현을 숨긴다(7.4.2절).

[11] `if constexpr`을 사용해 런타임 오버헤드 없이 대안 구현을 제공한다(7.4.3절).

8

콘셉트와 제네릭 프로그래밍

> 프로그래밍:
> 재미있는 알고리듬으로 시작하자.
>
> — 알렉스 스테파노프[Alex Stepanov]

- 소개
- 콘셉트
    콘셉트의 용법, 콘셉트 기반 오버로딩, 유효한 코드, 콘셉트 정의, 콘셉트와 auto, 콘셉트와 타입
- 제네릭 프로그래밍
    콘셉트의 용법, 템플릿을 이용한 추상화
- 가변 인자 템플릿
    폴드 표현식, 인수 포워딩
- 템플릿 컴파일 모델
- 조언

8.1 소개

템플릿은 왜 만들어졌을까? 바꿔 말해 템플릿으로 어떤 프로그래밍 기법을 구사할 수 있을까? 템플릿의 기능부터 알아보자.

- 정보 손실 없이 타입(그리고 값, 템플릿까지)을 인수로 전달할 수 있다. 표현이 매우 유연해지고 인라이닝하기 좋아 구현에 매우 유용하다.
- 구체화 타임에 다양한 컨텍스트 정보를 결합할 수 있다. 즉, 최적화에 유리하다.
- 값을 템플릿 인수로 전달할 수 있다. 즉, 컴파일 타임에 계산할 수 있다.

한마디로 템플릿은 컴파일 타임 계산과 타입 조작을 지원하는 강력한 메커니즘을 제공해 코드를 매우 간결하고 효율적으로 만든다. 앞서 강조했듯이 타입(클래스)은 코드(7.3.2절)와 값(7.2.2절)을 모두 포함할 수 있다.

첫 번째 가장 흔한 템플릿의 용도는 제네릭 프로그래밍 지원이다. 제네릭 프로그래밍이란 일반적 알고리듬의 디자인, 구현, 사용에 중점을 둔 프로그래밍이다. 여기서 "일반적"이란 알고리듬의 요구 사항만 충족한다면 인수에 다양한 타입을 허용하도록 디자인할 수 있는 알고리듬이라는 뜻이다. 콘셉트와 더불어 템플릿은 제네릭 프로그래밍을 지원하는 C++의 주된 도구다. 템플릿은 (컴파일 타임) 매개변수 다형성parametric polymorphism을 제공한다.

8.2 콘셉트

7.3.1절의 sum()을 다시 보자.

```
template<typename Seq, typename Value>
Value sum(Seq& s, Value v)
{
  for (const auto& x : s)
    v+=x;
  return v;
}
```

위 sum()의 요구 사항은 다음과 같다.

- 첫 번째 템플릿 인수는 원소 시퀀스여야 하고,
- 두 번째 템플릿 인수는 수여야 한다.

구체적으로 sum()은 다음의 인수 쌍으로 호출된다.

- 범위 기반 for문이 동작하도록 begin()과 end()를 지원하는 시퀀스sequence Seq(1.7절, 14.1절)
- 시퀀스 내 원소를 더할 수 있도록 +=를 지원하는 산술 타입arithmetic type Value

위와 같은 요구 사항을 콘셉트concept라고 부른다.

위처럼 단순화시킨 시퀀스(범위range라고도 부름) 요구 사항(그리고 그 이상)을 충족하는 타입 예가 표준 라이브러리의 vector, list, map이다. 위처럼 단순화시킨 산술 타입 요구 사항(그리고 그 이상)을 충족하는 타입 예가 int, double, Matrix(올바르게 정의한 모든 Matrix)다. sum() 알고리듬은 원소("시퀀스")를 저장할 데이터 구조의 타입과 원소의 타입이라는 두 가지 차원에서 제네릭이라 말할 수 있다.

8.2.1 콘셉트의 용법

템플릿이 올바르게 컴파일되고 생성된 코드가 올바르게 동작하려면 대부분의 템플릿 인수는 특정 요구 사항을 충족해야 한다. 즉, 대부분의 템플릿은 제한된 템플릿constrained template이어야 한다(7.2.1절). 타입-이름 인트로듀서인 typename은 인수가 타입이어야 한다는 최소한의 제약이다. 보통은 이보다 더 정교하게 할 수 있다. sum()을 조금 수정해보자.

```
template<Sequence Seq, Number Num>
Num sum(Seq& s, Num v)
{
  for (const auto& x : s)
    v+=x;
  return v;
}
```

훨씬 명확해졌다. Sequence와 Number 콘셉트의 의미를 정의했으므로 컴파일러는 sum()의 구현을 보지 않고도 인터페이스만으로 잘못된 호출을 거절할 수 있다. 오류 보고가 한결 나아졌다.

하지만 sum()의 인터페이스 명세가 완전하지 않다. Sequence의 원소를 Number에 더할 수 있어야 한다고 알려야 했는데 그만 "잊어버렸다". 다시 수정해보자.

```
template<Sequence Seq, Number Num>
  requires Arithmetic<range_value_t<Seq>, Num>
Num sum(Seq& s, Num n);
```

시퀀스의 range_value_t(16.4.4절)는 해당 시퀀스 내 원소 타입으로서 range(14.1절)의 원소 타입을 명명하는 표준 라이브러리에서 가져왔다. Arithmetic<X, Y>는 타입 X와 Y의 수를 산술 계산할 수 있다고 명시한 콘셉트이다. 우연히 vector<string>나 vector<int>의 sum()이 계산되지 못하게 막고, vector<int>와 vector<complex<double>>은 허용한다. 전형적으로 알고리듬에서 요구하는 인수 타입이 다양할 때는 타입 간 관계를 위와 같이 명시하는 것이 좋다.

예제에서는 +=만 필요했으나 단순성과 유연성을 위해 템플릿 인수를 너무 엄격하게 제한해서는 안 된다. 언젠가는 +=가 아니라 +와 =로 sum()을 표현하고 싶을 수 있고, 그렇다면 "+="여야 한다는 제한된 요구 사항 대신 일반적 콘셉트^{Arithmetic}을 사용하는 편이 낫다.

콘셉트를 사용한 첫 번째 sum()에서처럼 부분 명세가 아주 유용할 때도 있다. 명세가 완전하지 않으면 어떤 오류는 구체화 타임까지 발견되지 않는다. 하지만 부분 명세는 의도를 표현해주고, 처음부터 필요한 요구 사항을 모두 인식하지 못하는 상황에서 점진적으로 매끄럽게 개발하는 데 필수다. 완성된 콘셉트 라이브러리를 사용한다면 초기 명세는 완벽에 가까울 것이다.

requires Arithmetic<range_value_t<Seq>, Num>을 글자 그대로 requirements절이라 부른다. requires Sequence<Seq>를 명시적으로 사용할 때 짧게 template<Sequence Seq>로 표기한다. 다음과 같이 길게 늘여 써도 의미는 같다.

```
template<typename Seq, typename Num>
  requires Sequence<Seq> && Number<Num> && Arithmetic<range_value_t<Seq>,Num>
Num sum(Seq& s, Num n);
```

두 표기 간 동등을 이용해 다음과 작성해도 된다.

```
template<Sequence Seq, Arithmetic<range_value_t<Seq>> Num>
Num sum(Seq& s, Num n);
```

concept를 사용할 수 없는 코드 기반에서는 명명 관례와 주석으로 대신해야 한다.

```
template<typename Sequence, typename Number>
  // requires Arithmetic<range_value_t<Sequence>,Number>
Number sum(Sequence s, Number n);
```

어떤 표기를 택하든 유의미한 인수 제약으로 템플릿을 디자인하는 것이 핵심이다(8.2.4절).

8.2.2 콘셉트 기반 오버로딩

인터페이스로 템플릿을 올바르게 명시했다면 함수 오버로딩처럼 속성에 따라 오버로딩할 수 있다. 반복자를 앞으로 이동시키는 표준 라이브러리 함수 advance()를 조금만 간소화해 보자(13.3절).

```
template<forward_iterator Iter>
void advance(Iter p, int n) // 원소 n개만큼 p를 앞으로 이동시킨다
{
  while (n--)
    ++p; // 전진 반복자는 +나 += 대신 ++를 사용한다
}

template<random_access_iterator Iter>
void advance(Iter p, int n) // 원소 n개만큼 p를 앞으로 이동시킨다
{
  p+=n; // 임의 접근 반복자는 +=를 사용한다
}
```

컴파일러는 인수 요구 사항에 가장 잘 부합하는 템플릿을 선택한다. 예제에서 list는 전진 반복자만 제공하지만 vector는 임의 접근 반복자를 제공하므로 다음과 같이 쓰인다.

```
void user(vector<int>::iterator vip, list<string>::iterator lsp)
```

```
{
  advance(vip,10); // 빠른 advance()를 사용한다
  advance(lsp,10); // 느린 advance()를 사용한다
}
```

다른 오버로딩과 마찬가지로 런타임 비용이 들지 않는 컴파일 타임 메커니즘이며, 컴파일러가 가장 잘 부합하는 템플릿을 찾지 못할 경우 모호성 오류가 발생한다. 콘셉트 기반 오버로딩 규칙은 일반적인 오버로딩 규칙(1.3절)보다 훨씬 단순하다. 먼저 인수가 하나이고 후보 함수가 여러 개인 경우를 생각해보자.

- 인수가 콘셉트에 부합하지 않으면 그 후보를 선택할 수 없다.
- 인수가 딱 한 후보의 콘셉트에만 부합하면 그 후보를 선택한다.
- 두 후보의 인수가 콘셉트에 부합하고 한 후보가 다른 후보에 비해 엄격하면(다른 요구 사항을 모두 만족하면) 그 후보를 선택한다.
- 두 후보의 인수가 똑같이 콘셉트에 완벽히 부합하면 모호성이 발생한다.

선택된 후보는 다음을 만족해야 한다.

- 모든 인수가 부합해야 하고,
- 모든 인수에 대해 최소한 다른 후보와 똑같이 부합해야 하고,
- 최소 한 인수에 대해 더 잘 부합해야 한다.

8.2.3 유효한 코드

템플릿 인수 집합이 템플릿 인자의 요구 사항을 만족하는지 여부는 궁극적으로 어떤 표현식이 유효한가라는 질문으로 귀결된다.

requires 표현식을 사용해 표현식 집합이 유효한지 검사할 수 있다. 예를 들어 표준 라이브러리 콘셉트인 random_access_iterator를 사용하지 않고 advance()를 작성해보자.

```
template<forward_iterator Iter>
  requires requires(Iter p, int i) { p[i]; p+i; } // Iter는 첨자 지정과 정수 덧셈을 포함한다
```

```
void advance(Iter p, int n) // p를 원소 n개만큼 앞으로 이동시킨다
{
  p+=n;
}
```

코드의 requires requires는 오타가 아니다. 첫 번째 requires는 requirements절을, 두 번째 requires는 requires 표현식을 시작시킨다.

```
requires(Iter p, int i) { p[i]; p+i; }
```

requires 표현식은 표현식 내 명령문이 유효한 코드이면 true를, 아니면 false를 반환하는 프레디킷이다.

requires 표현식을 제네릭 프로그래밍의 어셈블리 코드로 생각하면 된다. 일반적인 어셈블리 코드처럼 requires 표현식은 대단히 유연하며 어떤 프로그래밍 원칙도 강요하지 않는다. 흥미로운 코드의 밑바탕이 대부분 어셈블리 코드인 것처럼 흥미로운 제네릭 코드의 밑바탕은 대부분 어떤 형태로든 requires 표현식이다. 어셈블리 코드처럼 requires 표현식은 코드에 드러나서는 된다. 추상 구현에 속해야 한다. 코드에 requires requires가 보이면 너무 저수준이라는 뜻이고, 결국에는 문제가 된다.

위 advance()의 requires requires는 일부러 불분명하고 의도와 맞지 않게 표현했다. += 뿐 아니라 연산에 필요한 반환 타입을 "깜빡하고" 명시하지 않았다. 즉, 위 advance()를 어떻게 사용하느냐에 따라 콘셉트 검사는 통과해도 컴파일되지 않을 수 있다. 주의하자! 올바르게 임의 접근을 사용한 advance()가 더 간단하고 읽기 쉽다.

```
template<random_access_iterator Iter>
void advance(Iter p, int n) // p를 원소 n개만큼 앞으로 이동시킨다
{
  p+=n; // 임의 접근 반복자는 +=를 사용한다
}
```

시맨틱을 뚜렷하게 명시하고 올바르게 명명한 콘셉트(8.2.4절)를 사용하고, 콘셉트 정의 안에 requires 표현식을 사용하자.

8.2.4 콘셉트 정의

표준 라이브러리(14.5절) 등의 라이브러리는 forward_iterator 같은 유용한 콘셉트를 제공한다. 클래스나 함수처럼 콘셉트도 새로 작성하기보다는 훌륭한 라이브러리의 콘셉트를 가져다 쓰는 편이 일반적으로 더 쉽고, 간단한 콘셉트라면 정의하기 어렵지 않다. random_access_iterator와 vector처럼 표준 라이브러리 속 이름은 모두 소문자다. 이 책에서는 콘셉트를 직접 정의할 경우 Sequence와 Vector처럼 첫 글자를 대문자로 쓰는 관례를 따르겠다.

콘셉트는 하나 이상의 타입을 어떻게 사용하는지 명시하는 컴파일 타임 프레디킷이다. 가장 간단한 예제부터 살펴보자.

```
template<typename T>
concept Equality_comparable =
  requires (T a, T b) {
    { a == b } -> Boolean; // T들을 ==로 비교한다
    { a != b } -> Boolean; // T들을 !=로 비교한다
  };
```

Equality_comparable은 타입 값의 동등과 부등을 비교할 때 사용하는 콘셉트다. 간단히 말해 어떤 타입 값 2개가 주어지면 ==와 !=를 사용해 비교할 수 있어야 하며, 이러한 연산의 결과가 Boolean이어야 한다. 예제로 보자.

```
static_assert(Equality_comparable<int>); // 성공

struct S { int a; };
static_assert(Equality_comparable<S>); // struct는 자동으로 ==와 !=를 생성하지 않으므로 실패
```

콘셉트 Equality_comparable의 정의는 앞서 설명한 그대로다. concept의 값은 항상 bool이다.

-> 뒤에 명시한 { ... }의 결과는 콘셉트여야 한다. 표준 라이브러리는 안타깝게도 boolean 콘셉트를 지원하지 않아 직접 정의했다(14.5절). Boolean은 조건으로 사용할 수 있는 타입의 하나일 뿐이다.

서로 다른 타입 간 비교를 수행하는 Equality_comparable도 정의하기 쉽다.

```
template<typename T, typename T2 =T>
concept Equality_comparable =
  requires (T a, T2 b) {
    { a == b } -> Boolean; // ==로 T와 T2를 비교한다
    { a != b } -> Boolean; // !=로 T와 T2를 비교한다
    { b == a } -> Boolean; // ==로 T2와 T를 비교한다
    { b != a } -> Boolean; // !=로 T2와 T를 비교한다
  };
```

typename T2 =T는 두 번째 템플릿 인수를 명시하지 않으면 T2가 T와 동일할 것이라는 의미이다. 즉, T는 기본 템플릿 인수default template argument이다.

Equality_comparable을 테스트해보자.

```
static_assert(Equality_comparable<int,double>); // 성공
static_assert(Equality_comparable<int>);        // 성공(T2의 기본값은 int이다)
static_assert(Equality_comparable<int,string>); // 실패
```

위 Equally_comparable은 표준 라이브러리의 equality_comparable(14.5절)과 거의 동일하다.

이번에는 두 수 간 유효한 산술을 강제하는 콘셉트를 정의해보자. 우선 Number부터 정의해야 한다.

```
template<typename T, typename U = T>
concept Number =
  requires(T x, U y) { // 산술 연산과 0에 관해 제한한다
    x+y; x-y; x*y; x/y;
    x+=y; x-=y; x*=y; x/=y;
    x=x; // 복사
    x=0;
  };
```

위 코드는 결과 타입에 대해 어떤 가정도 하지 않으나 간단한 사용하기 좋다. 인수 타입 하나이면 Number<X>는 X가 Number에 기대되는 속성을 만족하는지 검사한다. 인수가 둘

이면 Number<X, Y>는 두 타입을 요구된 연산에 사용할 수 있는지 검사한다. 이로부터 Arithmetic 개념을 다음과 같이 정의할 수 있다(8.2.1절).

```
template<typename T, typename U = T>
concept Arithmetic = Number<T, U> && Number<U, T>;
```

다음으로 더 복잡한 시퀀스를 고려해보자.

```
template<typename S>
concept Sequence = requires (S a) {
  typename range_value_t<S>; // S는 value 타입이어야 한다
  typename iterator_t<S>;     // S는 iterator 타입이어야 한다

  { a.begin() } -> same_as<iterator_t<S>>; // S는 iterator를 반환하는 begin()을 포함해야
                                            // 한다
  { a.end() } -> same_as<iterator_t<S>>;

  requires input_iterator<iterator_t<S>>; // S의 iterator는 input_iterator여야 한다
  requires same_as<range_value_t<S>, iter_value_t<S>>;
};
```

타입 S가 Sequence이려면 값 타입(원소의 타입. 13.1절 참고)과 반복자 타입(반복자의 타입)을 제공해야 한다. 예제에서는 표준 라이브러리 연관 타입인 range_value_t<S>와 iterator_t<S>(16.4.4절)를 사용해 표현했다. 또한 표준 라이브러리 컨테이너처럼 S의 반복자를 반환하는 begin()과 end() 함수도 존재해야 한다. 끝으로 S의 반복자 타입은 최소 input_iterator여야 하며, 원소와 반복자의 값 타입이 같아야 한다.

기초 언어 콘셉트를 표현하는 콘셉트가 가장 정의하기 어렵다. 따라서 기존 라이브러리 집합을 사용하는 편이 가장 좋다. 유용한 컬렉션을 14.5절에서 소개하겠다. 앞서처럼 복잡하게 Sequence를 정의할 필요 없이 다음의 표준 라이브러리 콘셉트를 이용하자.

```
template<typename S>
concept Sequence = input_range<S>; // 작성하기 쉽고 일반적이다
```

"S"의 값 타입 개념을 S::value_type으로 제한하면 간단한 Value_type을 사용할 수 있다.

```
template<class S>
using Value_type = typename S::value_type;
```

이러한 기법으로 단순한 개념을 간결하게 표현하고 복잡도를 감춘다. 표준 value_type_t
의 정의도 본질적으로 비슷하나 value_type 멤버를 포함하지 않는 시퀀스(예를 들어 내장 배
열)를 처리하므로 조금 더 복잡하다.

8.2.4.1 정의 검사

템플릿에 명시한 콘셉트는 템플릿을 사용하는 시점에 인수를 검사하는 데 쓰인다. 템플릿
정의 내에서 인자가 어떻게 쓰이는지 검사하는 데 쓰이지 않는다. 예제로 보자.

```
template<equality_comparable T>
bool cmp(T a, T b)
{
  return a<b;
}
```

위 콘셉트는 ==의 존재는 보장하지만 <의 존재는 보장하지 않는다.

```
bool b0 = cmp(cout,cerr);   // 오류: ostream은 ==를 지원하지 않는다
bool b1 = cmp(2,3);         // OK: true를 반환한다
bool b2 = cmp(2+3i,3+4i);   // 오류: complex<double>은 <를 지원하지 않는다
```

콘셉트 검사로 ostream을 전달하려는 시도는 잡아내지만 int와 complex<double>은 ==를
지원하므로 통과된다. 한편 int는 <를 지원하므로 cmp(2,3)은 컴파일되는 반면, complex
<double>은 <를 지원하지 않으므로 cmp(2+3i,3+4i)은 cmp() 본문을 검사하고 구체화하는
시점에 실패한다.

템플릿 정의의 최종 검사를 구체화 타임까지 미루면 두 가지 이점이 생긴다.

- 개발 과정에서 불완전한 콘셉트를 사용할 수 있다. 콘셉트, 타입, 알고리듬을 개발
  하는 동안 경험이 쌓여 점진적으로 검사가 개선된다.
- 인터페이스에 영향 없이 디버그, 추적, 원격 계측 같은 코드를 템플릿에 넣을 수

있다. 인터페이스 변경은 대량의 재컴파일로 이어진다.

둘 다 대규모 코드 기반을 개발하고 유지 보수하는 데 있어 중요하다. 이렇게 중대한 이득을 얻는 대신 ==만 보장되는데 <를 사용하는 등의 오류가 컴파일 단계 마지막에서나 잡힌다 (8.5절).

8.2.5 콘셉트와 auto

auto 키워드는 객체가 객체 초기자와 같은 타입임을 말해준다(1.4.2절).

```
auto x = 1;                        // x는 int다
auto z = complex<double>{1,2};  // z는 complex<double>다
```

하지만 초기화는 위와 같은 간단한 변수 정의로만 일어나지 않는다.

```
auto g() { return 99; }          // g()는 int를 반환한다
```

```
int f(auto x) { /* ... */ }       // 모든 타입의 인수를 받는다
```

```
int x = f(1); // f()는 int를 받는다
int z = f(complex<double>{1,2}); // f()는 complex<double>을 받는다
```

auto 키워드는 값을 가장 제약하지 않는 콘셉트이며, 그저 어떤 타입의 값이기만 하면 된다. auto 인자를 받으면 함수가 함수 템플릿으로 바뀐다.

콘셉트 앞에 auto를 둬 이러한 모든 초기화 요구 사항을 더 강력하게 만들 수 있다.

```
auto twice(Arithmetic auto x) { return x+x; } // 수 타입만 가능
auto thrice(auto x) { return x+x+x; }          // +를 사용할 수 있는 타입은 모두 가능
```

```
auto x1 = twice(7); // OK: x1==14
string s "Hello ";
auto x2 = twice(s); // 오류: string은 Arithmetic이 아니다
auto x3 = thrice(s); // OK: x3=="Hello Hello Hello "
```

함수 인수 외에 콘셉트는 변수의 초기화도 제약할 수 있다.

```
auto ch1 = open_channel("foo");            // open_channel()이 반환하는 타입에 모두 동작한다
Arithmetic auto ch2 = open_channel("foo"); // 오류: channel은 Arithmetic이 아니다
Channel auto ch3 = open_channel("foo");    // OK: Channel이 알맞은 콘셉트이라 가정하고
                                           // open_channel()은 Channel을 반환한다
```

이렇게 하면 매우 편리하게 auto의 남용을 막고 코드에 대한 요구 사항을 제네릭 함수로 문서화할 수 있다.

가독성과 디버깅 측면에서 일반적으로 타입 오류는 최대한 타입 선언과 가깝게 잡아야 한다. 이때 반환 타입을 제약하는 방법이 유용하다.

```
Number auto some_function(int x)
{
  // ...
  return fct(x); // fct(x)가 Number를 반환하지 않으면 오류
  // ...
}
```

지역변수를 넣어도 된다.

```
auto some_function(int x)
{
  // ...
  Number auto y = fct(x); // fct(x)가 Number를 반환하지 않으면 오류
  return y;
  // ...
}
```

8.2.6 콘셉트와 타입

타입의 역할은 다음과 같다.

- 객체에 암묵적으로 그리고 명시적으로 적용할 수 있는 연산 집합을 명시한다.
- 함수 선언과 언어 규칙이 필요하다.
- 객체가 메모리에 어떻게 배치되는지 명시한다.

단일 인수 콘셉트의 역할은 다음과 같다.

- 객체에 암묵적으로 그리고 명시적으로 적용할 수 있는 연산 집합을 명시한다.
- 함수 선언과 언어 규칙을 나타내는 사용 패턴이 필요하다.
- 객체의 배치에 대해선 말하지 않는다.
- 타입 집합을 사용하게 해준다.

보다시피 콘셉트로 제약한 코드가 타입으로 제약한 코드보다 유연하다. 뿐만 아니라 콘셉트는 여러 인수 간 관계도 정의해준다. 따라서 대부분의 함수를 콘셉트로 인수를 제약한 템플릿 함수로 정의하는 것이 이상적이다. 안타깝게도 표기를 아직 완벽하게 지원하지 않으니 콘셉트를 명사가 아닌 형용사로 사용해야 한다. 예제로 보자.

```
void sort(Sortable auto&); // 'auto'가 필요하다
void sort(Sortable&);      // 오류: 콘셉트명 뒤에 'auto'가 필요하다
```

8.3 제네릭 프로그래밍

C++는 구체적이고 효율적인 알고리듬을 추상화해 제네릭 알고리듬을 만들어내는 형태로 제네릭 프로그래밍generic programming을 직접 지원하며, 이러한 제네릭 알고리듬을 다양한 데이터 표현으로 조합해 아주 폭넓고 유용한 소프트웨어를 생성할 수 있도록 해준다[Stepanov, 2009]. 기초 연산과 데이터 구조를 표현한 추상을 콘셉트concept라 부른다.

8.3.1 콘셉트의 용법

유용하고 좋은 개념일수록 매우 기본적이며, 만들어지기보다는 주로 발견된다. 정수와 부동소수점 수(심지어 고전 C[Kernighan, 1978]에 정의된 것처럼), 시퀀스, 환ring을 비롯해 벡터vector 공간처럼 좀 더 일반적인 수학 개념이 그 예이다. 이들은 응용 분야의 기초 개념concept을 표현한다. 그래서 "콘셉트"라는 용어를 붙였다. 효과적인 제네릭 프로그래밍에 필요한 수준의 콘셉트를 찾아내 형식화하기란 쉽지 않다.

기본적으로 쓰이는 regular(14.5절) 콘셉트를 생각해보자. 어떤 타입이 int나 vector처럼 동작하면 정규regular이다. 정규 타입의 객체는 다음을 할 수 있다.

- 기본 생성될 수 있다.
- 생성자나 할당문으로 복사될 수 있다(일반적인 복사 시맨틱을 따르며 독립적이고 동등하게 비교되는 두 객체가 만들어진다).
- ==와 !=로 비교될 수 있다.
- 교묘한 프로그래밍 트릭으로 인한 기술적 문제가 발생하지 않는다.

regular 타입의 또 다른 예가 string이다. int처럼 string도 totally_ordered(14.5절)이다. 즉, 적절한 시맨틱에 따라 두 문자열을 <, <=, >, >=, <=>로 비교할 수 있다.

콘셉트는 단순히 문법적 표기가 아니라 근본적으로 시맨틱을 표현한다. 예를 들어 +를 나누기로 정의해서는 안 된다. 어떤 수의 요구 사항과도 맞지 않다. 안타깝게도 아직 시맨틱을 표현하는 언어 지원이 전혀 없으므로 전문적 지식과 상식에 의존해 의미상 유의미한 콘셉트를 만들어야 한다. Addable이나 Subtractable 같이 의미상 무의미한 콘셉트를 정의하지 말자. 도메인 지식을 활용해 응용 분야의 기초 개념에 부합하는 콘셉트를 정의하자.

8.3.2 템플릿을 이용한 추상

훌륭한 추상은 구체적인 예제로부터 면밀하게 만들어진다. 가능한 요구 사항과 기법에 전부 맞게 "추상화"하려고 하면 간결하지 못하고 장황한 코드가 되기 쉽다. 실제 쓰이는 구체적인 예제 하나(많을수록 좋다)로 시작해 불필요한 세부 사항을 제거해 나가자. 다음을 생각해보자.

```
double sum(const vector<int>& v)
{
  double res = 0;
  for (auto x : v)
    res += x;
  return res;
}
```

수열의 합을 계산하는 여러 방법 중 하나를 보였다.

보다 일반적으로 바꾸려면 다음의 요소를 고려해야 한다.

- 왜 int만 처리할까?
- 왜 vector만 처리할까?
- 왜 double에 합산할까?
- 왜 0에서 시작할까?
- 왜 더할까?

구체 타입을 템플릿 인수로 만들어 처음 4개의 질문에 답하면 가장 단순한 형태의 표준 라이브러리 accumulate 알고리듬이 만들어진다.

```
template<forward_iterator Iter, Arithmetic<iter_value_t<Iter>> Val>
Val accumulate(Iter first, Iter last, Val res)
{
  for (auto p = first; p!=last; ++p)
    res += *p;
  return res;
}
```

다음과 같이 바뀌었다.

- 순회하는 데이터 구조를 시퀀스를 표현한 반복자 쌍으로 추상화시켰다(8.2.4절, 13.1절).
- 누산기^{accumulator}의 타입을 인자로 넣었다.
- 누산기의 타입은 산술이어야 한다.
- 누산기의 타입이 반복자의 값 타입(시퀀스의 원소 타입)에 동작해야 한다.
- 초깃값을 입력으로 받는다. 초깃값의 타입이 누산기의 타입이다.

간단한 검사 혹은 가능하다면 측정을 통해 다양한 데이터 구조로 호출할 수 있도록 만든 코드와 직접 작성한 예제로부터 만든 코드가 동일함을 알 수 있다. 다음을 보자.

```
void use(const vector<int>& vec, const list<double>& lst)
```

```
{
  auto sum = accumulate(begin(vec), end(vec),0.0); // double에 합산한다
  auto sum2 = accumulate(begin(lst), end(lst), sum);
  // ...
}
```

성능은 그대로 유지하면서 구체적인 코드 하나(여러 개면 더 좋다)로부터 일반화하는 과정을 리프팅^{lifting}이라 부른다. 반대로 템플릿을 개발하는 가장 좋은 방법은 주로 다음의 과정을 따른다.

- 먼저 구체적인 버전을 작성한다.
- 이어서 디버깅하고 테스트하고 측정한다.
- 끝으로 구체 타입을 템플릿 인수로 대체한다.

begin()과 end()를 반복해서 쓰기 귀찮으면 사용자 인터페이스를 조금 간소화할 수 있다.

```
template<forward_range R, Arithmetic<value_type_t<R>> Val>
Val accumulate(const R& r, Val res = 0)
{
  for (auto x : r)
    res += x;
  return res;
}
```

범위(range)는 begin()과 end()로 된 시퀀스(13.1절)를 표현하는 표준 라이브러리 콘셉트 이다. 완벽하게 일반화하려면 += 연산도 추상화한다. 17.3절을 참고하자.

반복자 쌍이든 accumulate()의 범위 버전이든 모두 유용하다. 반복자 쌍 버전은 일반화하기 좋고, 범위 버전은 일상적으로 쓰이도록 단순화하기 좋다.

8.4 가변 인자 템플릿

임의의 타입으로 된 임의의 개수의 인수를 허용하도록 템플릿을 정의할 수 있다. 이러한 템플릿을 가변 인자 템플릿^{variadic template}이라 부른다. << 연산자를 지원하는 타입의 값을 출력

하는 간단한 함수를 생각해보자.

```
void user()
{
  print("first: ", 1, 2.2, "hello\n"s);                // first: 1 2.2 hello

  print("\nsecond: ", 0.2, 'c', "yuck!"s, 0, 1, 2, '\n'); // second: 0.2 c yuck! 0 1 2
}
```

일반적으로 가변 인자 템플릿은 첫 번째 인자와 나머지 인자를 분리한 후 나머지 인자 부분에 가변 인자 템플릿을 재귀적으로 호출하도록 구현된다.

```
template<typename T>
concept Printable = requires(T t) { std::cout << t; } // 연산 하나!

void print()
{
  // 인수가 없으면 아무것도 하지 않는다
}

template<Printable T, Printable... Tail>
void print(T head, Tail... tail)
{
  cout << head << ' '; // 먼저 head를 처리하고,
  print(tail...);      // 그다음 tail을 처리한다
}
```

Printable...은 Tail이 타입 시퀀스임을 의미한다. Tail...은 tail이 Tail 내 타입들의 값 시퀀스임을 의미한다. ...로 선언한 인자를 인자 팩parameter pack이라 부른다. 여기서 tail은 (템플릿 인자) 인자 팩 Tail 내 타입으로 된 원소들의 (함수 인자) 인자 팩이다.

print() 호출에서 인수는 헤드(첫 번째)와 테일(나머지)로 나뉜다. 헤드를 출력한 후 테일에 대해 print를 호출한다. 결국 tail의 원소는 모두 사라지므로 인수가 없는 버전의 print() 도 필요하다. 인수가 0인 경우를 허용하지 않으려면 컴파일 타임 if를 사용해 인수가 없는 print()를 없앤다.

```
template<Printable T, Printable... Tail>
void print(T head, Tail... tail)
{
  cout << head << ' ';
  if constexpr(sizeof...(tail)> 0)
    print(tail...);
}
```

일반적인 런타임 if 대신 컴파일 타임 if(7.4.3절)를 사용해 마지막 print() 호출을 없앴다.
이로써 "빈" print()를 정의하지 않아도 된다.

가변 인자 템플릿의 강점은 템플릿에 어떤 인수를 전달해도 허용한다는 점이다. 단점은 다
음과 같다.

- 재귀를 올바르게 구현하기 어렵다.
- 인터페이스의 타입 검사가 정교한 템플릿 프로그램이기 쉽다.
- 타입 검사 코드가 표준으로 정의되지 않고 그때그때 만들어진다.
- 재귀 구현에 드는 비용이 컴파일 타임과 컴파일러 메모리 요구 사항 면에서 지나치
  게 클 수 있다.

유연성 덕분에 가변 인자 템플릿은 표준 라이브러리에서 널리 쓰이지만 이따금 지나치게
남용되기도 한다.

8.4.1 폴드 표현식

간단한 가변 인자 템플릿의 구현을 간소화하기 위해 C++는 인자 팩의 원소를 제한된 형태
로 반복하게 해준다. 예제로 보자.

```
template<Number... T>
int sum(T... v)
{
  return (v + ... + 0); // 0부터 시작해 v의 모든 원소를 더한다
}
```

위 sum()은 어떤 타입의 어떤 수든 인수로 받을 수 있다.

```
int x = sum(1, 2, 3, 4, 5); // x는 15가 된다
int y = sum('a', 2.4, x);    // y는 114가 된다(2.4는 내림되고 'a'의 값은 97이다)
```

sum의 본문은 다음의 폴드 표현식fold expression을 이용한다.

```
return (v + ... + 0); // 0부터 시작해 v의 모든 원소를 더한다
```

여기서 (v+...+0)은 초깃값 0으로 시작해 v의 모든 원소를 더한다는 의미이다. 첫 번째로 더하는 원소는 "가장 오른쪽" 원소(인덱스가 가장 큰 원소)이다. 따라서 (v[0]+(v[1]+(v[2]+(v[3]+(v[4]+0)))))이 된다. 즉, 0이 있는 오른쪽부터 시작한다. 이를 라이트 폴드right fold 라 부른다. 혹은 레프트 폴드left fold를 이용해도 된다.

```
template<Number... T>
int sum2(T... v)
{
  return (0 + ... + v); // 0까지 v의 모든 원소를 더한다
}
```

이번에는 "가장 왼쪽" 원소(인덱스가 가장 작은 원소)부터 더하므로 (((((0+v[0])+v[1])+v[2])+v[3])+v[4])가 된다. 즉, 0이 있는 왼쪽부터 시작한다.

폴드fold는 표준 라이브러리 accumulate()와 밀접히 관련된 매우 강력한 추상이다. 각종 언어와 커뮤니티에서 다양한 이름으로 부른다. C++에서 폴드 표현식은 현재 가변 인자 템플릿 구현을 간소화하는 역할만 하고 있다. 폴드는 수치 계산을 수행하지 않아도 된다. 유명한 예제 하나를 살펴보겠다.

```
template<Printable ...T>
void print(T&&... args)
{
  (std::cout << ... << args) << '\n'; // 모든 인수를 출력한다
}
```

```
print("Hello!"s,' ',"World ",2017); // (((((std::cout << "Hello!"s) << ' ')
<< "World ") << 2017) << '\n');
```

왜 2017인지 알겠는가? 2017년부터 C++에서 fold()를 지원했기 때문이다(19.2.3절).

8.4.2 인수 포워딩

가변 인자 템플릿은 인터페이스를 통해 인수^{argument}를 그대로 전달하는 데 쓰인다. 인자 ^{parameter}를 통해 값을 전달하는 네트워크 입력 채널 개념을 생각해보자. 전송^{transport} 메커니즘마다 생성자 인자 집합이 다르다.

```
template<concepts::InputTransport Transport>
class InputChannel {
public:
  // ...
  InputChannel(Transport::Args&&... transportArgs)
    : _transport(std::forward<TransportArgs>(transportArgs)...)
  {}
  // ...
  Transport _transport;
};
```

표준 라이브러리 함수 forward()(16.6절)를 사용하면 InputChannel 생성자에서 Transport 생성자로 인수를 그대로 이동시킬 수 있다.

핵심은 InputChannel의 작성자는 특정 Transport를 생성하는 데 필요한 인수를 몰라도 Transport 타입의 객체를 생성할 수 있다는 것이다. InputChannel의 구현자는 모든 Transport 객체의 공통 사용자 인터페이스만 알면 된다.

포워딩은 일반화돼 있고 런타임 오버헤드가 낮아야 하며, 필요하고 아주 일반적인 인터페이스가 흔히 쓰이는 기초 라이브러리에서 아주 흔하다.

8.5 템플릿 컴파일 모델

템플릿의 인수는 그 인수가 쓰일 때 콘셉트에 부합하는지 확인된다. 이때 찾은 오류는 즉시 보고된다. 제한되지 않은 템플릿 인자의 인수처럼 이 시점에 검사할 수 없는 인수는 템플릿 인수 집합으로 템플릿의 코드를 생성할 때, 즉 "템플릿 구체화 타임"까지 미뤄진 후 검사된다.

구체화 타임 타입 검사는 타입 오류가 지나치게 늦게 감지되는 부작용을 낳는다(8.2.4.1절). 또한 뒤늦은 검사로 인해 컴파일러가 프로그래머의 의도를 드러내는 타입 정보를 알 수 없어 매우 형편없는 오류 메시지를 내기도 하며, 프로그램 여기저기에서 정보를 조합한 후에야 문제를 감지하는 경우도 많다.

템플릿에 수행되는 구체화 타임 타입 검사는 템플릿 정의에서 인수를 올바르게 사용하는지 검사한다. 흔히 덕 타이핑duck typing("오리처럼 걷고 오리처럼 꽥꽥거리면 그건 오리이다")이라 부르는 컴파일 타임 검사의 변형이다. 보다 기술적 용어로 말하자면 값을 처리하고, 오로지 피연산자 값에 따라 연산의 존재와 의미를 결정한다. 이는 객체에 타입이 있고, 이 타입이 연산의 존재와 의미를 결정하는 관점과 다르다. 이때 값은 객체 안에 "존재한다". C++의 객체(예를 들어 변수)가 바로 이렇게 동작하며, 객체의 요구 사항을 충족하는 값만 객체에 들어갈 수 있다. 컴파일 타임에 템플릿에 수행되는 검사는 대부분 객체가 아닌 값만 포함한다. 컴파일러 내부에서 객체로 쓰이는 constexpr 함수(1.6절)의 지역변수만 예외이다.

제한되지 않은 템플릿을 사용하려면 (선언만이 아니라) 정의도 템플릿이 쓰이는 시점에 범위 안에 있어야 한다. 헤더 파일과 #include를 사용할 때 템플릿 정의가 .cpp 파일이 아니라 헤더 파일에 들어 있어야 한다는 뜻이다. 예를 들어 표준 헤더 <vector>는 vector 정의를 포함한다.

모듈(3.2.2절)을 사용하기 시작하면 다르다. 모듈을 사용하면 일반적인 함수나 템플릿 함수와 같은 방법으로 소스 코드를 조직할 수 있다. 모듈은 빠르게 import하고 사용할 수 있는 표현으로 반컴파일semi-compile된다. 이 표현은 순회하기 쉬운 그래프 형태로서 사용 가능한 모든 범위와 타입 정보를 포함하고 개개의 엔티티에 빠르게 접근하게 해주는 심볼 테이블이 지원된다.

8.6 조언

[1] 템플릿은 컴파일 타임 프로그래밍을 위한 일반적 메커니즘을 제공한다(8.1절).

[2] 템플릿을 디자인할 때 템플릿 인수에 어떤 콘셉트(요구 사항)를 가정해야 하는지 주의 깊게 고려하자(8.3.2절).

[3] 템플릿을 디자인할 때 초기 구현과 디버깅, 측정에 구체 구현을 이용하자(8.3.2절).

[4] 콘셉트를 디자인 도구로 사용하자(8.2.1절).

[5] 모든 템플릿 인수에 콘셉트를 명시하자(8.2절). [CG: T.10]

[6] 최대한 명명된 콘셉트를 사용하자(예를 들어 표준 라이브러리 콘셉트)(8.2.4절, 14.5절). [CG: T.11]

[7] 한 군데에서만 쓰이는 간단한 함수 객체라면 람다를 사용하자(7.3.2절).

[8] 템플릿으로 컨테이너와 범위를 표현하자(8.3.2절). [CG: T.3]

[9] 유의미한 시맨틱 없이는 "콘셉트"를 사용하지 말자(8.2절). [CG: T.20]

[10] 콘셉트에는 완전한 연산 집합이 필요하다(8.2절). [CG: T.21]

[11] 명명된 콘셉트를 사용하자(8.2.3절).

[12] `requires requires`를 사용하지 말자(8.2.3절).

[13] `auto`는 가장 제한하지 않는 콘셉트이다(8.2.5절).

[14] 다양한 타입의 임의의 수의 인수를 받는 함수가 필요하면 가변 인자 템플릿을 사용하자(8.4절).

[15] 템플릿은 컴파일 타임 "덕 타이핑"을 제공한다(8.5절).

[16] 헤더 파일을 사용하려면 템플릿 정의를 사용하는 모든 변환 단위마다 (템플릿 선언뿐 아니라) 템플릿 정의도 #include하자(8.5절).

[17] 템플릿을 사용하려면 (템플릿 선언뿐 아니라) 템플릿 정의도 반드시 범위 안에 두자(8.5절).

[18] 제한되지 않은 템플릿은 컴파일 타임 "덕 타이핑"을 제공한다(8.5절).

9

라이브러리 훑어보기

무지는 잠깐인데 무엇 하러 배우느라
시간을 낭비하는가?
― 홉스Hobbes

- 소개
- 표준 라이브러리 컴포넌트
- 표준 라이브러리 구성
  네임스페이스, ranges 네임스페이스, 모듈, 헤더
- 조언

9.1 소개

기초 프로그래밍 언어만으로는 쓸모 있는 프로그램을 만들 수 없다. 먼저 라이브러리 집합부터 개발해야 한다. 이어서 이러한 라이브러리를 기반으로 개발을 이어가야 한다. 기초 언어만으로 작성하려면 대부분의 프로그램이 너무 길어지는 반면, 어떤 작업이든 좋은 라이브러리만 사용해도 대부분 간단히 완성할 수 있다.

1장에서 8장까지의 내용에 이어 9장에서 18장까지는 핵심 표준 라이브러리 기능을 간략히 소개한다. string, ostream, variant, vector, map, path, unique_ptr, thread, regex, system_clock, time_zone, complex 같은 표준 라이브러리 타입과 이러한 타입을 일반적으

로 어떻게 이용하는지 간단히 설명한다.

1장에서 8장까지와 마찬가지로 전부 세세히 이해하지 못하더라도 집중력을 잃거나 실망하지 말자. 9장에서는 가장 유용한 라이브러리 기능을 기초적인 수준에서 이해하면 된다.

표준 라이브러리 명세는 ISO C++ 표준의 3분의 2 이상을 차지한다. 고심해서 직접 만들지 말고 표준 라이브러리를 먼저 이용하자. 디자인하려면 깊이 생각해야 하고, 구현하려면 더 많이 생각해야 하며, 유지 보수하고 확장하려면 더 많은 노력을 기울여야 한다.

이 책에서 설명하는 표준 라이브러리 기능은 완전한 C++ 구현의 일부다. 대부분의 구현에서 표준 라이브러리 컴포넌트 외에 "그래픽 사용자 인터페이스GUI, Graphic User Interface" 시스템, 웹 인터페이스, 데이터베이스 인터페이스 등을 제공한다. 비슷하게 대부분의 애플리케이션 개발 환경은 기업이나 산업 "표준" 개발과/이나 실행 환경을 위한 "기초 라이브러리"를 제공한다. 이 밖에 특수 애플리케이션 분야를 지원하는 라이브러리도 많다. 이 책에서는 표준 라이브러리만 다룰 뿐 다른 라이브러리나 시스템, 환경은 설명하지 않는다. C++ 표준에 정의된 대로 독립적인 C++ 설명을 제시한 후 실제 사용할 수 있는 예제를 제공한다. 대부분의 시스템에 적용할 수 있는 보다 광범위한 기능을 탐구하도록 돕는다.

9.2 표준 라이브러리 컴포넌트

표준 라이브러리가 제공하는 기능은 다음과 같이 분류된다.

- 런타임 언어 지원(예를 들어 할당, 예외, 런타임 타입 정보 처리)
- C 표준 라이브러리(타입 시스템 위반을 최소화하기 위해 조금씩 수정됨)
- 국제 문자셋, 지역화, 부분 문자열의 읽기 전용 뷰를 지원하는 문자열(10.2절)
- 정규식 매칭 지원(10.4절)
- I/O 스트림은 입력과 출력에 사용자가 원하는 대로 타입, 스트림, 버퍼링 전략, 로케일, 문자셋(11장)을 추가할 수 있는 확장 가능한 프레임워크다. 또한 유연한 출력 포맷팅 기능도 지원한다(11.6.2절).
- 이식 가능하도록 파일 시스템을 조작할 수 있는 라이브러리(11.9절)

- 컨테이너(예를 들어 vector와 map. 12장)와 알고리듬(예를 들어 find(), sort(), merge(), 13장) 프레임워크. 흔히 STL[Stepanov,1994]이라 부르는 이 프레임워크는 확장 가능하므로 사용자만의 컨테이너와 알고리듬을 추가할 수 있다.
- 뷰(14.2절), 제너레이터(14.3절), 파이프(14.4절)를 포함하는 범위^{range}(14.1절)
- 기초 타입과 범위에 쓰이는 콘셉트^{concept}(14.5절)
- 표준 수학 함수, 복소수, 산술 연산이 가능한 벡터, 수학 상수, 난수 생성기 같은 수치 계산 지원(5.2.1절, 16장)
- thread와 락 같은 동시 실행 프로그래밍 지원(18장). 아주 기초적인 동시 실행을 지원하므로 새로운 동시 실행 모델을 지원하도록 사용자가 라이브러리로 추가할 수 있다.
- 동기식과 비동기식 코루틴^{coroutine}(18.6절)
- 대부분의 STL 알고리듬을 비롯해 sort()(13.6절), reduce()(17.3.1절) 같은 일부 수치 알고리듬의 병렬 버전
- 메타프로그래밍(예를 들어 타입 함수. 16.4절), STL 방식의 제네릭 프로그래밍(예를 들어 pair. 15.3.3절), 일반적인 프로그래밍(예를 들어 variant와 optional. 15.4.1절, 15.4.2절)을 지원하는 유틸리티
- 자원 관리용 "스마트 포인터"(예를 들어 unique_ptr과 shared_ptr. 15.2.1절)
- array(15.3.1절), bitset(15.3.2절), tuple(15.3.3절) 같은 특수 목적 컨테이너
- time_point와 system_clock 같은 절대 시간과 기간 지원(16.2.1절)
- month와 time_zone 같은 캘린더 지원(16.2.2절, 16.2.3절)
- 밀리초의 ms와 허수의 i처럼 잘 알려진 단위 접미사 지원(6.6절)
- view(14.2절), string_view(10.3절), span(15.2.2절) 같은 원소 시퀀스 조작 방법

라이브러리 내 클래스로 포함시키는 주된 기준은 다음과 같았다.

- 대부분의 C++ 프로그래머(초보와 전문가 모두)에게 유용했다.
- 같은 기능을 제공하는 단순한 버전에 비해 오버헤드가 크지 않은 일반적 형태로 제공할 수 있었다.
- (작업에 내재된 복잡도 대비) 간단한 사용법을 쉽게 배울 수 있었다.

기본적으로 C++ 표준 라이브러리는 가장 일반적이고 기초적인 데이터 구조와 그 구조에 쓰이는 기초적인 알고리듬을 제공한다.

9.3 표준 라이브러리 구성

표준 라이브러리의 모든 기능은 네임스페이스 std에 들어 있으며, 모듈이나 헤더 파일을 통해 사용자가 이용할 수 있다.

9.3.1 네임스페이스

모든 표준 라이브러리 기능은 표준 헤더를 통해 제공된다. 예제로 보자.

```
#include<string>
#include<list>
```

이렇게 하면 표준 문자열과 리스트를 사용할 수 있다.

표준 라이브러리는 std라는 네임스페이스(3.3절) 안에 정의된다. 표준 라이브러리 기능을 사용하려면 std:: 접두사를 사용한다.

```
std::string sheep {"Four legs Good; two legs Baaad!"};
std::list<std::string> slogans {"War is Peace", "Freedom is Slavery", "Ignorance is
Strength"};
```

간결하게 설명하기 위해 예제에서는 std:: 접두사를 거의 사용하지 않는다. 필요한 헤더나 모듈을 명시적으로 #include하거나 import하지도 않는다. 프로그램 일부를 컴파일하고 실행하려면 표준 라이브러리 관련 부분을 사용할 수 있어야 한다. 예제로 보자.

```
#include<string>     // 표준 라이브러리 기능에 접근할 수 있다
using namespace std; // std:: 접미사 없이 std라는 이름을 사용할 수 있다

string s {"C++ is a general-purpose programming language"}; // OK: string은
                                                     std::string이다
```

네임스페이스의 모든 이름을 전역 네임스페이스에 넣는 것은 일반적으로 현명하지 못하다. 하지만 이 책에서는 표준 라이브러리만 사용하므로 표준 라이브러리에서 무엇을 제공하는지 알아두면 좋다.

표준 라이브러리는 std에 몇 가지 하위 네임스페이스를 제공하며, 명시적 동작을 통해서만 접근할 수 있다.

- std::chrono: std::literals::chrono_literals를 포함한 chrono의 모든 기능 (16.2절)
- std::literals::chrono_literals: 연도에는 접미사 y, 날짜에는 d, 시간에는 h, 분에는 min, 밀리초에는 ms, 나노초에는 ns, 초에는 s, 마이크로초에는 us(16.2절)
- std::literals::complex_literals: double 허수에는 접미사 i, float 허수에는 if, long double 허수에는 il(6.6절)
- std::literals::string_literals: 문자열에는 접미사 s(6.6절, 10.2절)
- std::literals::string_view_literals: 문자열 뷰에는 접미사 sv(10.3절)
- 수학 상수에는 std::numbers(17.9절)
- 다형 메모리 자원에는 std::pmr(12.7절)

하위 네임스페이스의 접미사를 사용하려면 어떤 네임스페이스에 들어 있는지 알려야 한다. 예제로 보자.

```
// complex_literals를 언급하지 않았다
auto z1 = 2+3i;   // 오류: 'i'라는 접미사가 없음

using namespace literals::complex_literals; // 복소수 리터럴임을 보였다
auto z2 = 2+3i;   // ok: z2는 complex<double>이다
```

무엇을 하위 네임스페이스에 넣어야 하는지 일관되게 설명하긴 어렵다. 하지만 접미사는 명시적으로 한정할 수 없고 접미사 집합 하나만 모호하지 않게 어떤 범위 안으로 가져올 수 있다. 따라서 다른 라이브러리(그 라이브러리만의 접미사를 정의할 수도 있는)와 동작할 라이브러리의 접미사는 하위 네임스페이스에 넣는다.

9.3.2 ranges 네임스페이스

표준 라이브러리는 sort()와 copy() 같은 알고리듬을 두 가지 버전으로 제공한다.

- 반복자 쌍을 받는 전통적인 시퀀스 버전. 예를 들어 sort(begin(v),v.end())
- 범위 하나를 받는 범위 버전. 예를 들어 sort(v)

이상적으로는 별다른 구분 없이 위 두 버전을 완전히 오버로딩할 수 있어야 한다. 하지만 그렇지 못하다. 예제로 보자.

```
using namespace std;
using namespace ranges;

void f(vector<int>& v)
{
  sort(v.begin(),v.end());  // 오류: 모호함
  sort(v);                  // 오류: 모호함
}
```

가존의 제한되지 않은 템플릿을 사용하는 경우 표준에서는 모호하지 않도록 명시적으로 표준 라이브러리 알고리듬의 범위^{range} 버전을 범위^{scope} 안으로 명시적으로 넣게 한다.

```
using namespace std;

void g(vector<int>& v)
{
  sort(v.begin(),v.end());     // OK
  sort(v);                     // 오류: (std 안에) 일치하는 함수가 없음
  ranges::sort(v);             // OK
  using ranges::sort;          // 여기서부터는 sort(v) OK
  sort(v);                     // OK
}
```

9.3.3 모듈

표준 라이브러리 모듈은 현재 존재하지 않는다. C++23에서 (위원회 시간 부족으로) 누락된

이 부분을 개선할 가능성이 높다. 우선은 namespace std의 모든 기능을 제공하면서 표준이 될 가능성이 높은 module std를 사용하겠다. 부록 A를 참고한다.

9.3.4 헤더

다음 표는 표준 라이브러리 헤더 모음이다. 선언은 네임스페이스 std 안에 들어 있다.

몇 가지 표준 라이브러리 헤더		
<algorithm>	copy(), find(), sort()	13장
<array>	array	15.3.1절
<chrono>	duration, time_point, month, time_zone	16.2절
<cmath>	sqrt(), pow()	17.2절
<complex>	complex, sqrt(), pow()	17.4절
<concepts>	floating_point, copyable, predicate, invocable	14.5절
<filesystem>	path	11.9절
<format>	format()	11.6.2절
<fstream>	fstream, ifstream, ofstream	11.7.2절
<functional>	function, greater_equal, hash, range_value_t	16장
<future>	future, promise	18.5절
<ios>	hex, dec, scientific, fixed, defaultfloat	11.6.2절
<iostream>	istream, ostream, cin, cout	11장
<map>	map, multimap	12.6절
<memory>	unique_ptr, shared_ptr, allocator	15.2.1절
<random>	default_random_engine, normal_distribution	17.5절
<ranges>	sized_range, subrange, take(), split(), iterator_t	14.1절
<regex>	regex, smatch	10.4절
<string>	string, basic_string	10.2절
<string_view>	string_view	10.3절
<set>	set, multiset	12.8절
<sstream>	istringstream, ostringstream	11.7.3절
<stdexcept>	length_error, out_of_range, runtime_error	4.2절
<tuple>	tuple, get<>(), tuple_size<>	15.3.4절
<thread>	thread	18.2절
<unordered_map>	unordered_map, unordered_multimap	12.6절
<utility>	move(), swap(), pair	16장
<variant>	variant	15.4.1절
<vector>	vector	12.2절

위 목록은 극히 일부에 불과하다.

<stdlib.h>처럼 C 표준 라이브러리 헤더가 제공된다. 각 헤더마다 c를 접두사로 붙이고 .h를 제거한 이름도 존재한다. <cstlib> 같은 이러한 헤더의 선언은 std와 전역 네임스페이스 둘 다에 들어간다.

헤더는 표준 라이브러리 개발 역사를 반영한다. 그래서 생각만큼 논리적이거나 기억하기 쉽지 않다. std(9.3.3절) 같은 모듈로 대신하는 한 가지 이유이다.

9.4 조언

[1] 쓸데없이 시간을 낭비하지 말고 라이브러리를 사용하자(9.1절). [CG: SL.1]

[2] 선택할 수 있다면 다른 라이브러리보단 표준 라이브러리를 택하자(9.1절). [CG: SL.2]

[3] 표준 라이브러리가 항상 이상적이라고 생각하지 말자(9.1절).

[4] 모듈을 사용하지 않으면 적절한 헤더를 반드시 #include해야 한다(9.3.1절).

[5] 표준 라이브러리 기능은 네임스페이스 std에 정의된다(9.3.1절). [CG: SL.3]

[6] ranges를 사용할 땐 명시적으로 알고리듬명을 한정해야 한다(9.3.2절).

[7] 헤더 파일을 #include하기 보다는 module을 import하자(9.3.3절).

10

문자열과 정규식

튀지 말고 정석대로.

— 스트렁크와 화이트^{Strunk & White}

- 소개
- 문자열
    - string 구현
- 문자열 뷰
- 정규식
    - 검색, 정규식 표기, 반복자
- 조언

10.1 소개

텍스트 처리는 대부분의 프로그램에서 중요하다. C++ 표준 라이브러리는 사용자가 C 방식으로 포인터를 통해 문자 배열을 처리하지 않도록 string 타입을 제공한다. string_view 타입으로 문자 시퀀스를 처리할 수 있으나 (std::string이나 char[] 안에) 문자 시퀀스로 저장될 수 있다. 또한 텍스트에서 패턴을 찾는 정규식 매칭도 제공한다. C++ 정규식은 대부분의 모던 언어에 일반적으로 쓰이는 형식과 비슷하다. string과 regex 객체 둘 다에 다양한 문자 타입(예를 들어 Unicode)을 사용할 수 있다.

10.2 문자열

표준 라이브러리는 string 타입을 제공해 문자열 리터럴(1.2.1절)을 보완한다. 다양한 문자 타입의 문자 시퀀스를 저장하고 조작할 수 있도록 string은 regular 타입(8.2절, 14.5절)이다. string 타입은 이어 붙이기 같은 다수의 유용한 문자열 연산을 제공한다. 예제로 보자.

```
string compose(const string& name, const string& domain)
{
  return name + '@' + domain;
}

auto addr = compose("dmr","bell-labs.com");
```

예제의 addr은 문자 시퀀스 dmr@bell-labs.com으로 초기화된다. string에서 "덧셈addition"은 이어 붙이기를 의미한다. string이나 문자열 리터럴, C 스타일 문자열, 문자를 문자열에 이어 붙일 수도 있다. 표준 string은 이동 생성자를 포함하므로 값으로 긴 문자열을 반환해도 효율적이다(6.2.2절).

많은 애플리케이션에서 가장 일반적으로 쓰이는 이어 붙이기는 문자열 끝에 무언가를 추가하는 형태다. += 연산으로 바로 지원된다. 예제로 보자.

```
void m2(string& s1, string& s2)
{
  s1 = s1 + '\n'; // 개행 문자 이어 붙이기
  s2 += '\n';      // 개행 문자 이어 붙이기
}
```

두 가지 방법으로 문자열 끝에 추가했는데 결과는 같아도 두 번째 방법이 낫다. 무엇을 하는지 더 명시적이며 간결하고 때로는 더 효율적이다.

문자열은 가변이다. =와 += 외에 첨자 지정([ ] 사용)과 부분 문자열 연산도 지원한다. 예제로 보자.

```
string name = "Niels Stroustrup";

void m3()
{
  string s = name.substr(6,10); // s = "Stroustrup"
  name.replace(0,5,"nicholas"); // name은 "nicholas Stroustrup"이 된다
  name[0] = toupper(name[0]);    // name은 "Nicholas Stroustrup"이 된다
}
```

substr() 연산은 인수가 가리키는 부분 문자열의 복사본인 string을 반환한다. 첫 번째 인수는 string에서 시작할 인덱스(위치)이고 두 번째 인수는 원하는 부분 문자열의 길이이다. 인덱스는 0부터 시작하므로 s는 값 Stroustrup이 된다.

replace() 연산은 부분 문자열을 어떤 값으로 치환한다. 예제에서는 0부터 시작하는 길이가 5인 부분 문자열 Niels를 nicholas로 치환했다. 이어서 첫 문자를 대문자로 치환했다. 이로써 name의 최종 값은 Nicholas Stroustrup이 된다. 치환할 문자열이 부분 문자열과 길이가 같지 않아도 된다는 점에 주목하자.

유용한 string 연산으로는 할당(= 사용), 첨자 지정([ ] 또는 vector에는 at() 사용. 12.2.2절), 비교(==와 != 사용), 사전순 정렬(<, <=, >, >= 사용), 반복(반복자와 vector에는 begin(), end() 사용. 13.2절), 입력(11.3절), 스트리밍(11.7.3절)이 있다.

물론 string끼리 비교하거나 string을 C 스타일 문자열(1.7.1절) 또는 문자열 리터럴과 비교해도 된다. 예제로 보자.

```
string incantation;

void respond(const string& answer)
{
  if (answer == incantation) {
    // ... 마법을 부린다 ...
  }
  else if (answer == "yes") {
    // ...
  }
```

```
  // ...
}
```

C 스타일 문자열(0으로 끝나는 char 배열)로 사용할 수 있도록 string은 그 string에 포함된 문자의 읽기 전용 접근(c_str()과 data())도 제공한다. 예제로 보자.

```
void print(const string& s)
{
  printf("For people who like printf: %s\n",s.c_str()); // s.c_str()은 s 내 문자들로의
                                                                포인터를 반환한다
  cout << "For people who like streams: " << s << '\n';
}
```

정의에 따라 문자열 리터럴은 const char*다. std::string 타입의 리터럴로 사용하려면 s 접두사를 붙인다. 예제로 보자.

```
auto cat = "Cat"s; // std::string
auto dog = "Dog";  // C 스타일 문자열: const char*
```

s 접두사를 붙이려면 std::literals::string_literals 네임스페이스를 사용해야 한다 (6.6절).

10.2.1 string 구현

문자열 클래스 구현은 매우 유용한 연습 문제로 알려져 있다. 하지만 고심해서 만든 첫 번째 string은 일반적으로 쓰이기에는 편의성이나 성능 측면에서 표준 string과 거리가 멀다. 근래에는 string을 대개 짧은 문자열 최적화short-string optimization로 구현한다. 즉, 짧은 문자열 값은 string 객체 자체에 보관하고, 긴 문자열은 자유 저장소로 보낸다. 다음 예제를 보자.

```
string s1 {"Annemarie"};            // 짧은 문자열
string s2 {"Annemarie Stroustrup"}; // 긴 문자열
```

다음 그림은 두 문자열의 메모리 레이아웃이다.

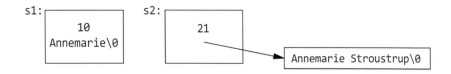

string의 값이 짧은 문자열에서 긴 문자열로 바뀌면 (혹은 그 반대이면) 표현도 적절히 조정된다. "짧은" 문자열이란 문자 몇 개를 말할까? 구현에서 정의하기 나름이지만 "대략 14개" 정도이다.

string의 실제 성능은 런타임 환경에 따라 크게 좌우된다. 특히 다중 스레드 구현에서는 메모리 할당 비용이 상대적으로 크다. 길이가 다른 문자열을 여러 개 사용할 경우 메모리 단편화memory fragmentation가 발생하기도 한다. 그래서 대부분의 구현에 짧은 문자열 최적화를 사용한다.

다중 문자셋을 처리할 때는 문자 타입 char로 이뤄진 일반적인 템플릿 basic_string의 에일리어스alias로 string을 사용한다.

```
template<typename Char>
class basic_string {
  // ... Char의 문자열 ...
};
```

```
using string = basic_string<char>;
```

사용자는 임의의 문자 타입으로 된 문자열을 정의할 수 있다. 예를 들어 일본어 문자 타입을 Jchar라고 가정하면 다음과 같이 작성할 수 있다.

```
using Jstring = basic_string<Jchar>;
```

이렇게 하면 일본어 문자들의 문자열인 Jstring에 일반적인 문자열 연산을 수행할 수 있다.

10.3 문자열 뷰

문자 시퀀스는 일반적으로 어떤 함수에 전달돼 읽힌다. string을 값으로 전달하거나 문자열로의 참조로 전달하거나 C 스타일 문자열로 전달한다. 표준에서 제공하지 않는 문자열 타입 등의 다른 형태로 전달하는 시스템도 많다. 어떤 경우이든 부분 문자열을 전달하려면 복잡도가 늘어난다. 이를 해결하기 위해 표준 라이브러리는 string_view를 제공한다. string_view는 간단히 말해 문자 시퀀스를 나타내는 (포인터, 길이) 쌍이다.

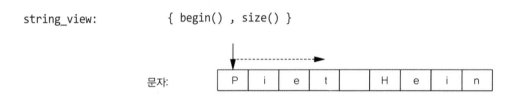

string_view는 인접한 문자 시퀀스에 접근하게 해준다. 문자는 string과 C 스타일 문자열 등 여러 가지 방법으로 저장할 수 있다. 가리키는 문자들을 소유하지 않는다는 점에서 string_view는 포인터나 참조와 비슷하다. 반복자의 STL 쌍(13.3절)과도 닮았다.

두 문자열을 이어 붙이는 간단한 함수를 생각해보자.

```
string cat(string_view sv1, string_view sv2)
{
  string res {sv1};  // sv1으로 초기화한다
  return res += sv2; // sv2를 이어 붙여서 반환한다
}
```

이제 cat()을 호출해보자.

```
string king = "Harold";
auto s1 = cat(king,"William");          // HaroldWilliam: string과 const char*
auto s2 = cat(king,king);               // HaroldHarold: string과 string
auto s3 = cat("Edward","Stephen"sv);    // EdwardStephen: const char*와 string_view
auto s4 = cat("Canute"sv,king);         // CanuteHarold
auto s5 = cat({&king[0],2},"Henry"sv);  // HaHenry
auto s6 = cat({&king[0],2},{&king[2],4}); // Harold
```

위 cat()은 const string&를 인수로 받는 compose()(10.2절)보다 세 가지 면에서 낫다.

- 여러 다양한 방법으로 처리되는 문자 시퀀스에 사용할 수 있다.
- 부분 문자열을 전달하기 쉽다.
- C 스타일 문자열 인수를 전달할 때 string을 생성하지 않아도 된다.

위 코드에서 sv("문자열 뷰")라는 접미사를 사용했다. 이렇게 하려면 선언부터 해야 한다.

```
using namespace std::literals::string_view_literals; // 6.6절
```

왜 접미사를 붙일까? "Edward"를 전달할 때 const char*로부터 string_view를 생성해야 하는데 이때 문자수를 세어야 하기 때문이다. "Stephen"sv의 길이는 컴파일 타임에 계산된다.

string_view는 범위를 정의하므로 뷰 내 문자를 순회할 수 있다. 예제로 보자.

```
void print_lower(string_view sv1)
{
  for (char ch : sv1)
    cout << tolower(ch);
}
```

다만 string_view에는 문자들의 읽기 전용 뷰라는 중대한 제약이 따른다. 예를 들어 인수를 소문자로 수정하는 함수에는 문자를 string_view로 전달할 수 없다. 대신 span을 사용하자(15.2.2절).

string_view는 일종의 포인터라서 사용하려면 무언가를 가리켜야 한다.

```
string_view bad()
{
  string s = "Once upon a time";
  return {&s[5],4}; // 오류: 지역변수를 가리키는 포인터를 반환한다
}
```

위 예제에서 반환할 string은 문자를 사용하기도 전에 소멸된다.

string_view의 범위를 벗어나 접근하면 어떻게 동작할지 아무도 모른다. 범위 검사를 보장하려면 at()을 사용해 범위를 벗어난 접근 시도에 out_of_range를 던지거나 gsl::span<char>(15.2.2절)를 사용하자.

10.4 정규식

정규식은 텍스트를 처리하는 강력한 도구이다. 단순하고 간결하게 텍스트 내 패턴을 묘사할 수 있고(TX 77845 같은 미국 우편번호나 2009-06-07 같은 ISO 형식의 날짜 등), 효율적으로 이러한 패턴을 찾을 수 있다. 표준 라이브러리는 <regex>에서 std::regex 클래스 형태로 정규식과 관련 함수를 지원한다. regex 라이브러리가 어떻게 쓰이는지 보이기 위해 패턴 하나를 정의해 출력하겠다.

```
regex pat {R"(\w{2}\s*\d{5}(-\d{4})?)"}; // 미국 우편번호 패턴: XXddddd-dddd 및 그 변형
```

어떤 언어로든 정규식을 사용해 봤다면 \w{2}\s*\d{5}(-\d{4})?가 낯설지 않을 것이다. 문자 2개인 \w{2}로 시작해 선택적으로 \s*가 오고, 이어서 숫자 5개인 \d{5}에 이어 선택적으로 대시와 숫자 4개인 -\d{4})가 오는 패턴을 명시한다. 정규식에 익숙하지 않다면 지금 바로 배우자([Stroustrup, 2009], [Maddock, 2009], [Friedl, 1997]).

패턴은 R"(로 시작해)"로 끝나는 원시 문자열 리터럴로 표현하겠다. 이렇게 하면 문자열 안에 백슬래시와 따옴표를 사용할 수 있다. 원시 문자열은 백슬래시를 많이 포함하므로 정규식에 특히 알맞다. 일반적인 문자열을 사용했다면 패턴은 다음과 같이 정의된다.

```
regex pat {"\\w{2}\\s*\\d{5}(-\\d{4})?"}; // 미국 우편번호 패턴
```

표준 라이브러리는 <regex>에서 다음과 같이 정규식을 지원한다.

- regex_match(): 정규식을 (알려진 크기의) 문자열과 대조해본다(10.4.2절).
- regex_search(): (임의의 긴) 데이터 스트림에서 정규식에 부합하는 문자열을 찾는다(10.4.1절).

- regex_replace(): (임의의 긴) 데이터 스트림에서 정규식에 부합하는 문자열들을 찾아 치환한다.
- regex_iterator: 부합하는 부분과 부분 부합하는 부분을 순회한다(10.4.3절).
- regex_token_iterator: 부합하지 않는 부분을 순회한다.

10.4.1 검색

패턴을 사용하는 가장 간단한 방법은 스트림 검색이다.

```
int lineno = 0;
for (string line; getline(cin,line); ) {  // line 버퍼로 읽어들인다
  ++lineno;
  smatch matches;                          // 일치하는 문자열을 여기로 보낸다
  if (regex_search(line,matches,pat))      // line에서 pat을 찾는다
    cout << lineno << ": " << matches[0] << '\n';
}
```

regex_search(line,matches,pat)은 pat에 저장된 정규식과 부합하는 문자열을 line에서 찾아 하나라도 찾으면 matches에 저장한다. 찾지 못하면 regex_search(line,matches, pat)은 false를 반환한다. matches 변수는 smatch 타입이다. "s"는 "sub" 또는 "string"의 머릿글자로서 smatch는 string 타입의 부분 부합을 모아 놓은 vector이다. 예제에서 첫 번째 원소 matches[0]은 완전 부합이다. regex_search()의 결과는 부합한 문자열들의 모음이며 일반적으로 smatch로 표현된다.

```
void use()
{
  ifstream in("file.txt"); // 입력 파일
  if (!in) {                      // 파일이 열렸는지 검사한다
    cerr << "no file\n";
    return;
  }

  regex pat {R"(\w{2}\s*\d{5}(-\d{4})?)"};  // 미국 우편번호 패턴
```

```
    int lineno = 0;
    for (string line; getline(in,line); ) {
      ++lineno;
      smatch matches;  // matched strings go here
      if (regex_search(line, matches, pat)) {
        cout << lineno << ": " << matches[0] << '\n';  // 완전 부합
        if (1<matches.size() && matches[1].matched)    // 부분 패턴이 있고 부합하면
          cout << "\t: " << matches[1] << '\n';         // 부분 부합
      }
    }
}
```

위 함수는 파일을 읽어 TX77845와 DC 20500-0001 같은 미국 우편번호를 찾는다. smatch 타입은 정규식^{regex} 결과의 컨테이너이다. 예제에서 matches[0]은 전체 패턴과 일치하고 matches[1]은 선택적으로 있을 수 있는 숫자 4개로 된 부분 패턴 (-\d{4})?와 일치한다.

개행 문자 \n이 패턴에 속할 수 있으므로 여러 행 패턴을 찾을 수 있다. 물론 이렇게 하려면 한 번에 한 줄만 읽어서는 안 된다.

정규식 문법과 시맨틱은 효율적 실행을 위해 정규식을 상태 머신으로 컴파일할 수 있도록 디자인된다[Cox, 2007]. regex 타입은 이러한 컴파일을 런타임에 수행한다.

10.4.2 정규식 표기

regex 라이브러리는 정규식의 몇 가지 변형된 표기를 이해한다. 여기서는 기본 표기인 ECMA 스크립트(흔히 자바스크립트라 부름)에 쓰이는 ECMA 표준의 변형을 사용하겠다. 정규식 문법은 다음과 같은 특수 문자^{special character}에 기반한다.

정규식 특수 문자			
.	문자 클래스를 시작한다	\	이어지는 문자에 특별한 의미가 있다
[	문자 클래스를 시작한다	*	0개 이상(접미사 연산)
]	문자 클래스를 끝낸다	+	1개 이상(접미사 연산)
{	개수를 시작한다	?	선택(0개 또는 1개)(접미사 연산)
}	개수를 끝낸다	|	대안(또는)
(	그룹핑을 시작한다	^	행 시작, 부정
)	그룹핑을 끝낸다	$	행 끝

예를 들어 0개 이상의 A로 시작해 1개 이상의 B가 나오고 마지막에 선택적으로 C로 끝나는
행은 다음과 같이 명시한다.

^A*B+C?$

다음은 위 정규식에 부합하는 행들이다.

AAAAAAAAAAAABBBBBBBBBC
BC
B

다음은 부합하지 않는다.

```
AAAAA      // B가 없음
 AAAAABC    // 공백으로 시작
AABBCC     // C가 너무 많음
```

괄호로 감싼 패턴의 일부를 부분 패턴(smatch로부터 별도로 추출할 수 있음)으로 본다. 예제로
보자.

```
\d+-\d+      // 부분 패턴 없음
\d+(-\d+)    // 부분 패턴 1개
(\d+)(-\d+)  // 부분 패턴 2개
```

패턴에 접미사를 추가해 선택적 또는 반복적으로(원래는 1번) 만들 수 있다.

반복	
{ n }	정확히 n번 반복
{ n, }	n번 이상 반복
{n,m}	최소 n번, 최대 m번 반복
*	0번 이상 반복, 즉 {0,}
+	1번 이상 반복, 즉 {1,}
?	선택(0번 또는 1번), 즉 {0,1}

예제로 보자.

A{3}B{2,4}C*

다음은 위 정규식에 부합하는 예이다.

AAABBC
AAABBB

다음은 부합하지 않는다.

AABBC // A가 너무 적다
AAABC // B가 너무 적다
AAABBBBBCCC // B가 너무 많다

모든 반복 표기(?, *, +, {}) 뒤에 나오는 접미사 ?는 패턴 매처를 "게으르게" 또는 "욕심 없이" 만든다. 즉, 패턴을 찾을 때 가장 긴 패턴이 아니라 가장 짧은 패턴을 찾는다. 기본적으로 패턴 매처는 항상 가장 길게 부합하는 패턴을 찾는데 이를 크게 베어 먹기 규칙Max Munch rule이라 부른다. 예제로 보자.

ababab

패턴 (ab)+는 ababab 전부와 부합한다. 하지만 (ab)+?는 첫 번째 ab와만 부합한다.

다음 표에 자주 쓰이는 문자 클래스 이름을 나열했다.

문자 클래스	
alnum	모든 알파벳과 숫자 문자
alpha	모든 알파벳 문자
blank	줄 구분 기호를 제외한 모든 여백 문자
cntrl	모든 제어 문자
d	모든 십진 숫자
digit	모든 십진 숫자
graph	모든 그래픽 문자
lower	모든 소문자
print	모든 인쇄 가능 문자
punct	모든 구두 문자
s	모든 여백 문자
space	모든 여백 문자
upper	모든 대문자
w	모든 단어 문자(알파벳과 숫자, 밑줄)
xdigit	모든 16진수 숫자 문자

정규식에서 문자 클래스 이름은 [: :]로 감싸야 한다. 예를 들어 [:digit:]는 십진 숫자와 부합한다. 또한 문자 클래스를 정의하는 [ ] 쌍 안에 쓰여야 한다.

몇몇 문자 클래스는 축약 표기를 가진다.

문자 클래스 축약		
\d	십진 숫자	[[:digit:]]
\s	공백(스페이스, 탭 등)	[[:space:]]
\w	글자(a–z)나 숫자(0–9)나 밑줄(_)	[_[:alnum:]]
\D	\d가 아닌 문자	[^[:digit:]]
\S	\s가 아닌 문자	[^[:space:]]
\W[	\w가 아닌 문자	[^_[:alnum:]]

정규식을 지원하는 언어는 종종 다음과 같은 축약도 제공한다.

표준은 아니지만 자주 쓰이는 문자 클래스 축약		
\l	소문자	[[:lower:]]
\L	대문자	[[:upper:]]
\l	\l이 아닌 문자	[^[:lower:]]
\U	\u가 아닌 문자	[^[:upper:]]

완벽한 이식성을 위해 축약보다는 문자 클래스 이름을 사용하자.

C++ 식별자를 묘사하는 패턴을 예제로 작성해보자. 밑줄이나 글자 하나 뒤에 글자나 숫자, 밑줄 시퀀스가 나오거나 안 나올 수도 있다. 미묘하게 실수할 수 있는 부분을 보이기 위해 잘못된 예 몇 가지를 소개하겠다.

```
[:alpha:][:alnum:]*                  // 틀렸다: ":alpha" 집합 뒤에 문자들이 이어진다
[[:alpha:]][[:alnum:]]*              // 틀렸다: 밑줄을 허용하지 않는다('_'는 alpha가 아니다)
([[:alpha:]]|_)[[:alnum:]]*          // 틀렸다: 밑줄은 alnum에도 속하지 않는다

([[:alpha:]]|_)([[:alnum:]]|_)*      // 맞지만 투박하다
[[:alpha:]_][[:alnum:]_]*            // 맞다: 문자 클래스들에 밑줄을 포함한다
[_[:alpha:]][_[:alnum:]]*            // 맞다
[_[:alpha:]]\w*                      // \w는 [_[:alnum:]]과 동등하다
```

끝으로 가장 간단한 regex_match()를 사용해 어떤 문자열이 식별자인지 알아내는 함수를 살펴보자.

```
bool is_identifier(const string& s)
{
    regex pat {"[_[:alpha:]]\\w*"}; // 밑줄이나 글자 뒤에 0개 이상의 밑줄이나 글자, 숫자
    return regex_match(s,pat);
}
```

보다시피 백슬래시 2개를 사용해 원래 문자열 리터럴에 백슬래시를 넣었다. 특수문자와 관련된 문제를 방지하려면 원시 문자열 리터럴(10.4절)을 사용하자. 예제로 보자.

```
bool is_identifier(const string& s)
{
```

```
  regex pat {R"([_[:alpha:]]\w*)"};
  return regex_match(s,pat);
}
```

다음은 몇 가지 패턴 예제이다.

```
Ax*               // A, Ax, Axxxx
Ax+               // Ax, Axxx (A는 아니다)
\d-?\d            // 1-2, 12 (1--2는 아니다)
\w{2}-\d{4,5}     // Ab-1234, XX-54321, 22-5432 (숫자는 \w에 속한다)
(\d*:)?(\d+)      // 12:3, 1:23, 123, :123 (123:은 아니다)
(bs|BS)           // bs, BS (bS는 아니다)
[aeiouy]          // a, o, u (영어 모음이며, x는 아니다)
[^aeiouy]         // x, k (영어 모음이 아니며 e는 아니다)
[a^eiouy]         // a, ^, o, u (영어 모음이거나 ^)
```

잠재적으로 sub_match로 표현될 group(부분 패턴)은 괄호로 구분한다. 부분 패턴을 정의해서는 안 되는 괄호가 필요하면 일반적인 (대신 (?:를 사용한다. 예제로 보자.

(\s|:|,)*(\d*) // 선택적으로 공백, 콜론, 그리고/혹은 콤마가 나온 후 선택적으로 숫자가 나온다

숫자 앞에 문자들(아마도 구분자)이 무엇이든 상관없다면 다음과 같이 써도 된다.

(?:\s|:|,)*(\d*) // 선택적으로 공백, 콜론, 그리고/혹은 콤마가 나온 후 선택적으로 숫자가 나온다

이렇게 하면 정규식 엔진이 첫 번째 문자를 저장하지 않아도 된다. (?: 변형은 부분 패턴 하나만 포함한다.

정규식 그룹핑 예제	
\d*\s\w+	그룹(부분 패턴)이 없음
(\d*)\s(\w+)	두 그룹
(\d*)(\s(\w+))+	두 그룹(그룹이 중첩되지 않는다)
(\s*\w*)+	한 그룹. 하나 이상의 부분 패턴 마지막 부분 패턴만 sub_match로 저장된다
<(.*?)>(.*?)</\1>	세 그룹. \1은 "그룹1과 같다"는 뜻이다

마지막 패턴은 XML 파싱에 유용하다. 태그와 종료 태그 마커를 찾아낸다. 보다시피 태그와 종료 태그 사이의 부분 패턴에 욕심 없는 매치(게으른 매치)인 .*?를 사용했다. 일반적인 .*를 사용했다면 아래 입력이 문제를 일으켰을 것이다.

Always look on the bright side of life.

첫 번째 부분 패턴의 욕심내는 매치greedy match는 첫 번째 <와 마지막 >에 부합한다. 올바른 동작이나 프로그래머가 원하는 결과는 아니다.

정규식에 대한 보다 자세한 설명은 [Friedl, 1997]을 참고한다.

10.4.3 반복자

패턴에 부합하는 문자열을 찾기 위해 문자 시퀀스를 순회하는 regex_iterator를 정의할 수 있다. 예를 들어 sregex_iterator(regex_iterator<string>)으로 한 string 내 여백으로 구분된 단어들을 모두 출력할 수 있다.

```
void test()
{
  string input = "aa as; asd ++eˆasdf asdfg";
  regex pat {R"(\s+(\w+))"};
  for (sregex_iterator p(input.begin(),input.end(),pat); p!=sregex_iterator{}; ++p)
    cout << (*p)[1] << '\n';
}
```

출력은 다음과 같다.

```
as
asd
asdfg
```

첫 번째 단어 aa에 앞에 여백이 없어 출력되지 못했다. 패턴을 R"((\w+))"로 단순화하면 다음과 같이 출력된다.

```
aa
as
asd
e
asdf
asdfg
```

regex_iterator는 양방향 반복자이므로 istream(입력 반복자만 제공)을 직접 순회할 수 없다. 또한 regex_iterator를 작성할 수 없으며 가능한 end-of-sequence는 기본 regex_iterator(regex_iterator{})뿐이다

10.5 조언

[1]   std::string을 사용해 문자 시퀀스를 소유하자(10.2절). [CG: SL.str.1]

[2]   C 스타일의 문자열 함수 대신 string 연산을 사용하자(10.1절).

[3]   string을 기반 클래스로서가 아니라 변수와 멤버를 선언하는 데 사용하자(10.2절).

[4]   string을 값으로 반환하자(이동 시맨틱과 복사 생략elision을 이용한다)(10.2절, 10.2.1절). [CG: F.15]

[5]   직접 혹은 간접적으로 substr()로 부분 문자열을 읽고 replace()로 부분 문자열을 작성하자(10.2절).

[6]   string은 필요에 따라 늘어나거나 줄어들 수 있다(10.2절).

[7]   범위 검사를 하려면 반복자 대신 at()이나 [ ]를 사용하자(10.2절, 10.3절).

[8]   속도를 최적화하려면 at() 대신 반복자와 [ ]를 사용하자(10.2절, 10.3절).

[9]   범위 기반 for로 안전하게 범위 검사를 최소화하자(10.2절, 10.3절).

[10]   string 입력은 오버플로우하지 않는다(10.2절, 11.3절).

[11]   꼭 필요하다면 c_str()이나 data()를 사용해 C 스타일의 string 문자열 표현을 생성하자(10.2절).

[12]   문자열의 수 변환에는 stringstream이나 제네릭 값 추출 함수(to<X> 같은)를 사용하자(11.7.3절).

[13] basic_string은 모든 타입의 문자들의 문자열을 만드는 데 사용할 수 있다(10.2.1절).

[14] 표준 라이브러리 string으로 쓰일 문자열 리터럴에는 s 접미사를 사용한다(10.3절). [CG: SL.str.12]

[15] 다양한 방법으로 저장된 문자 시퀀스를 읽어야 하는 함수 인수에는 string_view를 사용하자(10.3절). [CG: SL.str.2]

[16] 다양한 방법으로 저장된 문자 시퀀스를 작성해야 하는 함수 인수에는 string_span char>를 사용하자(10.3절). [CG: SL.str.2] [CG: SL.str.11]

[17] string_view를 크기가 딸린 일종의 포인터로 생각하자. 문자를 직접 소유하지 않는다 (10.3절).

[18] 표준 라이브러리 string_view로 쓰일 문자열 리터럴에는 sv 접미사를 사용한다(10.3절).

[19] 가장 관례적으로 정규식을 사용할 때는 regex를 사용하자(10.4절).

[20] 가장 단순한 패턴을 표현할 때는 원시 문자열 리터럴을 사용하자(10.4절).

[21] regex_match()를 사용해 전체 입력과 대조하자(10.4절, 10.4.2절).

[22] regex_search()를 사용해 입력 스트림에서 패턴을 검색한다(10.4.1절).

[23] 정규식 표기는 다양한 표준에 맞게 조정될 수 있다(10.4.2절).

[24] 기본 정규식 표기는 ECMAScript의 하나다(10.4.2절).

[25] 정규식은 쓰기 전용 언어가 되기 쉬우니 제지(제한)하자(10.4.2절).

[26] 숫자 i에 쓰이는 \i는 이전 부분 패턴으로 부분 패턴을 표현하게 해준다(10.4.2절).

[27] ?로 패턴을 "게으르게" 만들자(10.4.2절).

[28] regex_iterator로 스트림을 순회하며 패턴을 찾자(10.4.3절).

11

입력과 출력

보이는 것이 전부다.

– 브라이언 W. 커니핸Brian W. Kernighan

- 소개
- 출력
- 입력
- I/O 상태
- 사용자 정의 타입의 I/O
- 포맷팅

  스트림 포맷팅, printf() 방식의 포맷팅
- 스트림

  표준 스트림, 파일 스트림, 스트링 스트림, 메모리 스트림, 동기식 스트림
- C 방식의 I/O
- 파일 시스템

  경로, 파일과 디렉터리
- 조언

11.1 소개

I/O 스트림 라이브러리는 포맷팅된 그리고 포맷팅되지 않은 텍스트와 수 값의 버퍼링된 I/O를 제공한다. 내장 타입과 타입 안전처럼 사용자 정의 타입을 지원하도록 확장할 수 있다.

파일 시스템 라이브러리는 기본적으로 파일과 디렉터리를 조작하는 기능을 제공한다.

ostream은 타입이 있는 객체를 문자 스트림(바이트)으로 변환한다.

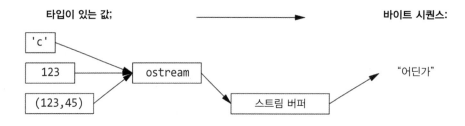

istream은 문자 스트림(바이트)을 타입이 있는 객체로 변환한다.

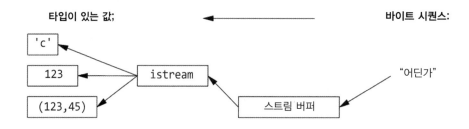

11.2절과 11.3절에서 istream과 ostream에 수행하는 연산을 설명하겠다. 각 연산은 타입 안전type-safe과 타입 민감type-sensitive이며, 사용자 정의 타입을 처리하도록 확장할 수 있다 (11.5절).

그래픽 I/O 같은 다른 형태의 사용자 인터랙션을 처리하는 라이브러리도 있으나 ISO 표준에 속하지 않으므로 따로 설명하지 않겠다.

이러한 스트림은 이진 I/O와 다양한 문자 타입에 사용할 수 있고, 로케일locale에 따라 다를 수 있으며, 고급 버퍼링 전략을 사용하는데 여기서 다룰 내용은 아니다.

스트림은 string으로의 입력이나 출력, string 버퍼(11.7.3절)나 메모리 영역(11.7.4절)으로의 포맷팅, 파일 I/O 등에 쓰인다(11.9절).

모든 I/O 스트림 클래스는 소유한 모든 자원(버퍼와 파일 핸들 등)을 해제하는 소멸자를 포함한다. 즉, "자원 획득은 초기화RAII, Resource Acquisition Is Initialization"(6.3절)의 한 예다.

11.2 출력

I/O 스트림 라이브러리는 <ostream> 안에 각 내장 타입의 출력을 정의한다. 사용자 정의 타입의 출력도 정의하기 쉽다(11.5절). << 연산자("~에 넣다")는 ostream 타입의 객체에 출력 연산자로 쓰인다. cout는 표준 출력 스트림, cerr는 오류 보고에 쓰이는 표준 스트림이다. cout에 작성된 값은 자동으로 문자 시퀀스로 변환된다. 예를 들어 십진수 10을 출력하려면 다음과 같이 작성한다.

```
cout << 10;
```

위 코드는 문자 1과 문자 0을 차례로 표준 출력 스트림에 넣는다.

다음과 같이 작성해도 동등하다.

```
int x {10};
cout << x;
```

여러 타입의 출력도 쉽게 조합된다.

```
void h(int i)
{
  cout << "the value of i is ";
  cout << i;
  cout << '\n';
}
```

h(10)을 호출하면 다음과 같이 출력된다.

the value of i is 10

관련 항목을 연이어 출력한다면 출력 스트림 이름을 반복하기 번거롭다.

다행히 출력 표현의 결과도 또 다른 출력으로 사용할 수 있다. 예제로 보자.

```
void h2(int i)
{
  cout << "the value of i is " << i << '\n';
}
```

h2()는 h()와 똑같은 출력을 생성한다.

문자 상수는 따옴표로 감싼 문자이다. 이때 문자는 수 값이 아니라 문자로서의 출력이다.

```
int b = 'b'; // 메모: char는 암묵적으로 int로 변환된다
char c = 'c';
cout << 'a' << b << c;
```

문자 'b'의 정숫값은 (저자가 사용한 C++ 구현의 ASCII 인코딩에서) 98이므로 위 코드는 a98c를 출력한다.

11.3 입력

표준 라이브러리는 <istream> 안에 입력에 필요한 istream을 제공한다. ostream처럼 istream은 내장 타입의 문자 문자열 표현을 처리하며, 사용자 정의 타입을 처리하도록 쉽게 확장할 수 있다.

>> 연산자("~에서 가져온다")는 입력 연산자로 쓰인다. cin은 표준 입력 스트림이다. >>의 우항 피연산자의 타입은 어떤 입력을 허용할지 그리고 입력 연산의 타깃이 무엇인지 결정한다. 예제로 보자.

```
int i;
cin >> i; // 정수를 i로 읽어들인다

double d;
cin >> d; // 배정밀도 부동소수점 수를 d로 읽어들인다
```

위 코드는 1234 같은 수를 표준 입력에서 읽어 정수변수 i에, 12.34e5 같은 부동소수점 수를 배정밀도 부동소수점 변수 d에 읽어들인다.

출력 연산처럼 입력 연산도 연결할 수 있으므로 다음과 같이 작성해도 동등하다.

```
int i;
double d;
cin >> i >> d; // i와 d로 읽어들인다
```

어떤 방법을 사용하든 정수 읽기는 숫자가 아닌 문자로 종료된다. >>는 기본적으로 최초 여백을 건너뛰므로 다음과 같은 입력 시퀀스가 알맞다.

```
1234
12.34e5
```

문자 시퀀스를 읽는 경우도 많다. string으로 읽어들이면 편리하다. 예제로 보자.

```
cout << "Please enter your name\n";
string str;
cin >> str;
cout << "Hello, " << str << "!\n";
```

Eric이라고 입력하면 다음과 같이 응답한다.

```
Hello, Eric!
```

기본적으로 공백이나 개행 같은 여백 문자는 읽기를 종료시키므로 요크 지방의 불운한 왕인 척하며 Eric Bloodaxe를 입력해도 여전히 다음과 같이 응답한다.

```
Hello, Eric!
```

전체 행은 getline() 함수로 읽는다. 예제로 보자.

```
cout << "Please enter your name\n";
string str;
getline(cin,str);
cout << "Hello, " << str << "!\n";
```

이제 Eric Bloodaxe를 입력하면 원하던 출력이 나온다.

```
Hello, Eric Bloodaxe!
```

행을 종료시켰던 개행 문자가 버려지므로 cin은 다음 입력 행을 기다린다.

포맷팅된 I/O 연산을 사용하면 대개 오류 발생 가능성이 적고 더 효율적이며 문자를 하나씩 조작하는 것보다 코드량이 적다. 특히 istream은 메모리 관리와 범위 검사까지 수행한다. stringstream(11.7.3절)이나 메모리 스트림(11.7.4절)을 사용해 메모리로 오가는 데이터를 포맷팅할 수 있다.

표준 문자열은 저장할 문자열 크기에 맞게 확장되는 좋은 기능을 지원하므로 최대 크기를 미리 계산하지 않아도 된다. 수 메가바이트의 세미콜론을 입력해도 hello_line()은 몇 페이지에 걸쳐 세미콜론을 다시 화면에 출력할 것이다.

11.4 I/O 상태

iostream은 연산의 성공 여부를 알려주는 상태를 포함한다. 아래처럼 값 시퀀스를 읽을 때 가장 자주 쓰인다.

```
vector<int> read_ints(istream& is)
{
  vector<int> res;
  for (int i; is>>i; )
    res.push_back(i);
  return res;
}
```

위 함수는 정수가 아닌 값이 나올 때까지 is를 읽는다. 주로 그 값은 입력의 끝이다. 위 코드에서 연산 is>>i는 is로의 참조를 반환하고, iostream 테스트는 스트림에 다른 연산을 수행할 수 있으면 true를 반환한다.

일반적으로 I/O 상태는 포맷팅 정보(11.6.2절), 오류 상태(예를 들어 입력 끝에 닿았는가?), 사용된 버퍼링 유형처럼 읽거나 쓰는 데 필요한 모든 정보를 포함한다. 특히 사용자는 오류 발생을 알려주는 상태를 설정해 심각하지 않으면 상태를 원래대로 되돌릴 수 있다. 예를 들어 종료 문자열을 허용하는 read_ints()는 다음과 같이 만든다.

```
vector<int> read_ints(istream& is, const string& terminator)
{
  vector<int> res;
  for (int i; is >> i; )
    res.push_back(i);

  if (is.eof())     // 원하던 상태: 파일 끝
    return res;
  if (is.fail()) { // int를 읽는 데 실패했다. 종료자였는가?
    is.clear();     // 상태를 good()으로 다시 할당한다
    string s;
    if (is>>s && s==terminator)
      return res;
    is.setstate(ios_base::failbit); // is의 상태에 fail()을 추가한다
  }
  return res;
}

auto v = read_ints(cin,"stop");
```

11.5 사용자 정의 타입의 I/O

내장 타입과 표준 string의 I/O 외에 iostream 라이브러리는 사용자 타입을 위한 I/O를 정의하게 해준다. 예를 들어 전화번호부 항목을 표현하는 데 사용할 간단한 타입 Entry를 생각해보자.

```
struct Entry {
  string name;
  int number;
};
```

초기화 코드와 비슷하게 {"name", number} 포맷을 사용하는 간단한 출력 연산자를 정의해 Entry를 작성할 수 있다.

```
ostream& operator<<(ostream& os, const Entry& e)
{
  return os << "{\"" << e.name << "\", " << e.number << "}";
}
```

사용자 정의 출력 연산자는 출력 스트림을 (참조로) 첫 번째 인수로 받아 결과로 변환한다.

반면 입력 연산자는 포맷팅이 올바른지 검사하고 오류를 처리해야 하므로 조금 더 복잡하다.

```
istream& operator>>(istream& is, Entry& e)
  // { "name" , number } 쌍을 읽는다. 메모: { " " , and }로 포맷팅된다
{
  char c, c2;
  if (is>>c && c=='{' && is>>c2 && c2=='"') { // {로 시작해 "가 나온다
    string name;                              // 문자열의 기본값은 빈 문자열이다: ""
    while (is.get(c) && c!='"')               // " 앞까지가 이름이다
      name+=c;

    if (is>>c && c==',') {
      int number = 0;
      if (is>>number>>c && c=='}') { // 수와 }를 읽는다
        e = {name,number};          // 항목에 할당한다
        return is;
      }
    }
  }

  is.setstate(ios_base::failbit); // 스트림에 실패를 알린다
```

226

```
    return is;
}
```

연산의 성공 여부는 입력 연산에서 반환하는 istream으로의 참조를 이용해 테스트할 수 있다. 예를 들어 조건문에서 is>>c는 "is로부터 char를 c로 읽는 데 성공했는가?"라는 의미이다.

is>>c는 기본적으로 여백을 건너뛰는데 is.get(c)는 그렇지 않으므로 위 Entry-입력 연산자는 이름 문자열 밖 여백은 무시하고 안은 그대로 둔다. 예제로 보자.

```
{ "John Marwood Cleese", 123456        }
{"Michael Edward Palin", 987654}
```

아래 코드는 위 값 쌍을 입력으로 받아 Entry로 읽어들인다.

```
for (Entry ee; cin>>ee; ) // cin에서 ee로 읽어들인다
  cout << ee << '\n';      // ee를 cout에 쓴다
```

출력은 다음과 같다.

```
{"John Marwood Cleese", 123456}
{"Michael Edward Palin", 987654}
```

10.4절에서 문자 스트림에서 패턴을 인식하는 보다 체계적인 기법(정규식 매칭)을 소개한다.

11.6 출력 포맷팅

iostream과 format 라이브러리는 입력과 출력 포맷을 제어하는 연산을 제공한다. iostream 기능은 C++과 그 역사를 같이하며, 수 스트림 포맷팅을 주로 다룬다. format 기능(11.6.2절)은 최근에 추가됐고(C++20), 값을 조합하는 printf() 방식(11.8절)의 포맷팅 명세를 주로 다룬다.

출력 포맷팅도 유니코드를 지원하나 여기서는 다루지 않는다.

11.6.1 스트림 포맷팅

조종자^{manipulator}는 가장 간단한 포맷팅 제어 방법으로서 `<ios>`, `<istream>`, `<ostream>`, `<iomanip>`에서 지원한다. 예를 들어 정수를 10진수(기본), 8진수, 16진수로 출력해보자.

```
cout << 1234 << ' ' << hex << 1234 << ' ' << oct << 1234 << dec << 1234 << '\n'; //
1234 4d2 2322 1234
```

부동소수점 수의 출력 포맷도 명시적으로 설정할 수 있다.

```
constexpr double d = 123.456;
cout << d << "; "                   // d에 기본 포맷을 사용한다
  << scientific << d << "; "        // d에 1.123e2 스타일 포맷을 사용한다
  << hexfloat << d << "; "          // d에 16진법 표기를 사용한다
  << fixed << d << "; "             // d에 123.456 스타일 포맷을 사용한다
  << defaultfloat << d << '\n'; // d에 기본 포맷을 사용한다
```

출력은 다음과 같다.

```
123.456; 1.234560e+002; 0x1.edd2f2p+6; 123.456000; 123.456
```

정밀도^{precision}는 부동소수점 수를 몇 개의 숫자로 표시할지 가리키는 정수다.

- 일반^{general} 포맷(defaultfloat)은 구현에서 가용 공간 내에 값을 최대한 보존할 수 있는 포맷을 선택하게 한다. 정밀도는 최대 숫자 수를 나타낸다.
- 과학^{scientific} 포맷(scientific)은 소수점 앞에 숫자 하나와 지수로 값을 표현한다. 정밀도는 소수점 뒤 최대 숫자 수를 나타낸다.
- 고정^{fixed} 포맷(fixed)은 정수부 뒤에 소수점과 소수부로 값을 표현한다. 정밀도는 소수점 뒤 최대 숫자 수를 나타낸다.

부동소수점 값은 단순히 내리지 않고 반올림하며, `precision()`은 정수 출력에 영향을 주지 않는다. 예제로 보자.

```
cout.precision(8);
cout << "precision(8): " << 1234.56789 << ' ' << 1234.56789 << ' ' << 123456 << '\n';
```

```
cout.precision(4);
cout << "precision(4): " << 1234.56789 << ' ' << 1234.56789 << ' ' << 123456 <<
'\n'; cout << 1234.56789 << '\n';
```

다음과 같이 출력된다.

```
precision(8): 1234.5679 1234.5679 123456
precision(4): 1235 1235 123456
1235
```

위와 같은 부동소수점 조종자는 "계속 달라붙는다". 다시 말해 다음 부동소수점 연산에 계속 영향을 미친다. 그래서 주로 값 스트림 포맷팅을 위해 디자인된다.

수가 들어갈 필드 크기와 필드 내 정렬도 명시할 수 있다.

기본 수 외에 <<는 duration, time_point year_month_date, weekday, month, zoned_time(16.2절) 같은 시간과 날짜도 처리한다. 예제로 보자.

```
cout << "birthday: " << November/28/2021 << '\n';
cout << << "zt: " << zoned_time{current_zone(), system_clock::now()} << '\n';
```

출력은 다음과 같다.

```
birthday: 2021-11-28
zt: 2021-12-05 11:03:13.5945638 EST
```

표준은 complex 수, bitset(15.3.2절), 오류 코드, 포인터에도 <<를 정의한다. 스트림 I/O는 확장 가능하므로 사용자 정의 타입(11.5절)에도 <<를 정의할 수 있다.

11.6.2 printf() 스타일 포맷팅

printf()는 C에서 가장 유명한 함수이자 C가 성공하는 데 중대한 역할을 한 함수로 여겨진다. 예제로 살펴보자.

```
printf("an int %g and a string '%s'\n",123,"Hello!");
```

위와 같은 "포맷 문자열 뒤 인수" 스타일은 BCPL에서 C로 채택됐으며, 많은 언어에서 따르고 있다. C++ 표준 라이브러리도 printf()를 항상 지원해왔으나 타입 안전이 아닌 데다 사용자 정의 타입까지 처리하는 확장성이 떨어진다.

표준 라이브러리는 <format>을 통해 확장은 되지 않지만 타입 안전인 printf() 스타일 포맷팅 메커니즘을 제공한다. 기초 함수인 format()은 string을 생성한다.

```
string s = format("Hello, {}\n", val);
```

포맷 문자열format string에서 "일반적인 문자"는 그대로 출력 string에 들어 간다. {와 }로 구분되는 포맷 문자열은 포맷 문자열 뒤에 나오는 인수를 어떻게 string에 넣을지 명시한다. 가장 간단한 포맷 문자열은 빈 문자열인 {}로서 인수 목록에서 다음 인수를 받아 기본(존재한다면) <<에 따라 출력한다. val이 "World"라면 전통적인 "Hello, World\n"가 나온다. val이 127이면 "Hello, 127\n"이 나온다.

format()은 결과를 출력하는 용도로 가장 많이 쓰인다.

```
cout << format("Hello, {}\n", val);
```

11.6.1절의 예제를 다시 가져와 어떻게 동작하는지 살펴보자.

```
cout << format("{} {:x} {:o} {:d} {:b}\n", 1234,1234,1234,1234,1234);
```

11.6.1절의 정수 예제와 출력이 같다. 다만 이진수를 위한 b는 ostream에서 직접 지원하지 않아 따로 추가했다.

기본적으로 format()은 인수를 순차적으로 받는다. 하지만 임의의 순서도 명시할 수 있다. 예제로 보자.

```
cout << format("{3:} {1:x} {2:o} {0:b}\n", 000, 111, 222, 333);
```

위 코드는 333 6f 336 0을 출력한다. 콜론 앞에 넣은 수는 포맷팅할 인수 개수다. 훌륭한 C++ 스타일이라면 번호를 0부터 매긴다. 이러한 방법으로 인수를 몇 번이고 포맷팅할 수 있다.

```
cout << format("{0:} {0:x} {0:o} {0:d} {0:b}\n", 1234); // 기본, 16진, 8진, 10진, 2진
```

인수의 "순서를 바꿔" 출력에 넣는 기능은 다양한 자연어로 이뤄진 메시지를 작성해야 하는 사용자에게 특히 유용하다.

부동소수점 포맷은 ostream에 쓰이는 포맷과 같다. e는 과학, a는 16진수, f는 고정, g는 디폴트를 나타낸다. 예제로 보자.

```
cout << format("{0:}; {0:e}; {0:a}; {0:f}; {0:g}\n",123.456); // default,
scientific, hexfloat, fixed, default
```

16진수 앞에 0x가 붙지 않는다는 점만 제외하면 ostream으로 출력했을 때와 결과가 같다.

```
123.456; 1.234560e+002; 1.edd2f2p+6; 123.456000; 123.456
```

점(.)은 정밀도 지정자precision specifier 앞에 나온다.

```
cout << format("precision(8): {:.8} {} {}\n", 1234.56789, 1234.56789, 123456);
cout << format("precision(4): {:.4} {} {}\n", 1234.56789, 1234.56789, 123456);
cout << format("{}\n", 1234.56789);
```

스트림과 달리 지정자는 "계속 달라붙지" 않으므로 결과는 다음과 같다.

```
precision(8): 1234.5679 1234.56789 123456
precision(4): 1235 1234.56789 123456
1234.56789
```

스트림 포매터와 마찬가지로 수가 들어갈 필드 크기와 필드 내 정렬도 명시할 수 있다.

스트림 포매터처럼 format()은 시간과 날짜(16.2.2절)도 처리할 수 있다. 예제로 보자.

```
cout << format("birthday: {}\n",November/28/2021);
cout << format("zt: {}", zoned_time{current_zone(), system_clock::now()});
```

늘 그랬듯이 값의 기본 포맷팅은 기본 스트림 출력 포맷팅과 동일하다. 하지만 format()은 아주 세세하게 수와 날짜를 포맷팅할 수 있는 약 60개의 포맷 지정자로 된 미니 언어를 제

공한다. 예제로 보자.

```
auto ymd = 2021y/March/30 ;
cout << format("ymd: {3:%A},{1:} {2:%B},{0:}\n", ymd.year(), ymd.month(), ymd.day(),
weekday(ymd));
```

다음과 같이 출력된다.

```
ymd: Tuesday, March 30, 2021
```

모든 시간과 날짜 포맷 문자열은 %로 시작한다.

많은 포맷 지정자를 유연하게 사용할 수 있다는 점이 때로는 요긴하지만 실수할 여지도
많다. 어떤 지정자에는 선택 옵션이 딸려 있고, 어떤 지정자는 로케일에 따라 시맨틱이 다
르다. 런타임에 포맷팅 오류를 잡으면 format_error 예외가 던져진다. 예제로 보자.

```
string ss = format("{:%F}", 2); // 오류: 인수 불일치. 잠재적으로 컴파일 타임에 잡힐 수 있다
string sss = format("{%F}", 2); // 오류: 잘못된 포맷. 잠재적으로 컴파일 타임에 잡힐 수 있다
```

지금까지 나온 예제들은 컴파일 타임에 검사할 수 있는 변하지 않는 포맷을 다뤘다. 보완 함
수 vformat()은 포맷을 변수로 받아 유연성이 높으나 그만큼 런타임 오류 가능성도 크다.

```
string fmt = "{}";
cout << vformat(fmt, make_format_args(2)); // OK
fmt = "{:%F}";
cout << vformat(fmt, make_format_args(2)); // 오류: 포맷과 인수가 일치하지 않는다.
                                           //       런타임에 잡힌다
```

끝으로 포매터는 반복자가 정의한 버퍼에도 바로 작성할 수 있다. 예제로 보자.

```
string buf;
format_to(back_inserter(buf), "iterator: {} {}\n", "Hi! ", 2022);
cout << buf; // iterator: Hi! 2022
```
스트림 버퍼를 직접 사용하거나 다른 출력 장치의 버퍼를 사용하면 성능 결과가 달라진다.

11.7 스트림

다음은 표준 라이브러리에서 직접 지원하는 기능이다.

- **표준 스트림**standard stream: 시스템의 표준 I/O 스트림에 붙는 스트림(11.7.1절)
- **파일 스트림**file stream: 파일에 붙는 스트림(11.7.2절)
- **문자열 스트림**string stream: 문자열에 붙는 스트림(11.7.3절)
- **메모리 스트림**memory stream: 특정 메모리 영역에 붙는 스트림(11.7.4절)
- **동기식 스트림**synchronized stream: 데이터 경합data race 없이 다수의 thread에 쓰일 수 있는 스트림(11.7.5절)

커뮤니케이션 채널에 붙는 스트림 등 사용자 스트림도 정의할 수 있다.

스트림은 복사할 수 없으며 항상 참조로 전달된다.

모든 표준 라이브러리 스트림은 인자가 문자 타입인 템플릿이다. 이 책에서 소개한 템플릿도 char를 받는다. 예를 들어 ostream은 basic_ostream<char>이다. 표준 라이브러리는 각 스트림마다 wchar_t를 받는 버전도 제공한다. 예를 들어 wostream은 basic_ostream<wchar_t>이다. 이러한 와이드 문자 스트림은 유니코드 문자에 쓰인다.

11.7.1 표준 스트림

표준 스트림은 다음과 같다.

- "일반적인 출력"에 쓰이는 cout
- 버퍼가 없는 "오류 출력"에 쓰이는 cerr
- 버퍼가 있는 "로깅 출력"에 쓰이는 clog
- 표준 입력에 쓰이는 cin

11.7.2 파일 스트림

표준 라이브러리는 <fstream>에 파일로 오고 가는 스트림을 제공한다.

- 파일로부터 읽는 `ifstream`

- 파일에 쓰는 `ofstream`

- 파일을 읽고 쓰는 `fstream`

예제로 보자.

```
ofstream ofs {"target"};  // "output"의 "o"
if (!ofs)
    error("couldn't open 'target' for writing");
```

파일 스트림이 올바르게 열렸는지 테스트하고 싶다면 상태를 검사하면 된다.

```
ifstream ifs {"source"};  // "input"의 "i"
if (!ifs)
    error("couldn't open 'source' for reading");
```

테스트에 성공했다고 가정하면 ofs를 (cout과 똑같은) 일반적인 ostream으로, ifs를 (cin과 똑같은) 일반적인 istream으로 사용할 수 있다.

파일이 열렸는지 보다 세밀하게 제어하는 방법과 파일 포지셔닝은 가능하지만 여기서 다루지 않는다.

파일명 구성과 파일 시스템 조작은 11.9절을 참고한다.

11.7.3 문자열 스트림

표준 라이브러리는 `<sstream>`에 string으로 오고 가는 스트림을 제공한다.

- string으로부터 읽는 `istringstream`

- string에 쓰는 `ostringstream`

- string을 읽고 쓰는 `stringstream`

예제로 보자.

```
void test()
```

```
{
  ostringstream oss;

  oss << "{temperature," << scientific << 123.4567890 << "}";
  cout << oss.view() << '\n';
}
```

ostringstream 속 내용은 str()(내용의 string 복사본)이나 view()(내용의 string_view)로 읽을 수 있다. ostringstream은 결과 문자열을 GUI에 제출하기 전에 포맷팅할 때 흔히 쓰인다. 비슷하게 GUI로부터 받은 문자열을 istringstream에 넣어 포맷팅된 입력 연산(11.3절)으로 읽을 수도 있다.

stringstream은 읽기와 쓰기에 모두 사용한다. 예를 들어 string 표현을 갖는 모든 타입을 string으로 표현될 수 있는 모든 타입으로 변환하는 연산을 정의할 수 있다.

```
template<typename Target =string, typename Source =string>
Target to(Source arg) // Source를 Target으로 변환한다
{
  stringstream buf;
  Target result;

  if (!(buf << arg)          // arg를 스트림에 쓴다
    || !(buf >> result)      // stream으로부터 result에 읽어들인다
    || !(buf >> std::ws).eof()) // stream에 남아 있는 것이 있는가?
    throw runtime_error{"to<>() failed"};

  return result;
}
```

함수 템플릿 인수를 추론할 수 없거나 기본값(8.2.4절)이 없다면 명시적으로 언급해야 한다. 즉, 다음과 같이 작성한다.

```
auto x1 = to<string,double>(1.2); // 매우 명시적이다(그리고 장황하다)
auto x2 = to<string>(1.2); // Source는 double로 추론된다
auto x3 = to<>(1.2);       // Target의 기본값은 string이고, Source는 double로 추론된다
auto x4 = to(1.2);         // <>와 중복이다
```

```
// Target의 기본값은 string이고, Source는 double로 추론된다
```

모든 함수 템플릿 인수에 기본값이 있으면 <>를 생략해도 된다.

위 예제는 언어 기능과 표준 라이브러리 기능을 합쳐 보편적이고 사용하기 편리하게 만들 수 있음을 보여주는 좋은 예이다.

11.7.4 메모리 스트림

C++ 초창기부터 사용자가 지정한 메모리 영역에 직접 읽고 쓸 수 있는 메모리 스트림을 지원했다. 그중 가장 오래된 strstream은 수십 년 전 사라졌으나 이를 대체하는 spanstream, ispanstream, ospanstream이 C++23부터 공식화될 예정이다. 하지만 이미 널리 알려져 있으니 직접 구현해보거나 GitHub를 검색해보자.

ospanstream은 인수로 string 대신 span을 받는다는 점만 제외하면 ostringstream(11.7.3절)과 비슷하게 동작하고 비슷하게 초기화된다. ospanstream을 예제로 보자.

```
void user(int arg)
{
  array<char,128> buf;
  ospanstream ss(buf);
  ss << "write " << arg << " to memory\n";
  // ...
}
```

타깃 버퍼가 오버플로우되므로 문자열 상태가 failure로 할당된다(11.4절).

ispanstream은 istringstream과 비슷하다.

11.7.5 동기식 스트림

다중 스레드 시스템에서 다음 중 하나를 충족하지 않으면 I/O가 매우 불안정해지고 엉망이 된다.

- 오직 한 thread만 스트림을 사용한다.
- 한 번에 오직 한 thread만 접근 권한을 얻도록 스트림 접근을 동기화한다.

osyncstream은 출력 연산 시퀀스를 완전히 종료시키고, 다른 thread의 작성 시도에도 불구하고 결과가 예상대로 출력 버퍼에 쓰이도록 보장한다. 예제로 보자.

```
void unsafe(int x, string& s)
{
  cout << x;
  cout << s;
}
```

여러 개의 스레드는 데이터 경합(18.2절)을 일으킬 수 있고 예상 밖의 내용이 출력될 수 있다. osyncstream으로 이를 피하자.

```
void safer(int x, string& s)
{
  osyncstream oss(cout);
  oss << x;
  oss << s;
}
```

osyncstream을 사용하는 다른 thread들은 간섭하지 않는다. cout를 사용하는 다른 thread는 직접 간섭할 수 있으니 ostringstream을 일관되게 사용하거나 오직 한 thread만 특정 출력 스트림에 출력시키자.

동시 실행은 처리하기 까다로우니 주의를 기울여야 한다(18장). 최대한 thread 간 데이터 공유를 피하자.

11.8 C 스타일 I/O

C++ 표준 라이브러리는 printf()와 scanf() 등 C 표준 라이브러리 I/O도 지원한다. 이러한 라이브러리를 자주 사용하면 타입과 보안 측면에서 안전하지 않으니 되도록 쓰지 말자.

특히 안전하고 편리한 입력에는 알맞지 않다. 사용자 정의 타입을 지원하지 않기 때문이다. C 스타일 I/O를 사용하지 않는데 I/O 성능을 높이고 싶다면 다음을 호출하자.

```
ios_base::sync_with_stdio(false); // 오버헤드가 크게 줄어든다
```

이렇게 호출하지 않으면 C 스타일 I/O와의 호환을 위해 (cin과 cout 같은) 표준 iostream이 매우 느려질 수 있다.

printf() 스타일로 출력을 포맷팅하려면 format(11.6.2절)을 사용하자. 타입 안전이고, 사용하기 더 수월하며, printf()만큼 유연하고 빠르다.

11.9 파일 시스템

대부분의 시스템은 파일file에 영구적 정보를 저장해 접근하는 파일 시스템file system 개념을 따른다. 안타깝게도 파일 시스템의 특성 및 조작 방법은 저마다 너무 다르다. 이에 대응하기 위해 <filesystem> 내 파일 시스템은 대부분의 파일 시스템의 대부분의 기능을 사용할 수 있는 균일한 인터페이스를 제공한다. <filesystem>을 사용하면 다음이 간편해진다.

- 파일 시스템 경로를 표현하고 파일 시스템을 탐색할 수 있다.
- 파일 타입과 그 타입의 권한을 알아낼 수 있다.

파일 시스템 라이브러리는 유니코드를 처리할 수 있으나 그 방법은 이 책의 범위 밖이다. 자세한 내용은 cppreference인 [Cppreference]와 Boost 파일 시스템 설명서인 [Boost]를 참고하자.

11.9.1 경로

다음 예제를 보자.

```
path f = "dir/hypothetical.cpp"; // 파일 명명

assert(exists(f)); // f는 존재해야 한다
```

```
if (is_regular_file(f)) // f가 일반 파일인가?
    cout << f << " is a file; its size is " << file_size(f) << '\n';
```

파일 시스템을 조작하는 프로그램은 하나의 컴퓨터에서 주로 다른 프로그램들과 함께 실행된다. 즉, 두 명령어 사이에서 파일 시스템의 내용이 바뀔 수 있다. 예를 들어 f가 존재한다고 완벽히 표명했더라도 f가 일반 파일인지 묻는 다음 행이 더 이상 참이 아닐 수 있다.

path는 다양한 문자셋과 여러 운영체제의 관례를 처리하는 상당히 복잡한 클래스다. 특히 아래 main()에 나타냈듯이 명령행에서 파일명을 처리할 수 있다. 예제로 보자.

```
int main(int argc, char* argv[])
{
    if (argc < 2) {
        cerr << "arguments expected\n";
        return 1;
    }

    path p {argv[1]}; // 명령행에서 path를 생성한다

    cout << p << " " << exists(p) << '\n'; // 메모: path를 string처럼 출력할 수 있다
    // ...
}
```

path의 유효성은 실제 사용될 때까지 검사되지 않는다. 또한 path의 유효성은 프로그램이 실행되는 시스템의 관례에 따라 다르다.

path는 당연히 파일을 여는 데 쓰인다.

```
void use(path p)
{
    ofstream f {p};
    if (!f) error("bad file name: ", p);
    f << "Hello, file!";
}
```

path 외에도 <filesystem>은 디렉터리를 탐색하고 찾아낸 파일의 특성을 알아내는 여러 타입을 제공한다.

파일 시스템 타입(일부)	
path	디렉터리 경로
filesystem_error	파일 시스템 예외
directory_entry	디렉터리 항목
directory_iterator	디렉터리 탐색
recursive_directory_iterator	디렉터리와 그 하위 디렉터리 탐색

간단하면서도 실제 쓰일 법한 다음 예제를 보자.

```cpp
void print_directory(path p) // p 내 모든 파일의 이름을 출력한다
try
{
  if (is_directory(p)) {
    cout << p << ":\n";
    for (const directory_entry& x : directory_iterator{p})
      cout << " " << x.path() << '\n';
  }
}
catch (const filesystem_error& ex) {
  cerr << ex.what() << '\n';
}
```

문자열은 암묵적으로 path로 변환될 수 있으므로 print_directory를 다음처럼 사용할 수 있다.

```cpp
void use()
{
  print_directory(".");  // 현재 디렉터리
  print_directory("..");  // 부모 디렉터리
  print_directory("/");  // 유닉스 루트 디렉터리
  print_directory("c:");  // 윈도우 C 드라이브

  for (string s; cin>>s; )
    print_directory(s);
}
```

하위 디렉터리까지 나열하려면 recursive_directory_iterator{p}를 사용하면 된다. 항목을 사전순으로 출력하려면 path를 vector로 복사해 출력하기 전에 정렬부터 한다.

path 클래스는 여러 가지 일반적이고 유용한 연산을 제공한다.

	경로 연산(일부) p와 p2는 path이다
value_type	파일 시스템의 네이티브 인코딩이 사용하는 문자 타입 POSIX에는 char, 윈도우에는 wchar_t
string_type	std::basic_string<value_type>
const_iterator	value_type의 path로 된 const BidirectionalIterator
lIterator with	const_iterator의 에일리어스(alias)
p=p2	p2를 p에 할당
p/=p2	파일명 구분자(기본적으로 /)로 이어 붙인 p와 p2
p+=p2	(구분자 없이) 이어 붙인 p와 p2
s=p.native()	p의 네이티브 포맷으로의 참조
s=p.string()	p의 네이티브 포맷의 string 표현
s=p.generic_string()	p의 제네릭 포맷의 string 표현
p2=p.filename()	p의 파일명 부분
p2=p.stem()	p의 스템 부분
p2=p.extension()	p의 확장자 부분
i=p.begin()	p의 원소 시퀀스의 시작 반복자
i= p.end()	p의 원소 시퀀스의 마지막 반복자
p==p2, p!=p2	p와 p2의 동등과 부등
p<p2, p<=p2, p>p2, p>=p2	사전순 비교
is>>p, os<<p	p로 오고/가는 스트림 I/O
u8path(s)	UTF-8로 인코딩된 소스 s의 경로

예제로 보자.

```
void test(path p)
{
  if (is_directory(p)) {
    cout << p << ":\n";
    for (const directory_entry& x : directory_iterator(p)) {
      const path& f = x; // 디렉터리 항목의 경로 부분을 참조한다
```

```
        if (f.extension() == ".exe")
          cout << f.stem() << " is a Windows executable\n";
        else {
          string n = f.extension().string();
          if (n == ".cpp" || n == ".C" || n == ".cxx")
            cout << f.stem() << " is a C++ source file\n";
        }
      }
    }
}
```

path를 string으로 사용하고(예를 들어 f.extension), path로부터 다양한 타입의 문자열을 추출할 수 있다(예를 들어 f.extension().string()).

명명 관례, 자연어, 문자열 인코딩은 복잡도가 다양하다. 표준 라이브러리 파일 시스템 추상은 이식성과 엄청난 간소화를 제공한다.

11.9.2 파일과 디렉터리

파일 시스템은 많은 연산을 제공하고, 운영체제 역시 각각 서로 다른 연산 집합을 제공한다. 표준 라이브러리는 매우 다양한 시스템에서 적절하게 구현될 수 있는 몇 가지 연산을 제공한다.

파일 시스템 연산(일부)	
p와 p1, p2는 path, e는 error_code, b는 성공 혹은 실패를 나타내는 불리언이다.	
exists(p)	p가 존재하는 파일 시스템 객체를 참조하는가?
copy(p1,p2)	p1에서 p2로 파일이나 디렉터리를 복사하고 오류를 예외로 보고한다.
copy(p1,p2,e)	파일이나 디렉터리를 복사하고 오류를 오류 코드로 보고한다.
b=copy_file(p1,p2)	p1에서 p2로 파일 내용을 복사하고 오류를 예외로 보고한다.
b=create_directory(p)	p라는 이름의 새 디렉터리를 생성하는데, 단 p로 가는 모든 중간 디렉터리가 존재해야 한다.
b=create_directories(p)	p라는 이름의 새 디렉터리를 생성하면서 p로 가는 모든 중간 디렉터리를 생성한다.
p=current_path()	p는 현재 작업 디렉터리이다.
current_path(p)	p를 현재 작업 디렉터리로 만든다.

파일 시스템 연산(일부)	
p와 p1, p2는 path, e는 error_code, b는 성공 혹은 실패를 나타내는 불리언이다.	
s=file_size(p)	s는 p 내 바이트 수이다.
b=remove(p)	p가 파일이나 빈 디렉터리이면 p를 삭제한다.

많은 연산이 운영체제 권한 같은 추가 인수를 받도록 오버로딩된다. 이러한 처리는 이 책의 범위 밖이므로 필요하면 더 찾아보자.

copy()처럼 모든 연산에는 두 가지 버전이 있다.

- 표에 나열한 기본 버전. 예를 들어 exists(p). 연산이 실패하면 함수는 filesystem _error를 던진다.
- error_code 인수를 추가로 받는 버전. 예를 들어 exists(p,e). 연산이 성공했는지 확인하려면 e를 검사한다.

정상적으로 쓰이는데 자주 실패할 연산에는 오류 코드를 사용하고, 오류가 이례적으로 발생할 연산에는 예외를 던진다.

질의inquiry 함수는 파일 특성을 알아내는 가장 간단하고 직관적인 방식으로 알려져 있다. <filesystem> 라이브러리는 일반적인 종류의 몇몇 파일을 인식하고 나머지는 "그 외"로 분류한다.

파일 타입	
f는 path나 file_status다	
s_block_file(f)	f가 블록 장치인가?
is_character_file(f)	f가 문자 장치인가?
is_directory(f)	f가 디렉터리인가?
is_empty(f)	f가 빈 파일이거나 디렉터리인가?
is_fifo(f)	f가 명명된 파이프인가?
is_other(f)	f가 다른 종류의 파일인가?
is_regular_file(f)	f가 일반 파일인가?
is_socket(f)	f가 명명된 IPC 소켓인가?
is_symlink(f)	f가 심볼릭 링크인가?
status_known(f)	f의 파일 상태가 알려졌는가?

11.10 조언

[1] iostream은 타입 안전, 타입 민감이며 확장할 수 있다(11.1절).

[2] 꼭 필요할 때만 문자 단위 입력을 사용하자(11.3절). [CG: SL.io.1]

[3] 읽을 때는 항상 규칙에 어긋나는 입력까지 고려하자(11.3절). [CG:SL.io.2]

[4] endl을 사용하지 말자(endl을 모른다면 아주 잘 하고 있는 것이다). [CG: SL.io.50]

[5] 유의미한 텍스트 표현 값을 갖는 사용자 정의 타입에는 <<와 >>을 정의하자(11.1절, 11.2절, 11.3절).

[6] 정상 출력에는 cout를, 오류에는 cerr를 사용하자(11.1절).

[7] 일반 문자와 확장 문자에 iostream을 사용하며, 어떤 종류의 문자든 iostream을 정의할 수 있다(11.1절).

[8] 이진 I/O를 지원한다(11.1절).

[9] 표준 I/O 스트림, 파일, string에는 표준 iostream이 존재한다(11.2절, 11.3절, 11.7.2절, 11.7.3절).

[10] 보다 간결하게 표기하려면 << 연산으로 연결하자(11.2절).

[11] 보다 간결하게 표기하려면 >> 연산으로 연결하자(11.3절).

[12] string에 넣는 입력은 오버플로우되지 않는다(11.3절).

[13] 기본적으로 >>는 초기 여백을 건너뛴다.(11.3절).

[14] 잠재적으로 회복 가능한 I/O 오류를 처리할 때는 스트림 상태 fail을 사용하자(11.4절).

[15] 사용자 정의 타입에 <<와 >>를 정의할 수 있다(11.5절).

[16] 새 <<와 >> 연산자를 추가하려고 istream이나 ostream을 수정하지 않아도 된다(11.5절).

[17] 조종자나 format()으로 포맷팅을 제어하자(11.6.1절, 11.6.2절).

[18] precision() 명세는 이어지는 모든 부동소수점 출력 연산에 적용된다(11.6.1절).

[19] 부동소수점 포맷 명세(예를 들어 scientific)는 이어지는 모든 부동소수점 출력 연산에 적용된다(11.6.1절).

[20] 표준 조종자를 사용할 때는 #include <ios>하거나 <iostream>하자(11.6절).

[21] 스트림 포맷팅 조종자는 스트림 내 여러 값에 쓰이기 위해 "계속 달라붙는다"(11.6.1절).

[22] 인수를 받는 표준 조종자를 사용하려면 #include <iomanip>한다(11.6절).

[23] 시간, 날짜 등을 표준 포맷으로 출력할 수 있다(11.6.1절, 11.6.2절).

[24] 스트림을 복사하려 하지 말자. 스트림은 이동만 가능하다(11.7절).

[25] 파일을 사용하기 전에 파일 스트림이 붙었는지 꼭 확인하자(11.7.2절).

[26] 인메모리in-memory 포맷팅에는 stringstream이나 메모리 스트림을 사용하자(11.7.3절, 11.7.4절).

[27] 어떤 두 타입에 모두 문자열 표현이 있으면 변환을 정의할 수 있다(11.7.3절).

[28] C 스타일 I/O는 타입 안전이 아니다(11.8절).

[29] printf 부류 함수를 사용할 때를 제외하고는 ios_base::sync_with_stdio(false)를 호출하자(11.8절). [CG: SL.io.10]

[30] 플랫폼에 맞는 인터페이스를 직접 사용하려면 <filesystem>을 사용하자(11.9절).

12

컨테이너

새로웠다. 유일했다. 단순했다.
이건 무조건 성공이다!

─ H. 넬슨H. Nelson

- 소개
- vector
    - 원소, 범위 검사
- list
- forward_list
- map
- unordered_map
- 할당자
- 컨테이너 훑어보기
- 조언

12.1 소개

대부분의 컴퓨팅은 값 컬렉션을 생성하고 조작하는 과정을 포함한다. 단순하게는 문자를 string으로 읽어 string으로 출력하기도 한다. 객체 저장에 쓰이는 클래스를 일반적으로 컨테이너container라고 부른다. 주어진 작업에 알맞은 컨테이너를 만든 후 유용한 기초 연산을 추가하는 것은 모든 프로그램 구성에서 중요한 단계이다.

이름과 전화번호를 저장하는 간단한 프로그램으로 표준 라이브러리 컨테이너를 설명해보겠다. 이러한 프로그램 유형에 적용되는 다양한 방법들은 배경지식이 다르더라도 누구에게나 "간단하고 명백하게" 이해되기 때문이다. 11.5절의 Entry 클래스로 간단한 전화번호부 항목을 저장할 수 있다. 단순히 32비트 int로 표현되지 않는 전화번호도 있으나 이러한 여러 가지 현실적 복잡도는 굳이 고려하지 않겠다.

12.2 vector

가장 유용한 표준 라이브러리 컨테이너는 바로 vector이다. vector는 주어진 타입으로 된 원소 시퀀스이다. 벡터 내 원소들은 메모리에 인접해서 저장된다. vector는 전형적으로 첫 번째 원소의 포인터를 저장하는 핸들, 마지막 원소 다음 공간, 마지막으로 할당된 공간의 다음 공간(13.1절)으로 구현(5.2.2절, 6.2절)된다(혹은 동일한 정보를 포인터와 오프셋으로 표현한다).

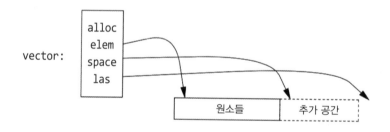

또한 할당자(여기서는 alloc)도 포함하는데, vector는 할당자로 원소를 저장할 메모리를 획득한다. 기본 할당자는 new와 delete를 이용해 메모리를 획득하고 해제한다(12.7절). 간단한 할당자라면 구현 기법을 조금만 발전시켜 vector 객체 안에 데이터를 저장하지 않을 수도 있다.

vector에 들어갈 원소 타입의 값 집합으로 vector를 초기화해보자.

```
vector<Entry> phone_book = {
  {"David Hume",123456},
  {"Karl Popper",234567},
  {"Bertrand Arthur William Russell",345678}
};
```

원소는 첨자 지정으로 접근한다. 즉, Entry에 <<를 정의했다고 가정하면 다음과 같이 작성할 수 있다.

```
void print_book(const vector<Entry>& book)
{
  for (int i = 0; i!=book.size(); ++i)
    cout << book[i] << '\n';
}
```

언제나처럼 인덱싱은 0부터 시작하므로 book[0]은 David Hume 항목을 저장한다. vector 멤버 함수 size()는 원소 수를 알려준다.

vector의 원소들은 어떤 범위를 이루므로 범위 기반 for 루프를 사용할 수 있다(1.7절).

```
void print_book(const vector<Entry>& book)
{
  for (const auto& x : book) // "auto"는 1.4절을 참고한다
    cout << x << '\n';
}
```

vector를 정의하면서 최초의 크기(초기 원소 수)를 정한다.

```
vector<int> v1 = {1, 2, 3, 4};  // 크기는 4
vector<string> v2;              // 크기는 0
vector<Shape*> v3(23);          // 크기는 23. 초기 원소 값은 nullptr
vector<double> v4(32,9.9);      // 크기는 32. 초기 원소 값은 9.9
```

명시적 크기는 (23)처럼 괄호로 감싸 표현하며, 기본적으로 원소 타입의 기본값으로 초기화된다(예를 들어 포인터는 nullptr로, 수는 0으로). 이러한 기본값이 알맞지 않으면 두 번째 인수로 명시한다(예를 들어 v4의 원소 32개를 9.9로 초기화했다).

최초에 정한 크기를 바꿀 수 있다. push_back()은 vector의 가장 유용한 연산 중 하나로 vector 끝에 새 원소를 추가한 후 크기를 1 늘린다. 예를 들어 Entry에 >>를 정의했다고 가정하면 다음과 같이 작성할 수 있다.

```
void input()
{
  for (Entry e; cin>>e; )
    phone_book.push_back(e);
}
```

위 코드는 입력 끝end-of-input(가령 파일 끝)에 다다르거나 입력 연산에서 포맷 오류를 발견할 때까지 표준 입력의 Entry를 phone_book으로 읽어들인다.

표준 라이브러리 vector는 반복된 push_back()으로 vector 크기가 늘어나더라도 효율성을 잃지 않도록 구현됐다. 5장과 7장에서 소개했던 간단한 Vector를 아래와 같이 좀 더 정교하게 바꿔 그 방법을 보이겠다.

```
template<typename T>
class Vector {
  allocator<T> alloc;  // T를 위한 공간을 획득할 표준 라이브러리 할당자
  T* elem;             // 첫 번째 원소로의 포인터
  T* space;            // 첫 번째 비어 있는(초기화되지 않은) 슬롯으로의 포인터
  T* last;             // 마지막 슬롯으로의 포인터
public:
  // ...
  int size() const { return space-elem; }    // 원소 수
  int capacity() const { return last-elem; } // 원소를 넣을 수 있는 슬롯 수
  // ...
  void reserve(int newsz);     // capacity()를 newsz로 늘린다
  // ...
  void push_back(const T& t); // t를 Vector에 복사한다
  void push_back(T&& t);       // t를 Vector로 이동시킨다
};
```

표준 라이브러리 vector는 capacity(), reserve(), push_back() 멤버를 포함한다. reserve() 는 다른 vector 멤버와 vector의 사용자가 원소 공간을 늘릴 때 사용한다. 새 메모리를 할

당해야 한다면 함수는 원소들을 새 할당 공간으로 이동시킨다. reserve()가 새 할당 공간으로 원소들을 이동시키면 원래 원소들을 가리켰던 포인터가 전부 잘못된 위치를 가리키게 된다. 더이상 유효하지 않으므로 사용해서는 안 된다.

capacity()와 reserve()가 있으면 push_back()은 구현하기 쉽다.

```
template<typename T>
void Vector<T>::push_back(const T& t)
{
  if (capacity()<=size())        // t를 위한 공간이 있는지 확인한다
    reserve(size()==0?8:2*size()); // capacity를 2배로 늘린다
  construct_at(space,t);          // *space를 t로 초기화한다("space에 t를 넣는다")
  ++space;
}
```

이렇게 하면 원소의 할당과 재할당이 매우 드물게 발생한다. vector가 사용하는 휴리스틱이 평균적으로 내 추측보다 나으니 reserve()로 성능을 높이려던 노력은 결과적으로 허사였다. 이제 원소로의 포인터를 사용하고 싶을 때만 원소 재할당을 피하기 위해 명시적으로 reserve()를 사용하겠다.

vector 복사는 할당과 초기화에서 일어난다. 예제로 보자.

vector<Entry> book2 = phone_book;

6.2절에서 설명했듯이 vector의 복사와 이동은 생성자와 할당 연산자로 구현된다. vector 할당은 원소들의 복사를 포함한다. 즉, book2의 초기화 후 book2와 phone_book에는 전화번호부의 모든 Entry 복사본이 각각 저장된다. vector에 원소가 많으면 이렇게 별 거 아닌 것 같은 할당과 초기화에 큰 비용이 들 수 있다. 복사하지 않으려면 참조나 포인터(1.7절), 이동 연산(6.2.2절)을 사용하지 말자.

표준 라이브러리 vector는 매우 유연하고 효율적이다. 다른 컨테이너를 사용할 분명한 이유가 있지 않은 한 기본 컨테이너로 사용하자. "효율성"에 대한 막연한 우려로 vector를 사용하지 않기로 결심했다면 먼저 측정하라. 컨테이너 성능을 가늠하는 데 있어 직관은 틀리기 쉽다.

12.2.1 원소

다른 표준 라이브러리 컨테이너처럼 vector도 타입 T의 원소로 된 컨테이너, 즉 vector<T>다. 내장 수 타입(char, int, double 등), 사용자 정의 타입(string, Entry, list<int>, Matrix<double,2> 등), 포인터(const char*, Shape*, double* 등) 등 어떤 타입이든 원소 타입으로 쓸 수 있다. 새 원소를 삽입하면 그 원소의 값이 컨테이너에 복사된다. 가령 값이 7인 정수를 컨테이너에 넣으면 결과 원소가 실제 값 7을 갖는다. 이 원소는 7을 포함하는 어떤 객체로의 참조나 포인터가 아니다. 빠르게 접근할 수 있는 성능 좋고 간결한 컨테이너가 만들어진다. 메모리 크기와 런타임 성능이 중요한 애플리케이션에 꼭 필요한 요소다.

다형 동작을 virtual 함수로 지원하는 클래스 계층 구조(5.5절)라면 객체를 직접 컨테이너에 저장하지 말자. 포인터(혹은 스마트 포인터, 15.2.1절)에 저장하자. 예제로 살펴보겠다.

```
vector<Shape> vs;            // 이렇게 하지 말자. Circle이나 Smiley를 저장할 공간이 없다
                             //    (5.5절)
vector<Shape*> vps;          // 더 나은 방법이긴 하나 5.5.3절을 참고하자(새지 않는다)
vector<unique_ptr<Shape>> vups;  // OK
```

12.2.2 범위 검사

표준 라이브러리 vector는 범위 검사를 보장하지 않는다. 예제로 보자.

```
void silly(vector<Entry>& book)
{
  int i = book[book.size()].number; // book.size()는 범위 밖이다
  // ...
}
```

이렇게 초기화하면 오류 없이 i에 임의의 값이 저장된다. 잘못된 방법이며, 범위 밖 접근out-of-range 오류는 흔한 문제이다. 다음과 같이 vector를 조정하면 간단히 범위 검사를 할 수 있다.

```
template<typename T>
```

```
struct Vec : std::vector<T> {
  using vector<T>::vector;  // (Vec 아래에서) vector의 생성자를 사용한다

  T& operator[](int i) { return vector<T>::at(i); }              // 범위 검사
  const T& operator[](int i) const { return vector<T>::at(i); } // 범위 검사 const 객체.
                                                                  5.2.1절

  auto begin() { return Checked_iter<vector<T>>{*this}; }        // 13.1절 참고
  auto end() { return Checked_iter<vector<T>>{*this, vector<T>::end()}; }
};
```

Vec은 vector를 상속받되 첨자 지정 연산만 다시 정의해 범위 검사를 수행한다. at() 연산은 vector 첨자 지정 연산으로 인수가 vector의 범위를 벗어나면 out_of_range 타입 예외를 던진다(4.2절).

범위를 벗어나 Vec에 접근하면 사용자가 잡을 수 있는 예외를 던진다. 예제로 보자.

```
void checked(Vec<Entry>& book)
{
  try {
    book[book.size()] = {"Joe",999999}; // 여기서 예외를 던진다
    // ...
  }
  catch (out_of_range&) {
    cerr << "range error\n";
  }
}
```

예외를 던지고 잡았다(4.2절). 사용자가 예외를 잡지 않아도 프로그램은 알 수 없는 방식으로 계속 동작하거나 실패하지 않고 알려진 방식으로 종료된다. 잡히지 않은 예외로 인한 예상치 못한 상황은 main() 본문에 try 블록을 사용함으로써 최소화할 수 있다. 예제로 보자.

```
int main()
try {
  // 필요한 코드를 작성한다
}
catch (out_of_range&) {
```

```
    cerr << "range error\n";
}
catch (...) {
    cerr << "unknown exception thrown\n";
}
```

알려지지 않은 예외는 기본 예외 핸들러에서 잡아 표준 오류 진단 출력 스트림인 cerr(11.2절)에 오류 메시지를 출력한다.

표준에서는 왜 범위 검사를 보장하지 않을까? 성능에 민감한 애플리케이션은 대부분 vector를 사용하고, 첨자 지정을 전부 검사하는 데에만 전체 비용의 10%가 든다. 물론 하드웨어, 최적화기, 애플리케이션에서 첨자 지정을 어떻게 사용하느냐에 따라 비용은 크게 달라진다. 하지만 경험에 비춰 봤을 때 이러한 오버헤드 때문에 사용자는 안전성이 훨씬 떨어지는 내장 배열을 택하기도 한다. 오버헤드를 단순히 두려워하는 것만으로도 사용을 피하게되는 것이다. 최소한 vector는 디버그 타임에 검사하기 쉽고, 기본 버전을 수정해 범위를 검사하도록 바꿀 수 있다.

범위 기반 for는 암묵적으로 범위 내 모든 원소에 접근함으로써 추가 비용 없이 범위 오류를 피한다. 인수가 유효하다면 표준 라이브러리 알고리듬도 똑같은 방식으로 범위 오류를 피한다.

코드에서 직접 vector::at()을 사용하면 위 Vec이 없어도 된다. 어떤 표준 라이브러리는 Vec보다 더 완벽하게 범위를 검사하는 vector 구현을 지원한다.

12.3 list

표준 라이브러리는 list라는 이중 연결 리스트^{doubly-linked list}를 제공한다.

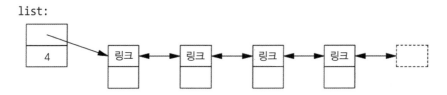

254

원소 이동 없이 시퀀스에 원소를 삽입하고 삭제하는 경우에 list를 사용한다. 전화번호부 항목은 삽입과 삭제가 빈번하니 간단한 전화번호부는 list로 표현하면 알맞다. 예제로 보자.

```
list<Entry> phone_book = {
  {"David Hume",123456},
  {"Karl Popper",234567},
  {"Bertrand Arthur William Russell",345678}
};
```

연결 리스트의 원소는 벡터에 흔히 하듯이 첨자 지정을 사용해 접근하지 않는다. 보통은 리스트를 검색해 주어진 값의 원소를 찾는다. 이때 list가 13장에서 설명할 시퀀스라는 점을 이용한다.

```
int get_number(const string& s)
{
  for (const auto& x : phone_book)
    if (x.name==s)
      return x.number;
  return 0; // 0으로 "수를 찾지 못했음"을 나타낸다
}
```

리스트 앞부터 s를 검색하기 시작해 s를 찾거나 phone_book 끝에 도달할 때까지 계속한다.

list에서 어떤 원소를 식별해야 하는 경우도 있다. 예를 들어 어떤 원소를 삭제하거나 새 원소를 어떤 원소 앞에 삽입하고 싶을 수 있다. 이때 반복자^{iterator}를 사용한다. list의 반복자는 list의 원소를 식별하고, list 전체를 반복(그래서 반복자라는 이름이 붙었다)하는 데 쓰인다. 모든 표준 라이브러리 컨테이너는 begin()과 end() 함수를 제공하며, 각각 첫 번째 원소와 마지막 다음 원소로의 반복자를 반환한다(13.1절). 다음은 반복자를 명시적으로 사용해 대충 작성해본 get_number() 함수다.

```
int get_number(const string& s)
{
  for (auto p = phone_book.begin(); p!=phone_book.end(); ++p)
```

```
    if (p->name==s)
        return p->number;
    return 0; // 0으로 "수를 찾지 못했음"을 나타낸다
}
```

실제로 컴파일러도 위와 비슷한 방법을 사용해 보다 간결하고 오류 발생 가능성이 적은 범위 for 루프를 구현한다. 반복자 p에 대해, *p는 p가 참조하는 원소이고, ++p는 다음 원소를 참조하기 위해 p를 앞으로 진행시키며, 멤버가 m인 클래스를 p가 참조할 때 p->m은 (*p).m과 동등하다.

list에는 간단하게 원소를 추가하고 삭제할 수 있다.

```
void f(const Entry& ee, list<Entry>::iterator p, list<Entry>::iterator q)
{
  phone_book.insert(p,ee); // p가 참조하는 원소 앞에 ee를 추가한다
  phone_book.erase(q);      // q가 참조하는 원소를 삭제한다
}
```

list에 inser(p,elem)을 수행하면 p가 가리키는 원소 앞에 값 elem을 복사한 원소를 삽입한다. 이때 p는 list의 마지막 바로 앞을 가리키는 반복자일 수 있다. 반대로 erase(p)는 p가 가리키는 원소를 삭제하고 소멸시킨다.

앞선 list 예제들은 vector로 동일하게 작성할 수 있고, (머신 아키텍처를 모르면 다소 의외로 느껴지겠지만) list보다 vector로 수행할 때 대개 성능이 더 좋다. 원소 시퀀스만 필요하면 vector와 list 중 하나를 선택한다. 특별히 피할 이유가 있지 않은 한 vector를 사용하자. 순회(예를 들어 find()와 count())와 정렬, 검색(예를 들어 sort()와 equal_range(). 13.5절, 15.3.3절) 성능이 vector가 더 낫다.

12.4 forward_list

표준 라이브러리는 forward_list라는 단일 연결 리스트도 제공한다.

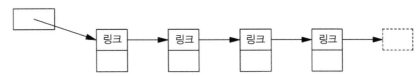

forward_list는 전방 반복만 허용하므로 (이중 연결) list와 다르다. 이렇게 제약하는 이유는 공간을 절약하기 위해서이다. 매 링크마다 이전 포인터를 저장하지 않아도 되고, 빈 forward_list의 크기는 딱 포인터 하나이다. forward_list는 원소 수조차 저장하지 않는다. 원소 수가 필요하면 직접 센다. 세기 어려우면 forward_list를 사용하지 말자.

12.5 map

(이름, 수) 쌍 리스트에서 이름을 찾으려면 아주 장황하게 코드를 작성해야 한다. 게다가 선형 검색은 최단 리스트를 제외하고 모든 리스트에서 비효율적이다. 표준 라이브러리는 map이라는 균형 이진 검색 트리(주로 레드–블랙 트리)를 제공한다.

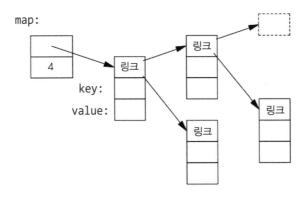

map을 연관 배열이나 딕셔너리라고도 부른다.

표준 라이브러리 map은 룩업과 삽입에 최적화된 값 쌍들의 컨테이너이다. vector와 list에 사용했던 초기자(12.2절, 12.3절)를 똑같이 사용할 수 있다.

```
map<string,int> phone_book {
  {"David Hume",123456},
  {"Karl Popper",234567},
  {"Bertrand Arthur William Russell",345678}
};
```

첫 번째 타입의 값(키^{key}라 부름)으로 인덱싱하면 map은 대응하는 두 번째 타입의 값(값^{value} 또는 매핑 값$^{mapped value}$이라 부름)을 반환한다. 예제로 보자.

```
int get_number(const string& s)
{
  return phone_book[s];
}
```

다시 말해 map 첨자 지정은 본질적으로 get_number()라 불렸던 룩업이다. key를 찾지 못하면 value에 기본값을 넣어 그 key를 map에 넣는다. 정수 타입의 기본값은 0인데 유효하지 않은 전화번호를 나타내기에 적당하다.

유효하지 않은 수를 전화번호부에 넣고 싶지 않으면 [ ] 대신 find()와 insert()(12.8절)를 사용한다.

12.6 unordered_map

n이 map의 원소 수일 때, map 룩업 비용은 O(log(n))이다. 훌륭하다. 예를 들어 원소가 1,000,000개인 map에서 어떤 원소를 찾으려면 대략 20번의 비교와 우회면 된다. 하지만 보통은 < 같은 정렬 함수를 이용한 비교 대신 해시 룩업을 사용해 더 잘 할 수 있다. 표준 라이브러리 해시 컨테이너에는 정렬 함수가 필요하지 않아 "정렬되지 않은"이라 부른다.

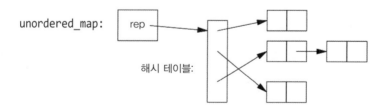

예를 들어 전화번호부에 <unordered_map>의 unordered_map을 사용해보자.

```
unordered_map<string,int> phone_book {
  {"David Hume",123456},
  {"Karl Popper",234567},
  {"Bertrand Arthur William Russell",345678}
};
```

map에서처럼 unordered_map을 첨자 지정할 수 있다.

```
int get_number(const string& s)
{
  return phone_book[s];
}
```

표준 라이브러리는 다른 내장과 표준 라이브러리 타입과 마찬가지로 **string**에도 기본 해시 함수를 제공한다. 필요에 따라 사용자 해시 함수를 제공해도 된다. 일반적으로 사용자 정의 타입 중 하나에 정렬되지 않은 컨테이너가 필요할 때 맞춤형 해시 함수를 사용한다. 해시 함수는 주로 함수 객체(7.3.2절)로 구현한다. 예제로 보자.

```
struct Record {
  string name;
  int product_code;
  // operator== 멤버 함수 구현
  // ...
};
```

```
struct Rhash { // Record의 해시 함수
  size_t operator()(const Record& r) const
  {
    return hash<string>()(r.name) ^ hash<int>()(r.product_code);
  }
};
```

```
unordered_set<Record,Rhash> my_set; // Rhash로 룩업하는 Record들의 집합
```

훌륭한 해시 함수를 디자인하려면 정교한 기술과 그 함수에 들어갈 데이터에 대한 지식이

필요하다. 배타적 논리합^{exclusive-or}(^)으로 기존 해시 함수를 조합하면 새로운 해시 함수를 간단히 생성할 수 있고, 대개 아주 효과적이다. 다만 해시에 들어갈 모든 값이 실제로 구분돼야 한다. 예를 들어 하나의 생산 코드에 여러 이름을 쓸 수 없으면(혹은 여러 생산 코드에 같은 이름을 쓸 수 없으면) 두 해시를 조합해도 아무 이득이 없다.

표준 라이브러리 hash를 특수화^{specialization}해서 hash 연산을 정의하면 명시적으로 hash 연산을 전달하지 않아도 된다.

```
namespace std { // Record의 해시 함수를 만든다

  template<> struct hash<Record> {
    using argument_type = Record;
    using result_type = size_t;

    result_type operator()(const Record& r) const
    {
      return hash<string>()(r.name) ^ hash<int>()(r.product_code);
    }
  };
}
```

map과 unordered_map 간 차이점에 주목하자.

- map은 정렬 함수(기본은 <)를 사용하고, 정렬된 시퀀스를 생성한다.
- unordered_map은 동등 함수(기본은 ==)를 사용하고, 원소 간 정렬을 유지하지 않는다.

좋은 해시 함수를 사용하면 컨테이너가 클수록 unordered_map이 map보다 훨씬 빠르다. 반대로 잘못된 해시 함수를 사용하면 최악의 시나리오에서 unordered_map은 map보다 훨씬 형편없다.

12.7 할당자

기본적으로 표준 라이브러리 컨테이너는 new로 공간을 할당한다. new와 delete 연산자는 사용자가 생명 주기를 제어하는 임의의 크기의 객체를 저장할 수 있는 일반적인 자유 저장소(동적 메모리나 힙이라고도 부름)를 제공한다. 다시 말해 여러 특수한 경우에 시간과 공간 오버헤드를 없앨 수 있다는 뜻이다. 이에 따라 표준 라이브러리 컨테이너는 필요에 따라 시맨틱이 달라지는 할당자를 만들게 해준다. 이러한 방법으로 성능(예를 들어 풀 할당자), 보안(삭제 과정에서 메모리를 해제하는 할당자), 스레드별 할당, 비균일 메모리 아키텍처(특정 메모리에 부합하는 포인터 타입 할당)와 관련된 매우 다양한 문제들을 해결해왔다. 하지만 이처럼 중요하고 전문적이며 진보된 기술은 이 책에서 논할 주제가 아니다. 그래도 풀 할당자를 이용해 실제 문제를 해결했던 경험을 바탕으로 한 가지 예제를 소개하겠다.

오래 실행되는 중요한 시스템에 이벤트 큐(18.4절 참고)가 필요했는데, 이때 vector를 이벤트로 사용해 shared_ptr로 전달했다. 이러한 방법으로 이벤트의 마지막 사용자가 암묵적으로 큐를 제거했다.

```
struct Event
{
  vector<int> data = vector<int>(512);
};

list<shared_ptr<Event>> q;

void producer()
{
  for (int n = 0; n!=LOTS; ++n) {
    lock_guard lk {m}; // m은 뮤텍스다. 18.3절 참고.
    q.push_back(make_shared<Event>());
    cv.notify_one()   ; // cv는 condition_variable다. 18.4절 참고.
  }
}
```

논리적 관점에서 봤을 때 문제없이 동작했다. 논리적으로 단순하니 코드는 강력했고 유지보수가 쉬웠다. 안타깝게도 이러한 장점은 다량의 단편화로 이어졌다. 100,000개의 이벤트를 16개의 프로듀서와 4개의 컨슈머에 전달했더니 메모리를 6GB 이상 소모했다.

단편화 문제는 전통적으로 풀 할당자를 사용하도록 코드를 다시 작성해 해결한다. 풀 할당자는 따로따로 할당하는 대신 한 번에 여러 객체에 공간을 할당해 같은 크기의 객체들을 관리하는 할당자다. 다행히 C++에서 직접 지원한다. 풀 할당자는 std의 pmr("polymorphic memory resource") 하위 네임스페이스에 정의돼 있다.

```cpp
pmr::synchronized_pool_resource pool; // 풀을 만든다

struct Event {
  vector<int> data = vector<int>{512, &pool}; // Event가 풀을 사용하게 한다
};

list<shared_ptr<Event>> q {&pool};              // q가 풀을 사용하게 한다

void producer()
{
  for (int n = 0; n!=LOTS; ++n) {
    scoped_lock lk {m}; // m은 뮤텍스다(18.3절)
    q.push_back(allocate_shared<Event,pmr::polymorphic_allocator<Event>>{&pool});
    cv.notify_one();
  }
}
```

이제 100,000개의 이벤트를 16개의 프로듀서와 4개의 컨슈머에게 전달해도 3MB 미만의 메모리만 소모한다. 성능이 약 2000배 개선됐다! (단편화로 낭비되는 메모리와 반대로) 당연히 실제 쓰인 메모리 양도 동일하다. 단편화를 없애니 시간이 지나도 메모리 사용이 안정적이라 시스템을 몇 달 간 실행할 수 있었다.

이러한 기법들은 C++ 초창기부터 좋은 효과를 거두며 쓰여 왔으나 특수화된 컨테이너를 사용하려면 일반적으로 코드를 다시 작성해야 한다. 현재는 표준 컨테이너가 선택적으로 할당자 인수를 받는다. 기본 동작은 new와 delete를 사용하는 것이다. 다음은 그 외 다형 polymorphic 메모리 자원이다.

- unsynchronized_polymorphic_resource: polymorphic_resource와 비슷하나 한

스레드만 사용할 수 있다.

- monotonic_polymorphic_resource: 메모리를 소멸 시에만 해제하고 한 스레드만 사용할 수 있는 빠른 할당자이다.

다형 자원을 사용하려면 memory_resource로부터 상속을 받아 allocate(), deallocate(), is_equal()을 정의해야 한다. 직접 코드를 조정해 사용자만의 자원을 만드는 방식이다.

12.8 컨테이너 훑어보기

표준 라이브러리는 가장 일반적이면서 유용한 여러 가지 컨테이너 타입을 제공함으로써 프로그래머가 애플리케이션의 요구 사항에 가장 부합하는 컨테이너를 선택하도록 돕는다.

표준 컨테이너 요약	
vector<T>	변수 크기 벡터(12.2절)
list<T>	이중 연결 리스트(12.3절)
forward_list<T>	단일 연결 리스트
deque<T>	양방향 큐(혹은 덱(deque))
map<K,V>	연관 배열(12.5절)
multimap<K,V>	키가 여러 번 나올 수 있는 맵
unordered_map<K,V>	해시 룩업을 사용하는 맵(12.6절)
unordered_multimap<K,V>	해시 룩업을 사용하는 멀티맵
set<T>	셋(키는 하나이고 값이 없는 맵)
multiset<T>	값이 여러 번 나올 수 있는 셋
unordered_set<T>	해시 룩업을 사용하는 셋
unordered_multiset<T>	해시 룩업을 사용하는 멀티셋

정렬되지 않은 컨테이너는 키(보통 문자열)를 이용한 룩업, 다시 말해 해시 테이블로 최적화한다.

컨테이너는 네임스페이스 std에 정의되며, <vector>, <list>, <map> 등의 헤더로 표현된다. 표준 라이브러리는 컨테이너 어댑터인 queue<T>, stack<T>, priority_queue<T>도 제공한다. 궁금하면 더 찾아보자. 또한 array<T, N>(15.3.1절), bitset<N>(15.3.2절)처럼 컨테이너와 비슷한 좀 더 특수화된 타입도 제공한다.

표준 컨테이너와 컨테이너의 기초 연산은 표기적으로 비슷하게 디자인된다. 연산의 의미역시 다양한 컨테이너에서 모두 똑같다. 기초 연산은 의미상 적합하고 효율적으로 구현될수 있는 모든 종류의 컨테이너에 적용된다.

표준 컨테이너 연산(일부)	
value_type	원소 타입
p=c.begin()	p는 c의 첫 번째 원소를 가리키며, 반복자의 cbegin()도 const이다.
p=c.end()	p는 c의 마지막 원소 바로 다음을 가리키고, 반복자의 cend()도 const이다.
k=c.size()	k는 c의 원소 수이다.
c.empty()	c가 비었는가?
k=c.capacity()	k는 c가 새 할당 없이 저장할 수 있는 원소 수이다.
c.reserve(k)	크기를 k만큼 늘린다.
	k<=c.capacity()이면 c.reserve(k)는 아무것도 하지 않는다.
c.resize(k)	원소 수를 k로 만든다.
	추가된 원소의 기본값은 value_type{}이다.
c[k]	c의 k번째 원소. 0부터 시작. 어떤 범위 검사도 보장되지 않는다.
c.at(k)	c의 k번째 원소. 범위를 벗어나면 out_of_range를 던진다.
c.push_back(x)	c 끝에 x를 추가하고 c의 크기를 하나 늘린다.
c.emplace_back(a)	c 끝에 value_type{a}를 추가하고 c의 크기를 하나 늘린다.
q=c.insert(p,x)	c 내 p 앞에 x를 추가한다.
q=c.erase(p)	c의 p에 있는 원소를 삭제한다.
c=c2	할당: c==c2가 되도록 c2의 모든 원소를 복사한다.
b=(c==c2)	c와 c2의 모든 원소의 동등. 동등하면 b==true
x=(c<=>c2)	c2의 사전순 정렬
	c가 c2보다 작으면 x<0, 같으면 x==0, 크면 0<x
	<=>로부터 !=와 <, <=, >, >=를 생성한다.

이처럼 표기와 의미가 통일돼 있으므로 프로그래머는 표준 컨테이너처럼 사용할 수 있는새 컨테이너 타입을 제공할 수 있다. 범위를 검사하는 벡터인 Vector(4.3절, 5장)가 좋은

예다. 통일된 컨테이너 인터페이스 덕분에 각 컨테이너 타입별로 알고리듬을 독립적으로 명시할 수도 있다. 하지만 컨테이너마다 장단점이 다르다. 예를 들어 vector 첨자 지정과 순회는 간단하고 비용도 적다. 반면 원소를 삽입하거나 삭제할 때 vector 원소가 다른 위치로 옮겨진다. list는 이와 정반대이다. 원소 수가 적은 짧은 시퀀스에는 대개 list보다 vector가 더 효율적이다(심지어 insert()와 erase()도 마찬가지이다). 되도록이면 원소 시퀀스의 기본 타입으로 표준 라이브러리 vector를 사용하고, 이유가 있을 때만 다른 타입을 고려하자.

빈 시퀀스에 최적화된 컨테이너인 단일 연결 리스트 forward_list를 생각해보자(12.3절). 빈 forward_list는 단어 하나만 차지하는 반면 빈 vector는 세 단어를 차지한다. 빈 시퀀스와 원소가 하나나 둘뿐인 시퀀스는 생각보다 유용하고 자주 쓰인다.

emplace_back() 같은 배치 연산은 원소의 생성자에 사용할 인수를 받아 객체를 컨테이너로 복사하는 대신 컨테이너 안에 새로 할당된 공간에 객체를 생성한다. vector<pair<int, string>>라면 다음과 같이 작성한다.

```
v.push_back(pair{1,"copy or move"}); // 한 쌍을 생성해 v로 이동시킨다
v.emplace_back(1,"build in place");  // v 안에 한 쌍을 생성한다
```

이처럼 간단한 예제에서는 두 호출의 최적화 성능이 동등하다.

12.9 조언

[1] STL 컨테이너는 시퀀스를 정의한다(12.2절).

[2] STL 컨테이너는 자원 핸들이다(12.2절, 12.3절, 12.5절, 12.6절).

[3] vector를 기본 컨테이너로 사용하자(12.2절, 12.8절). [CG: SL.con.2]

[4] 간단한 컨테이너 순회에는 범위 기반 for 루프나 반복자의 시작/끝 쌍을 사용하자(12.2절, 12.3절).

[5] reserve()를 사용해 유효하지 않은 포인터와 반복자를 막자(12.2절).

[6] 정확한 측정 없이 reserve()가 성능상 유리하다고 가정하지 말자(12.2절).

[7] 배열에 realloc()을 사용하지 말고, 컨테이너에 push_back()이나 resize()를 사용하자(12.2절).

[8] 크기가 조정된 vector에 반복자를 사용하지 말자(12.2절). [CG: ES.65]

[9] [ ] 범위 검사를 가정하지 말자(12.2절).

[10] 범위 검사를 보장하려면 at()을 사용한다(12.2절). [CG. SL.con.3]

[11] 비용 없이 범위 오류를 방지하려면 범위 기반 for와 표준 라이브러리 알고리듬을 사용한다(12.2.2절).

[12] 원소는 컨테이너로 복사된다(12.2.1절).

[13] 원소를 다형적으로 동작시키려면 포인터(내장 또는 사용자 정의)를 저장하자(12.2.1절).

[14] insert()와 push_back() 같은 삽입 연산은 vector에 엄청 효율적이다(13.3절).

[15] 대부분 비어 있는 시퀀스에는 forward_list를 사용한다(12.8절).

[16] 성능에 대해서는 직관을 따르지 말고 측정하자(12.2절).

[17] map은 주로 레드-블랙 트리로 구현된다(12.5절).

[18] unordered_map은 해시 테이블이다(12.6절).

[19] 컨테이너는 참조로 전달하고 값으로 반환한다(12.2절).

[20] 컨테이너의 크기에는 ( ) 초기자 문법을, 원소 시퀀스에는 { } 초기자 문법을 사용한다(5.2.3절, 12.2절).

[21] 간결하고 인접한 데이터 구조를 사용하자(12.3절).

[22] list는 비교적 순회 비용이 크다(12.3절).

[23] 대량의 데이터를 빠르게 룩업하려면 정렬되지 않은 컨테이너를 사용한다(12.6절).

[24] 원소를 순서대로 순회하려면 정렬된 컨테이너(map과 set 등)를 사용한다(12.5절).

[25] 자연스러운 순서가 없는 (즉, 알맞은 <가 없는) 원소 타입에는 정렬되지 않은 컨테이너(unordered_map 등)를 사용한다(12.5절).

[26] 컨테이너 크기가 바뀌더라도 원소로의 포인터를 안정적으로 유지하려면 연관 컨테이너(map과 list 등)를 사용한다(12.8절).

[27] 적절한 해시 함수인지 검사하려면 실험하자(12.6절).

[28] 표준 해시 함수를 배타적 논리합 연산자(ˆ)로 조합해 만든 해시 함수가 일반적으로 성능이 좋다(12.6절).

[29] 데이터 구조를 직접 만들기보다는 표준 라이브러리 컨테이너를 익히고 사용하자(12.8절).

[30] 애플리케이션에 메모리 관련 성능 이슈가 발생하면 자유 저장소 사용을 최소화하고/하거나 특수 할당자 사용을 고려하자(12.7절).

13

알고리듬

필요 이상으로 실체를 확대하지 말라.
— 윌리엄 오컴^{William Occam}

- 소개
- 반복자 사용
- 반복자 타입
    - 스트림 반복자
- 프레디킷 사용
- 알고리듬 개요
- 병렬 알고리듬
- 조언

13.1 소개

리스트나 벡터 같은 데이터 구조는 그 자체로는 크게 쓸모가 없다. 사용하려면 (list와 vector에 제공되듯이) 원소 추가와 삭제 같은 기초 접근 연산이 있어야 한다. 또한 컨테이너에 객체를 저장하기만 하는 경우는 드물다. 정렬하고 출력하고 부분 집합을 추출하고 원소를 제거하고 객체를 찾는다. 따라서 표준 라이브러리는 가장 일반적인 컨테이너 타입만 제공하는 것이 아니라 컨테이너에 쓰일 가장 일반적인 알고리듬도 제공한다. 예를 들어 Entry로 이뤄진 vector를 간단하고 효율적으로 정렬한 후 고유한 각 vector 원소를 list 에 넣을 수 있다.

```
void f(vector<Entry>& vec, list<Entry>& lst)
{
  sort(vec.begin(),vec.end());                    // <를 사용해 정렬한다
  unique_copy(vec.begin(),vec.end(),lst.begin()); // 인접한 동등 원소는 복사하지 않는다
}
```

이렇게 동작하려면 적다(<)와 동등(==)이 Entry에 정의돼 있어야 한다. 예제로 보자.

```
bool operator<(const Entry& x, const Entry& y) // 적다
{
  return x.name<y.name;                         // Entry를 이름순으로 정렬한다
}
```

표준 알고리듬은 (반 개 구간) 원소 시퀀스로 표현된다. 시퀀스^{sequence}는 첫 번째 원소와 마지막 원소 바로 다음을 명시하는 반복자 쌍이다.

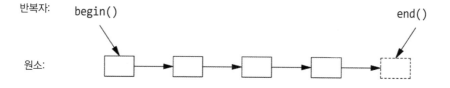

위 예에서 sort()는 반복자 쌍 vec.begin()과 vec.end()로 정의된 시퀀스, 즉 vector의 모든 원소로 이뤄진 시퀀스를 정렬한다. lst에 작성(출력)할 때는 작성하려는 첫 번째 원소 만 명시하면 된다. 원소를 둘 이상 작성하면 최초 원소 뒤에 나오는 원소들을 덮어쓴다. 다 시 말해 오류를 피하려면 lst의 원소 수가 vec 내 고유한 값 수 이상이어야 한다.

안타깝게도 표준 라이브러리 컨테이너는 범위를 검사해 작성하는 추상을 지원하지 않는다. 하지만 따로 정의할 수는 있다.

```
template<typename C>
class Checked_iter {
public:
  using value_type = typename C::value_type;
  using difference_type = int;

  Checked_iter() { throw Missing_container{}; } // forward_iterator 콘셉트에는
                                                  기본 생성자가 필요하다
  Checked_iter(C& cc) : pc{ &cc } {}
  Checked_iter(C& cc, typename C::iterator pp) : pc{ &cc }, p{ pp } {}

  Checked_iter& operator++() { check_end(); ++p; return *this; }
  Checked_iter operator++(int) { check_end(); auto t{ *this }; ++p; return t; }
  value_type& operator*() const { check_end(); return *p; }

  bool operator==(const Checked_iter& a) const { return p==a.p; }
  bool operator!=(const Checked_iter& a) const { return p!=a.p; }
private:
  void check_end() const { if (p == pc->end()) throw Overflow{}; }
  C* pc {}; // 기본적으로 nullptr로 초기화된다
  typename C::iterator p = pc->begin();
};
```

표준 라이브러리 수준에는 미치지 못하지만 방법은 보여준다.

```
vector<int> v1 {1, 2, 3};    // 원소 3개
vector<int> v2(2);           // 원소 2개

copy(v1, v2.begin());        // 오버플로우된다
copy(v1, Checked_iter{v2});  // 던진다
```

앞선 읽고 정렬하기 예제에서 새 list에 고유한 원소를 넣으려면 다음과 같이 작성한다.

```
list<Entry> f(vector<Entry>& vec)
{
  list<Entry> res;
  sort(vec.begin(),vec.end());
  unique_copy(vec.begin(),vec.end(),back_inserter(res)); // res에 이어 붙인다
```

```
    return res;
}
```

back_inserter(res) 호출은 res에 반복자를 생성해 컨테이너 끝에 원소를 추가하고, 원소를 넣을 공간을 만들기 위해 컨테이너를 확장한다. 이로써 미리 정해진 양의 공간을 할당한 후 채우지 않아도 된다. 즉, 표준 컨테이너와 back_inserter()로 오류가 발생하기 쉬운 realloc() 방식의 명시적 C 스타일 메모리 관리를 대체할 수 있다. 표준 라이브러리 list는 (수천 개의 원소로 된 list라도) 값으로 res를 효율적으로 반환할 수 있게 이동 생성자(6.2.2절)를 지원한다.

sort(vec.begin(),vec.end()) 같은 반복자 쌍 스타일로 코드를 작성하기 번거로우면 범위 기반 알고리듬을 사용해 sort(vec)(13.5절)을 작성해도 된다. 어떻게 작성해도 동등하다. 이와 비슷하게 범위 기반 for 루프도 반복자를 직접 사용하는 C 스타일 루프와 거의 동등하다.

```
for (auto& x : v) cout<<x; // v의 모든 원소를 작성한다
for (auto p = v.begin(); p!=v.end(); ++p) cout<<*p; // v의 모든 원소를 작성한다
```

범위 기반 for 버전이 더 간단하고 오류 발생 가능성이 적을 뿐만 아니라 보통은 더 효율적이다.

13.2 반복자 사용

컨테이너에는 유용한 원소들을 참조하는 몇 가지 반복자가 있다. begin()과 end()가 가장 좋은 예이다. 그 밖에도 많은 알고리듬에서 반복자를 반환한다. 예를 들어 표준 알고리듬 find는 시퀀스에서 값을 검색해 발견한 원소들의 반복자를 반환한다.

```
bool has_c(const string& s, char c) // s가 문자 c를 포함하는가?
{
  auto p = find(s.begin(),s.end(),c);
  if (p!=s.end())
    return true;
```

```
    else
      return false;
}
```

많은 표준 라이브러리 알고리듬처럼 find도 end()를 반환해 "찾지 못함"을 나타낸다. has_c()를 더 간결하게 정의할 수도 있다.

```
bool has_c(const string& s, char c) // s가 문자 c를 포함하는가?
{
  return find(s,c)!=s.end();
}
```

문자열에서 어떤 문자가 나오는 모든 위치를 찾는 문제는 더욱 흥미롭다. vector<char*>로 위치 집합을 반환하면 된다. vector는 이동 시맨틱(6.2.1절)을 제공하므로 vector 반환이 효율적이다. 찾아낸 위치를 수정하고 싶으면 const가 아닌 문자열을 전달한다.

```
vector<string::iterator> find_all(string& s, char c) // s에서 c가 나오는 위치를 모두 찾는다
{
  vector<char*> res;
  for (auto p = s.begin(); p!=s.end(); ++p)
    if (*p==c)
      res.push_back(&*p);
  return res;
}
```

일반적인 루프로 문자열을 순회하며 ++를 이용해 반복자 p를 한 번에 원소 하나씩 앞으로 이동하고 역참조 연산자 *로 원소들을 살펴본다. 이제 find_all()을 테스트해보자.

```
void test()
{
  string m {"Mary had a little lamb"};
  for (auto p : find_all(m,'a'))
    if (*p!='a')
      cerr << "a bug!\n";
}
```

위 find_all() 호출을 그림으로 나타내면 다음과 같다.

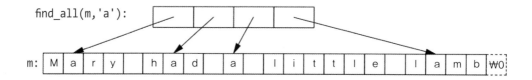

반복자와 표준 알고리듬은 각각을 사용하면 알맞을 모든 표준 컨테이너에서 동등하게 동작한다. 따라서 find_all()을 일반화할 수 있다.

```
template<typename C, typename V>
vector<typename C::iterator> find_all(C& c, V v) // c에서 v가 나오는 모든 위치를 찾는다
{
  vector<typename C::iterator> res;
  for (auto p = c.begin(); p!=c.end(); ++p)
    if (*p==v)
      res.push_back(p);
  return res;
}
```

컴파일러에게 C의 iterator가 하나의 타입이지 정수 7처럼 어떤 타입의 값이 아님을 알리려면 typename이 필요하다.

혹은 원래 원소를 가리키는 포인터들의 벡터로 반환해도 된다.

```
template<typename C, typename V>
auto find_all(C& c, V v) // c에서 v가 나오는 모든 위치를 찾는다
{
  vector<range_value_t<C>*> res;
  for (auto& x : c)
    if (x==v)
      res.push_back(&x);
  return res;
}
```

한발 더 나아가 원소 타입을 명명하는 표준 라이브러리 range_value_t(16.4.4절)와 범위 기

반 for 루프로 코드를 간소화했다. 간소화한 range_value_t는 다음과 같이 정의한다.

```cpp
template<typename T>
using range_value_type_t = T::value_type;
```

두 버전의 find_all() 중 하나를 사용해 다음을 작성할 수 있다.

```cpp
void test()
{
  string m {"Mary had a little lamb"};

  for (auto p : find_all(m,'a'))     // p는 string::iterator다
    if (*p!='a')
      cerr << "string bug!\n";

  list<int> ld {1, 2, 3, 1, -11, 2};
  for (auto p : find_all(ld,1))      // p는 list<int>::iterator다
    if (*p!=1)
      cerr << "list bug!\n";

  vector<string> vs {"red", "blue", "green", "green", "orange", "green"};
  for (auto p : find_all(vs,"red")) // p는 vector<string>::iterator다
    if (*p!="red")
      cerr << "vector bug!\n";

  for (auto p : find_all(vs,"green"))
    *p = "vert";
}
```

반복자는 알고리듬과 컨테이너를 분리시킨다. 알고리듬은 반복자를 통해 데이터를 처리하므로 원소가 저장된 컨테이너에 대해 전혀 모른다. 반대로 컨테이너 역시 원소에 어떤 알고리듬이 수행되는지 전혀 모른다. 요청(예를 들어 begin()과 end())에 따라 반복자를 제공할 뿐이다. 이러한 데이터 저장소와 알고리듬 간 분리 모델은 매우 일반적이고 유연한 소프트웨어로 이어진다.

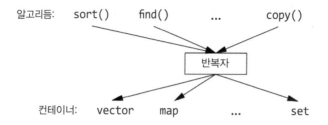

13.3 반복자 타입

반복자란 실제로 어떤 형태일까? 모든 반복자는 어떤 타입의 객체다. 하지만 반복자 타입은 매우 다양하다. 반복자는 특정 컨테이너 타입을 처리하는 데 필요한 정보를 담고 있어야 한다. 반복자가 쓰이는 컨테이너와 특수한 요구 사항이 각각 다른 만큼 반복자 타입도 다를 수 있다. 예를 들어 vector의 원소는 포인터로 참조하면 알맞으니 vector의 반복자는 평범한 포인터일 수 있다.

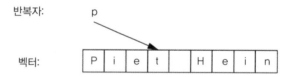

혹은 vector로의 포인터와 인덱스로 vector의 반복자를 구현할 수도 있다.

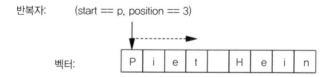

이렇게 반복자를 사용하면 범위 검사가 가능하다.

list 반복자는 단순히 원소로의 포인터만으로는 부족하다. 일반적으로 list의 원소는 그 list의 다음 원소가 어디에 있는지 모르기 때문이다. 즉, list 반복자는 링크로의 포인터일 수 있다.

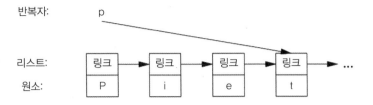

시맨틱과 연산의 명명은 모든 반복자에 공통이다. 예를 들어 어느 반복자에 ++를 사용하든 다음 원소를 참조하는 반복자를 내놓는다. 비슷하게 *는 반복자가 참조하는 원소를 내놓는다. 실제로 이와 같은 몇 가지 간단한 규칙을 따르는 모든 객체가 반복자다. 반복자[iterator]는 일반적인 개념이자 콘셉트(8.2절)이며, 다양한 종류의 반복자를 forward_iterator, random_access_iterator(14.5절) 같은 표준 라이브러리 concept로 사용할 수 있다. 뿐만 아니라 각 컨테이너는 자신의 반복자 타입을 "알고" 있고, 관례적으로 iterator와 const_iterator라는 이름으로 정의돼 있으니 사용자는 특정 반복자의 타입에 대해 거의 알 필요가 없다. 예를 들어 list<Entry>::iterator는 list<Entry>의 일반적인 반복자 타입이다. 그 타입이 세부적으로 어떻게 정의되는지 몰라도 된다.

표준 라이브러리는 X의 반복자만 정의돼 있으면 동작하는 iterator_t<X>도 제공하니 반복자가 멤버 타입이 아닐 때 사용하자.

13.3.1 스트림 반복자

반복자는 컨테이너 내 원소 시퀀스를 처리하는 보편적이고 유용한 콘셉트다. 하지만 컨테이너만 원소 시퀀스를 포함하진 않는다. 입력 스트림이 값 시퀀스를 생성하기도 하고 이러한 값 시퀀스를 출력 스트림에 작성하기도 한다. 이처럼 반복자 개념은 입력과 출력에도 유용하다.

ostream_iterator를 만들려면 어떤 스트림을 사용할지 그리고 어떤 객체 타입을 그 스트림에 작성할지 명시해야 한다. 예제로 보자.

```
ostream_iterator<string> oo {cout}; // cout에 문자열을 작성한다
```

*oo에 문자열을 할당하면 할당된 값이 cout에 작성된다. 예제로 보자.

```cpp
int main()
{
  *oo = "Hello, "; // cout<<"Hello, "를 의미한다
  ++oo;
  *oo = "world!\n"; // cout<<"world!\n"을 의미한다
}
```

고전적인 메시지를 표준 출력에 작성하는 또 다른 방법을 알아봤다. ++oo는 포인터를 이용해 마치 배열에 작성하듯이 문자열을 스트림에 작성한다. 이러한 방법으로 스트림에 알고리듬을 사용할 수 있다. 예제로 보자.

```cpp
vector<string> v{ "Hello", ", ", "World!\n" };
copy(v, oo);
```

비슷하게 istream_iterator는 입력 스트림을 읽기 전용 컨테이너처럼 다루게 해준다. 마찬가지로 사용할 스트림과 예상 값 타입을 명시해야 한다.

```cpp
istream_iterator<string> ii {cin};
```

시퀀스를 나타내는 쌍에 입력 반복자가 쓰이므로 입력 끝을 가리키는 istream_iterator를 제공해야 한다. 다음은 기본 istream_iterator이다.

```cpp
istream_iterator<string> eos {};
```

istream_iterator와 ostream_iterator를 직접 사용하는 경우는 드물다. 대개 알고리듬의 인수로 제공한다. 예제로서 파일을 읽어 단어를 정렬한 후 중복을 제거하고 그 결과를 또 다른 파일에 작성하는 간단한 프로그램을 작성해보자.

```cpp
int main()
{
  string from, to;
  cin >> from >> to;                  // 소스와 타깃 파일명을 읽어들인다
```

```
    ifstream is {from};                  // 파일 "from"의 입력 스트림
    istream_iterator<string> ii {is};    // 스트림의 입력 반복자
    istream_iterator<string> eos {};     // 입력 센티널

    ofstream os {to}; // 파일 "to"의 출력 스트림
    ostream_iterator<string> oo {os,"\n"};   // 스트림의 출력 반복자와 구분자

    vector<string> b {ii,eos};           // b는 입력으로 초기화되는 벡터이다
    sort(b); // 버퍼를 정렬한다

    unique_copy(b,oo);                   // 버퍼를 출력으로 복사하고 중복 값을 버린다

    return !is.eof() || !os;             // 오류 상태를 반환한다(1.2.1절, 11.4절)
}
```

범위 버전의 sort()와 unique_copy()를 사용했다. 앞선 코드에서 자주 봤듯이 sort(b. begin(),b.end())처럼 반복자를 직접 사용해도 된다.

전통적인 반복자 버전의 표준 라이브러리 알고리듬과 그에 해당하는 범위 버전을 모두 사용하려면 아래처럼 명시적으로 범위 버전 호출임을 알리거나 using 선언을 사용해야 한다 (9.3.2절).

```
copy(v, oo);                 // 잠재적으로 모호할 수 있다
ranges::copy(v, oo);         // OK
using ranges::copy(v, oo);   // 여기서부터는 copy(v, oo)를 사용해도 된다
copy(v, oo);                 // OK
```

ifstream은 파일(11.7.2절)에 붙일 수 있는 istream이고, ofstream은 파일에 붙일 수 있는 ostream이다. ostream_iterator의 두 번째 인수는 출력 값의 경계를 정한다.

사실 위 프로그램은 필요 이상으로 길다. 문자열을 vector로 읽고, sort()하고, 중복을 제거하고, 작성한다. 보다 간결한 해법은 중복을 처음부터 저장하지 않는 것이다. 중복을 허용하지 않고 원소를 순서대로 저장하는 set에 string을 넣으면 간단하다(12.5절). 이렇게 하면 vector를 사용하는 2줄을 set을 사용하는 1줄로 대체하고, unique_copy()를 더 간단한 copy()로 대체할 수 있다.

```
set<string> b {ii,eos};  // 입력을 string으로 모은다
copy(b,oo);              // 버퍼를 출력에 복사한다
```

ii, eos, oo라는 이름은 딱 한 번만 쓰이므로 코드를 더 줄일 수 있다.

```
int main()
{
  string from, to;
  cin >> from >> to;                          // 소스와 타깃 파일명을 읽어들인다

  ifstream is {from};                         // 파일 "from"의 입력 스트림
  ofstream os {to};                           // 파일 "to"의 출력 스트림

  set<string> b {istream_iterator<string>{is},istream_iterator<string>{}};
                                              // 입력을 읽는다
  copy(b,ostream_iterator<string>{os,"\n"});  // 출력에 복사한다

  return !is.eof() || !os;                    // 오류 상태를 반환한다(1.2.1절, 11.4절)
}
```

이러한 간소화가 정말 가독성을 높이는지에 대한 답은 개인의 취향과 경험에 따라 달라진다.

13.4 프레디킷 사용

지금까지의 예제에서 알고리듬은 시퀀스의 각 원소에 수행할 동작을 단순히 "내장"시켰다. 하지만 보통은 그 동작을 알고리듬의 인자로 넣고 싶다. 어떤 값을 찾는 편리한 방법인 find 알고리듬(13.2절, 13.5절)을 생각해보자. 좀 더 일반적인 변형은 명시한 요구 사항, 즉 프레디킷predicate을 충족하는 원소를 찾는다. map에서 42보다 큰 첫 번째 값을 찾는다고 하자. map은 원소들을 (키, 값) 쌍 시퀀스로 접근하게 해주므로 int가 42보다 큰 pair<const string,int>를 찾아 map<string,int>의 시퀀스를 검색할 수 있다.

```
void f(map<string,int>& m)
{
```

```
  auto p = find_if(m,Greater_than{42});
  // ...
}
```

위 코드에서 Greater_than은 값(42)를 저장한 함수 객체(7.3.2절)로 pair<string,int> 타입의 map 항목과 비교된다.

```
struct Greater_than {
  int val;
  Greater_than(int v) : val{v} { }
  bool operator()(const pair<string,int>& r) const { return r.second>val; }
};
```

다음의 람다식(7.3.2절)을 사용해도 동등하다.

```
auto p = find_if(m, [](const auto& r) { return r.second>42; });
```

프레디킷은 적용될 원소를 수정해서는 안 된다.

13.5 알고리듬 개요

알고리듬의 일반적 정의는 다음과 같다. "알고리듬은 특정 문제 집합을 해결하는 연산 시퀀스를 제공하는 유한 규칙 집합으로 유한성, 명확성, 입력, 출력, 유효성이라는 다섯 가지 중요한 특징을 지닌다"[Knuth,1968,1.1절]. C++ 표준 라이브러리 측면에서 보면 알고리듬은 원소 시퀀스에 수행되는 함수 템플릿이다.

표준 라이브러리는 아주 많은 알고리듬을 제공한다. std 네임스페이스에 정의되며, <algorithm>과 <numeric> 헤더로 표현된다. 이러한 표준 라이브러리 알고리듬은 모두 입력으로 시퀀스를 받는다. b부터 e까지의 반 개 시퀀스를 [b:e]라 표기한다. 몇 가지 알고리듬을 살펴보자.

선별된 표준 알고리듬 〈algorithm〉	
f=for_each(b,e,f)	[b:e] 내 각 원소 x에 대해 f(x)를 수행한다
p=find(b,e,x)	p는 *p==x를 만족하는 [b:e) 내 첫 번째 p이다.
p=find_if(b,e,f)	p는 f(*p)를 만족하는 [b:e) 내 첫 번째 p이다.
n=count(b,e,x)	n은 *q==x를 만족하는 [b:e) 내 *q의 원소 수이다.
n=count_if(b,e,f)	n은 f(*q)를 만족하는 [b:e) 내 *q의 원소 수이다.
replace(b,e,v,v2)	*q==v를 만족하는 [b:e) 내 *q 원소들을 v2로 치환한다.
replace_if(b,e,f,v2)	f(*q)를 만족하는 [b:e) 내 *q 원소들을 v2로 치환한다.
p=copy(b,e,out)	[b:e)를 [out:p)로 복사한다.
p=copy_if(b,e,out,f)	f(*q)를 만족하는 [b:e) 내 *q 원소들을 [out:p)로 복사한다.
p=move(b,e,out)	[b:e)를 [out:p)로 이동시킨다.
p=unique_copy(b,e,out)	[b:e)를 [out:p)로 복사하되 인접한 중복은 복사하지 않는다.
sort(b,e)	<를 정렬 기준으로 사용해 [b:e)의 원소들을 정렬한다.
sort(b,e,f)	f를 정렬 기준으로 사용해 [b:e)의 원소들을 정렬한다.
(p1,p2)=equal_range(b,e,v)	[p1:p2)는 값 v로 된 정렬된 시퀀스 [b:e)의 부분 시퀀스이다. 기본적으로 v를 찾는 이진 검색이다.
p=merge(b,e,b2,e2,out)	정렬된 두 시퀀스 [b:e)와 [b2:e2)를 [out:p)로 병합한다.
p=merge(b,e,b2,e2,out,f)	f로 비교해 정렬된 두 시퀀스 [b:e)와 [b2:e2)를 [out:p)로 병합한다.

〈ranges〉는 [b:e) 범위를 받는 알고리듬마다 각각에 해당하는 범위 버전의 알고리듬을 제공한다. 전통적인 표준 라이브러리 알고리듬의 반복자 버전과 그에 해당하는 범위 버전을 둘 다 사용하려면 명시적으로 범위 호출임을 알리거나 using 선언을 사용해야 함을 잊지 말자(9.3.2절).

위 알고리듬을 비롯해 많은 알고리듬(예를 들어 17.3절)을 컨테이너의 원소, string, 내장 배열에 적용할 수 있다.

replace()와 sort() 등의 알고리듬이 원소 값을 수정하긴 하지만 어떤 알고리듬도 컨테이너의 원소를 추가하거나 삭제하진 않는다. 시퀀스는 그 시퀀스의 원소가 저장된 컨테이너를 식별하지 못하기 때문이다. 원소를 추가하거나 삭제하려면 컨테이너에 대해 아는 무언가를 이용하거나(가령 back_inserter. 13.1절) 컨테이너 자체를 직접 참조해야 한다(가령 push_back()이나 erase(). 12.2절).

연산을 인수로 전달할 때에는 흔히 람다를 사용한다. 예제로 보자.

```
vector<int> v = {0,1,2,3,4,5};
for_each(v,[](int& x){ x=x*x; });                          // v=={0,1,4,9,16,25}
for_each(v.begin(),v.begin()+3,[](int& x){ x=sqrt(x); }); // v=={0,1,2,9,16,25}
```

표준 라이브러리 알고리듬은 직접 만드는 일반적인 루프보다 보통은 더 신중하게 디자인되고 명시되고 구현된다. 잘 익혀 둬서 가장 기초적인 언어로 직접 작성하는 코드보다 우선적으로 사용하자.

13.6 병렬 알고리듬

여러 데이터 항목에 동일한 작업을 수행할 때에는 각 데이터 항목에 대한 계산이 독립적이라는 가정하에 각각을 병렬로 실행할 수 있다.

- **병렬 실행**: 다수의 스레드에서 작업을 수행한다(주로 몇 개의 프로세서 코어로 실행)
- **벡터화 실행**: 벡터화를 이용해 하나의 스레드에서 작업을 수행한다. SIMD("Single Instruction, Multiple Data")라고도 부른다.

표준 라이브러리는 둘 다 지원하며, 순차 실행을 원한다고 명시할 수도 있다. 다음은 네임스페이스 execution 내 <execution>에 들어 있는 알고리듬이다.

- seq: 순차 실행
- par: 병렬 실행(가능하다면)
- unseq: 비순차(벡터화) 실행(가능하다면)
- par_unseq: 병렬과/이나 비순차(벡터화) 실행(가능하다면)

std::sort()를 생각해보자.

```
sort(v.begin(),v.end());              // 순차
sort(seq,v.begin(),v.end());          // 순차(기본과 같다)
sort(par,v.begin(),v.end());          // 병렬
sort(par_unseq,v.begin(),v.end()); // 병렬과/이나 벡터화
```

알고리듬, 시퀀스 내 원소 수, 하드웨어, 그 하드웨어에 실행되는 프로그램의 하드웨어 가동률에 따라 병렬화하고(하거나) 벡터화할 가치가 있는지가 결정된다. 결국 실행 정책 지표 execution policy indicator는 힌트일 뿐이다. 컴파일러와/나 런타임 스케줄러가 동시 실행을 얼마나 사용할지 결정한다. 전부 명확하지 않으므로 정확한 측정 없이 효율성을 판단하지 않는 규칙이 무엇보다 중요하다.

안타깝게도 병렬 알고리듬의 범위 버전은 아직 표준에서 지원하지 않으나 필요하다면 아래처럼 쉽게 정의할 수 있다.

```
void sort(auto pol, random_access_range auto& r)
{
  sort(pol,r.begin(),r.end());
}
```

equal_range를 제외하고 13.5절의 표에 나열한 알고리듬을 포함해 대부분의 표준 라이브러리 알고리듬은 sort()와 마찬가지로 par와 par_unseq로 병렬화하고 벡터화하라고 요청할 수 있다. 그렇다면 equal_range()는 왜 안 될까? 아직 누구도 쓸만한 병렬 알고리듬을 고안하지 못했기 때문이다.

많은 병렬 알고리듬이 주로 수 데이터에 쓰인다. 17.3.1절을 참고하자.

병렬 실행을 요청할 때에는 데이터 경합(18.2절)과 데드락(18.3절)이 발생하지 않도록 해야 한다.

13.7 조언

[1]   STL 알고리듬은 하나 이상의 시퀀스에 대해 실행된다(13.1절).

[2]   입력 시퀀스는 반 개이며 반복자 쌍으로 정의된다(13.1절).

[3]   특정 요구 사항에 맞는 사용자 반복자를 정의할 수 있다(13.1절).

[4]   많은 알고리듬을 I/O 스트림에 적용할 수 있다(13.3.1절).

[5]   검색 알고리듬은 주로 입력 시퀀스 끝을 반환해 "찾지 못함"을 나타낸다(13.2절).

[6] 알고리듬은 인수 시퀀스에 원소를 직접 추가하거나 삭제하지 않는다(13.2절, 13.5절).

[7] 루프를 작성할 때에는 일반적인 알고리듬으로 표현할 수 있는지부터 고려하자(13.2절).

[8] using 타입 에일리어스를 사용해 지저분한 표기를 정리하자(13.2절).

[9] 프레디킷과 다른 함수 객체를 사용해 표준 알고리듬에 더욱 폭넓은 의미를 부여하자(13.4절, 13.5절).

[10] 프레디킷은 인수를 수정해서는 안 된다(13.4절).

[11] 표준 라이브러리 알고리듬을 알아두고 직접 작성하는 루프보다 우선시하자(13.5절).

14

범위

> 강력한 논증이라도
> 경험을 통해 결론을 검증하지 않는 한 무엇도 입증하지 못한다.
>
> — 로저 베이컨^{Roger Bacon}

- 소개
- 뷰
- 생성자
- 파이프라인
- 콘셉트 개요
  타입 콘셉트, 반복자 콘셉트, 범위 콘셉트
- 조언

14.1 소개

표준 라이브러리는 콘셉트를 사용하는 제한된 알고리듬(8장)과 (호환을 위해) 제한되지 않은 알고리듬을 모두 제공한다. 제한된(콘셉트) 버전은 네임스페이스 ranges 내 <ranges>에 들어 있다. 당연히 콘셉트를 사용하는 버전이 낫다. range는 {begin(), end()} 쌍으로 정의되는 C++98 시퀀스의 일반화로서 원소 시퀀스의 조건을 명시한다. range는 다음과 같이 정의할 수 있다.

- {begin,end} 반복자 쌍

- {begin,n} 쌍. begin은 반복자, n은 원소수

- {begin,pred} 쌍. begin은 반복자, pred는 프레디킷. 반복자 p에 대해 pred(p)가 true이면 범위 끝에 도달한 것이다. 이로써 무한 범위와 필요에 따라 생성되는 범위를 만들 수 있다.

위 range 콘셉트 덕분에 1994년부터 사용했던 STL을 사용한 sort(v.begin(),v.end()) 대신 sort(v)라고 명령할 수 있게 됐다. 사용자 알고리듬도 비슷하게 바꿀 수 있다.

```
template<forward_range R>
  requires sortable<iterator_t<R>>
void my_sort(R& r) // 현대적인 my_sort의 콘셉트 제약 버전
{
  return my_sort(r.begin(),r.end()); // 1994년 방식의 정렬을 사용한다
}
```

범위는 일반적인 알고리듬 용도의 99% 정도를 좀 더 직접적으로 표현하게 해준다. 표기적 이점 외에도 최적화 기회와 더불어 sort(v1.begin(),v2.end())와 sort(v.end(),v.begin()) 같은 "어리석은 오류"를 없애준다. 놀랍겠지만 이러한 오류가 실제로 생상 코드에서 종종 보인다.

당연히 다양한 종류의 반복자 쌍마다 다양한 종류의 범위가 존재한다. 특히 input_range, forward_range, bidirectional_range, random_access_range, contiguous_range는 concept로 표현된다(14.5절).

14.2 뷰

뷰는 범위를 보는 방법이다. 예제로 보자.

```
void user(forward_range auto& r)
{
  filter_view v {r, [](int x) { return x%2; } }; // r에서 홀수(만)를 본다
```

```
  cout << "odd numbers: "
  for (int x : v)
    cout << x << ' ';
}
```

filter_view를 읽으면 그 범위를 읽는다. 읽은 값이 프레디킷에 부합하면 반환하고 그렇지 않으면 filter_view는 범위 내 다음 원소를 읽고 검사한다.

많은 범위가 무한이다. 또한 값 몇 개만 필요할 때가 많다. 그래서 범위에서 값 몇 개만 가져오는 뷰가 존재한다.

```
void user(forward_range auto& r)
{
  filter_view v{r, [](int x) { return x%2; } };  // r에서 홀수(만)를 본다
  take_view tv {v, 100 };                         // v에서 최대 100개 원소를 본다

  cout << "odd numbers: "
  for (int x : tv)
    cout << x << ' ';
}
```

take_view를 직접 사용하면 따로 명명하지 않아도 된다.

```
for (int x : take_view{v, 3})
  cout << x << ' ';
```

filter_view도 마찬가지다.

```
for (int x : take_view{ filter_view { r, [](int x) { return x % 2; } }, 3 })
  cout << x << ' ';
```

이처럼 뷰가 몇 개만 중첩돼도 이해하기 어려워지므로 다른 대안으로 파이프라인(14.4절)을 사용한다.

표준 라이브러리는 범위 어댑터^{range adaptor}라 부르는 많은 뷰를 제공한다.

표준 라이브러리 뷰(범위 어댑터) ‹ranges›	
v는 뷰, r은 범위, p는 프레디킷, n은 정수	
v=all_view{r}	v는 r의 모든 원소이다.
v=filter_view{r,p}	v는 p를 만족하는 r의 원소이다.
v=transform_view{r,f}	v는 r의 각 원소에 f를 호출한 결과이다.
v=take_view{r,n}	v는 r의 최대 n개 원소이다.
v=take_while_view{r,p}	v는 p를 만족하지 않는 원소가 나타날 때까지 r의 원소이다.
v=drop_view{r,n}	v는 n+1번째 원소로 시작하는 r의 원소이다.
v=drop_while_view{r,p}	v는 p를 만족하지 않는 첫 번째 원소로 시작하는 r의 원소이다.
v=join_view{r}	v는 r을 1차원 배열로 변환한 버전이고, r의 원소들은 범위여야 한다.
v=split_view(r,d)	v는 구분자 d로 구분된 r의 부분 범위의 범위이고, d는 원소나 범위여야 한다.
v=common_view(r)	v는 (begin:end) 쌍으로 묘사된 r이다.
v=reverse_view{r}	v는 r을 거꾸로 한 원소들이고, r은 양방향 접근이 가능해야 한다.
v=views::elements‹n›(r)	v는 r의 tuple 원소들의 n번째 원소들의 범위이다.
v=keys_view{r}}	v는 r의 pair 원소들의 첫 번째 원소들의 범위이다.
v=values_view{r}	v는 r의 pair 원소들의 두 번째 원소들의 범위이다.
v=ref_view{r}	v는 r의 원소들을 참조하는 원소들의 범위이다.

뷰가 제공하는 인터페이스는 범위의 인터페이스와 매우 비슷해 많은 경우 범위를 사용할 수 있는 위치에 뷰를 같은 방식으로 사용할 수 있다. 다만 뷰는 원소를 소유하지 않는다는 점이 크게 다르다. 뷰는 바라보고 있는 범위의 원소를 삭제할 책임이 없으며, 이는 범위의 책임이다. 한편 뷰는 그 범위보다 오래 지속되면 안 된다.

```
auto bad()
{
  vector v = {1, 2, 3, 4};
  return filter_view{v,odd}; // v는 뷰 전에 소멸된다
}
```

뷰는 복사 비용이 작아 값으로 전달한다.

이해를 돕기 위해 간단한 표준 타입을 예제에 사용했으나 당연히 사용자 정의 타입의 뷰도 만들 수 있다. 예제로 보자.

```
struct Reading {
  int location {};
  int temperature {};
  int humidity {};
  int air_pressure {};
  // ...
};

int average_temp(vector<Reading> readings)
{
  if (readings.size()==0) throw No_readings{};
  double s = 0;
  for (int x: views::elements<1>(readings)) // 온도만 본다
    s += x;
  return s/readings.size();
}
```

14.3 생성자

범위는 대개 필요에 따라 그때그때 생성해야 한다. 이를 위해 표준 라이브러리는 몇 가지 간단한 생성자generator(팩토리factory라고도 함)를 제공한다.

범위 팩토리 <ranges> v는 뷰, x는 원소 타입 T의 원소, is는 istream	
v=empty_view<T>{}	v는 타입 T 원소들의(원소가 있다면) 빈 범위
v=single_view{x}	v는 한 원소 x의 범위
v=iota_view{x}	v는 원소 n개의 범위: x, x+1, …, y-1 ++로 증가한다.
v=iota_view{x,y}	v is a range of n elements: x, x+1, …, y-1 ++로 증가한다.
v=istream_view<T>{is}	v는 is의 T에 >>를 호출해 얻는 범위

iota_view는 간단한 시퀀스 생성에 유용하다. 예제로 보자.

```
for (int x : iota_view(42,52)) // 42 43 44 45 46 47 48 49 50 51
  cout << x << ' ';
```

istream_view를 통해 간단하게 범위 기반 for 루프에서 istream을 사용할 수 있다.

```
for (auto x : istream_view<complex<double>>(cin))
  cout << x << '\n';
```

다른 뷰처럼 istream_view도 다른 뷰들로 구성할 수 있다.

```
auto cplx = istream_view<complex<double>>(cin);

for (auto x : transform_view(cplx, [](auto z){ return z*z;}))
  cout << x << '\n';
```

입력 1 2 3은 1 3 5를 생성한다.

14.4 파이프라인

각 표준 라이브러리 뷰(14.2절)마다 표준 라이브러리는 필터를 생성하는 함수를 제공한다. 이 필터는 필터 연산자 |에 인수로 쓰일 수 있는 객체다. 예를 들어 filter()는 filter_view를 반환한다. 이로써 여러 필터들을 중첩된 함수 호출 집합으로 표현하는 대신 순차적으로 필터를 조합할 수 있다.

```
void user(forward_range auto& r)
{
  auto odd = [](int x) { return x % 2; };

  for (int x : r | views::filter(odd) | views::take(3))
    cout << x << ' ';
}
```

입력 범위 1 2 3 4 5 6 7 8 9 0은 1 3 5를 생성한다.

익히 알다시피 (유닉스 파이프라인 연산자 |를 사용하는) 파이프라인 방식은 중첩 함수 호출

보다 읽기 쉽다. 파이프라인은 왼쪽에서 오른쪽으로 수행되고, f|g의 경우 f의 결과가 g로 전달되므로 r|f|g는 (g_filter(f_filter(r)))를 의미한다. 초기 r은 범위나 생성자여야 한다.

이러한 필터 함수는 네임스페이스 ranges::views에 들어 있다.

```
void user(forward_range auto& r)
{
  for (int x : r | views::filter([](int x) { return x % 2; } ) | views::take(3) )
    cout << x << ' ';
}
```

views::를 명시적으로 사용하면 코드를 읽기 더 쉽겠지만 코드 길이를 줄이는 방법도 있다.

```
void user(forward_range auto& r)
{
  using namespace views;

  auto odd = [](int x) { return x % 2; };

  for (int x : r | filter(odd) | take(3) )
    cout << x << ' ';
}
```

뷰와 파이프라인 구현은 상당히 당황스러울 수 있는 템플릿 메타 프로그래밍을 포함하므로 성능이 걱정스러우면 구현이 요구 사항대로 수행되는지 직접 측정하자. 수행하지 못한다면 종래의 방법을 따르면 된다.

```
void user(forward_range auto& r)
{
  int count = 0;
  for (int x : r)
    if (x % 2) {
      cout << x << ' ';
      if (++count == 3) return;
    }
}
```

다만 위 코드가 무엇을 하는지 그 논리가 명료하지 않다.

14.5 콘셉트 개요

표준 라이브러리는 다수의 유용한 콘셉트를 제공한다.

- 타입 특성을 정의하는 콘셉트(14.5.1절)
- 반복자를 정의하는 콘셉트(14.5.2절)
- 범위를 정의하는 콘셉트(14.5.3절)

14.5.1 타입 콘셉트

타입의 특성과 타입 간 관계에 관련된 콘셉트는 다양한 타입을 보여준다. 이러한 콘셉트는
대부분의 템플릿을 간소화하는 데 도움이 된다.

코어 언어 콘셉트 `<concepts>`	
T와 U는 타입이다.	
same_as<T,U>	T는 U와 같다.
derived_from<T,U>	T는 U로부터 상속받았다.
convertible_to<T,U>	T는 U로 변환할 수 있다.
common_reference_with<T,U>	T와 U는 공통 참조 타입을 공유한다.
common_with<T,U>	T와 U는 공통 타입을 공유한다.
integral<T>	T는 정수형 타입이다.
signed_integral<T>	T는 부호가 있는 정수형 타입이다.
unsigned_integral<T>	T는 부호가 없는 정수형 타입이다.
floating_point<T>	T는 부동소수점 타입이다.
assignable_from<T,U>	U는 T에 할당할 수 있다.
swappable_with<T,U>	T는 U와 교환할 수 있다.
swappable<T>	swappable_with<T,T>

많은 알고리듬은 int와 double이 섞인 표현식처럼 관련된 타입의 조합에 대해서도 동작해
야 한다. 이러한 조합이 수학적으로 타당한지 알려면 common_with를 사용한다.

common_with<X, Y>가 true면 먼저 둘을 common_type_t<X, Y>로 변환한 후 common_type_t<X, Y>을 사용해 X와 Y를 비교할 수 있다. 예제로 보자.

```
common_type<string, const char*> s1 = some_fct()
common_type<string, const char*> s2 = some_other_fct();

if (s1<s2) {
  // ...
}
```

타입 쌍에 공통 타입을 명시하려면 common 정의에 쓰인 common_type_t를 특수화한다. 예제로 보자.

```
using common_type_t<Bigint,long> = Bigint; // Bigint를 알맞게 정의해준다
```

다행히 라이브러리에 (아직) 적절한 정의가 없는 타입 조합에 연산할 것이 아니라면 common_type_t 특수화를 정의하지 않아도 된다.

비교와 관련된 콘셉트는 [Stepanov, 2009]에서 큰 영향을 받았다.

비교 콘셉트 <concepts>	
equality_comparable_with<T,U>	T와 U는 ==로 동등을 비교할 수 있다.
equality_comparable<T>	equality_comparablewith<T,T>
totally_ordered_with<T,U>	T와 U는 <, <=, >, >=로 비교할 수 있고 그 결과로 전 순서(total order)를 생성한다.
totally_ordered<T>	strict_totally_ordered_with<T,T>
three_way_comparable_with<T,U>	T와 U는 <=>로 비교할 수 있고 그 결과로 일관된 결과를 생성한다.
three_way_comparable<T>	strict_totally_ordered_with<T,T>

equality_comparable_with와 equality_comparable을 모두 사용하면 (지금까지는) 콘셉트를 오버로딩할 기회가 사라진다.

신기하게도 표준 boolean 콘셉트가 없다. 자주 필요하니 다음을 사용하자.

```
template<typename B>
concept Boolean =
  requires(B x, B y) {
    { x = true };
    { x = false };
    { x = (x == y) };
    { x = (x != y) };
    { x = !x };
    { x = (x = y) };
  };
```

템플릿을 작성할 때는 보통 타입을 분류해야 한다.

객체 콘셉트 <concepts>	
destructible<T>	T는 소멸될 수 있고 단항 &로 가져오는 주소를 갖는다.
constructible_from<T,Args>	T는 Args 타입의 인수 리스트로 생성될 수 있다.
default_initializable<T>	T는 기본 생성될 수 있다.
move_constructible<T>	T는 이동 생성될 수 있다.
copy_constructible<T>	T는 복사 생성과 이동 생성될 수 있다.
ovable<T>	move_constructable<T>와 assignable<T&, T>, swapable<T>
copyable<T>	copy_constructable<T>와 moveable<T>, assignable<T, const T&>
semiregular<T>	copyable<T>와 default_constructable<T>
regular<T>	semiregular<T>와 equality_comparable<T>

이상적인 타입은 regular다. regular 타입은 int와 거의 비슷하게 동작하며, 타입을 어떻게 사용할지 복잡하게 생각하지 않아도 된다(8.2절). 클래스에 기본 ==이 없다는 것은 대부분이 regular일 수 있고 regular여야 할지라도 대부분의 클래스가 semiregular로 시작한다는 의미이다.

연산을 제한된 템플릿 인수로 전달할 때는 항상 어떻게 호출할지, 때로는 시맨틱을 어떻게 가정했는지 명시해야 한다.

콜러블 콘셉트 <concepts>	
invocable<F,Args> regular_invocable<F,Args> predicate<F,Args> relation<F,T,U> equivalence_relation<F,T,U> strict_weak_order<F,T,U>	F는 Args 타입의 인수 리스트로 호출할 수 있다. invocable<F,Args>이면서 동등 보존 (equality preserving)이다. bool을 반환하는 regular_invocable<F,Args> 동치 관계(equivalence relation)를 제공하는 relation<F,T,U> 엄격한 약한 순서(strict weak order)를 제공하는 relation<F,T,U>

x==y가 f(x)==f(y)를 의미하면 함수 f()는 동등 보존equality preserving이다. invocable과 regular_invocable은 의미상으로만 다르다. 이를 (현재는) 코드로 표현할 수 없으므로 이름은 단순히 의도만 표현한다.

비슷하게 relation과 equivalence_relation도 의미상으로만 다르다. 동치 관계는 반사적reflexive이고, 대칭적symmetric이며, 이행적transitive이다.

relation과 strict_weak_order는 의미상으로만 다르다. 일반적으로 표준 라이브러리는 <같은 비교에 엄격한 약한 순서strict weak ordering를 가정한다.

14.5.2 반복자 콘셉트

전통적으로 표준 알고리듬은 반복자를 통해 데이터에 접근하므로 반복자 타입의 특성을 분류하는 콘셉트가 필요하다.

반복자 콘셉트 <iterators>	
input_or_output_iterator<I> sentinel_for<S,I> sized_sentinel_for<S,I> input_iterator<I> output_iterator<I> forward_iterator<I>	I는 증가(++)하고 역참조(*)될 수 있다. S는 Iterator 타입을 위한 센티널이다. 즉, S는 I의 값 타입에 대한 프레디킷이다. 연산자를 I에 적용할 수 있는 센티널 S I는 입력 반복자이고, *는 읽기 전용으로만 쓰일 수 있다. I는 다중 패스와 ==를 지원하는 전방 반복자이다.

반복자 콘셉트 <iterators>	
bidirectional_iterator<I>	--를 지원하는 forward_iterator<I>
random_access_iterator<I>	+와 -. +=. -=. []를 지원하는 bidirectional_iterator<I>
ontiguous_iterator<I>	인접한 메모리 내 원소들을 위한 random_access_iterator<I>
permutable<I>	이동과 교환을 지원하는 forward_iterator<I>
mergeable<I1,I2,R,O>	I1과 I2가 정의한 정렬된 시퀀스를 relation<R>을 사용해 병합 O로 할 수 있는가?
sortable<I>	I가 정의한 시퀀스를 less를 사용해 정렬할 수 있는가?
sortable<I,R>	I가 정의한 시퀀스를 relation<R>을 사용해 정렬할 수 있는가?

mergeable과 sortable은 C++20의 정의에 비해 간소화했다.

주어진 인수 집합에 가장 알맞은 알고리듬을 고르기 위해 다양한 종류(카테고리)의 반복자가 쓰인다. 8.2.2절과 16.4.1절을 참고하자. input_iterator 예제는 13.3.1절을 참고한다.

센티널의 기본 개념은 프레디킷을 만족하는 원소가 나타날 때까지 반복자에서 시작해 범위를 순회하는 것이다. 이런 식으로 반복자 p와 센티널 s는 범위 [p:s(*p))를 정의한다. 예를 들어 포인터를 반복자로 사용해 C 스타일 문자열을 순회하는 센티널의 프레디킷을 정의할 수 있다. 일반적인 반복자와 확실히 다르면서도 범위 순회에 쓰이는 반복자와 비슷한 형태로 프레디킷을 표현해야 하므로 안타깝게도 다음과 같은 보일러 플레이트 코드가 필요하다.

```
template<class Iter>
class Sentinel {
public:
  Sentinel(int ee) : end(ee) { }
  Sentinel() :end(0) {} // 콘셉트 sentinel_for에는 기본 생성자가 필요하다

  friend bool operator==(const Iter& p, Sentinel s) { return (*p == s.end); }
  friend bool operator!=(const Iter& p, Sentinel s) { return !(p == s); }
private:
  iter_value_t<const char*> end; // 센티널 값
};
```

friend 선언자는 클래스 범위scope 안에서 반복자를 센티널과 비교하는 ==와 != 이진 함수

를 정의하게 해준다.

위 Sentinel이 const_char*에 대한 sentinel_for의 요구 사항을 충족하는지 검사하려면 다음과 같이 한다.

```
static_assert(sentinel_for<Sentinel<const char*>, const char*>);
                                        // C 스타일 문자열의 Sentinel을 검사한다
```

이제 다소 독특하게 "Hello, World!" 프로그램을 작성할 수 있다.

```
const char aa[] = "Hello, World!\nBye for now\n";

ranges::for_each(aa, Sentinel<const char*>('\n'), [](const char x) { cout << x; });
```

실제로 위 코드는 뒤따르는 개행 문자 없이 Hello, World!를 작성한다.

14.5.3 범위 콘셉트

범위 콘셉트는 범위의 특성을 정의한다.

범위 콘셉트 <ranges>	
range<R>	R은 시작 반복자와 센티널로 된 범위이다.
sized_range<R>	R은 상수 시간에 크기를 아는 범위이다.
view<R>	R은 상수 시간에 복사, 이동, 할당하는 범위이다.
common_range<R>	R은 동일한 반복자와 센티널 타입으로 된 범위이다.
input_range<R>	R은 반복자 타입이 input_iterator를 만족하는 범위이다.
output_range<R>	R은 반복자 타입이 input_iterator를 만족하는 범위이다.
forward_range<R>	R은 반복자 타입이 forward_iterator를 만족하는 범위이다.
bidirectional_range<R>	R은 반복자 타입이 bidirectional_iterator를 만족하는 범위이다.
random_access_range<R>	R은 반복자 타입이 random_access_iterator를 만족하는 범위이다.
contiguous_range<R>	R은 반복자 타입이 contiguous_iterator를 만족하는 범위이다.

몇 가지 콘셉트가 <ranges>에 더 들어 있으나 위 집합을 시작점으로 삼으면 좋다. 범위 콘셉트는 입력의 타입 특성에 기반해 구현을 오버로딩하는 용도로 많이 쓰인다(8.2.2절).

14.6 조언

[1] 반복자 쌍 스타일이 번거로우면 범위 알고리듬을 사용하자(13.1절, 14.1절).

[2] 범위 알고리듬을 사용할 때는 명시적으로 그 이름을 소개해야 한다(13.3.1절).

[3] 범위를 처리하는 연산의 파이프라인은 view, generator, filter로 표현할 수 있다(14.2절, 14.3절, 14.4절).

[4] 프레디킷으로 범위를 끝내려면 센티널을 정의해야 한다(14.5절).

[5] static_assert를 사용해 특정 타입이 콘셉트의 요구 사항을 만족하는지 검사할 수 있다(8.2.4절).

[6] 범위 알고리듬을 사용하려는데 표준에 없으면 직접 작성하자(13.6절).

[7] 이상적인 타입은 regular이다(14.5절).

[8] 적용되는 표준 라이브러리 콘셉트를 사용하자(14.5절).

[9] 병렬 실행을 요청할 때는 데이터 경합(18.2절)과 데드락(18.3)을 없애자(13.6절).

15

포인터와 컨테이너

교육은 무엇을, 언제, 왜 해야 하는지를 알려준다.
훈련은 어떻게 하는지를 알려준다.

— 리처드 해밍Richard Hamming

- 소개
- 포인터
    - unique_ptr과 shared_ptr, span
- 컨테이너
    - array, bitset, pair, tuple
- 대안
    - variant, optional, any
- 조언

15.1 소개

C++는 데이터를 저장하고 참조하는 간단한 내장 저수준 타입을 제공한다. 객체와 배열은
데이터를 저장하고 포인터와 배열은 이러한 데이터를 참조한다. 하지만 보다 특수하면서
보다 일반적으로 데이터를 저장하고 사용하는 방법을 지원해야 한다. 예를 들어 표준 라이
브러리 컨테이너(12장)와 반복자(13.3절)는 일반적 알고리듬을 지원하도록 디자인된다.

컨테이너와 포인터 추상 간 큰 공통점은 올바르고 효율적으로 사용하기 위해서는 데이터에 접근하고 조작하는 함수 집합과 데이터를 하나로 캡슐화해야 한다는 것이다. 예를 들어 포인터는 머신 주소를 나타내는 아주 일반적이고 효율적인 추상이지만 포인터로는 자원의 소유권을 올바르게 표현하기 매우 어렵다. 그래서 표준 라이브러리는 자원 관리 포인터, 즉 포인터를 캡슐화하고 올바르게 사용하도록 연산을 간소화한 클래스를 제공한다.

이러한 표준 라이브러리 추상은 내장 언어 타입을 캡슐화하고, 타입을 올바르게 사용하는 것 외에도 시간과 공간 측면에서 훌륭히 동작해야 한다.

이러한 타입에 "마법"은 없다. 필요하다면 표준 라이브러리에 쓰이는 기법을 그대로 사용해 사용자만의 "스마트 포인터"와 특화된 컨테이너를 디자인하고 구현할 수 있다.

15.2 포인터

일반적으로 포인터^{pointer}란 어떤 객체를 참조하고 그 객체의 타입에 따라 접근하는 개념을 말한다. int* 같은 내장 포인터 외에도 매우 많다.

포인터	
T*	내장 포인터 타입: 타입 T의 객체 혹은 인접해서 할당된 타입 T의 원소 시퀀스를 가리킨다.
T&	내장 참조 타입: 타입 T의 객체를 참조한다. 암묵적 역참조를 갖는 포인터(1.7절)
unique_ptr\<T>	T로의 소유하는(owning) 포인터
shared_ptr\<T>	타입 T의 객체로의 포인터 T로의 모든 shared_ptr 간에 소유권을 공유한다.
weak_ptr\<T>	shared_ptr이 소유하는 객체로의 포인터 객체에 접근하려면 shared_ptr로 변환해야 한다.
span\<T>	인접한 T 시퀀스로의 포인터(15.2.2절)
string_view\<T>	const 부분 문자열로의 포인터(10.3절)
X_iterator\<C>	C로부터의 원소 시퀀스 이름에 들어 있는 X는 반복자 종류를 나타낸다(13.3절).

한 객체를 둘 이상의 포인터가 가리킬 수 있다. 소유하는^{owning} 포인터가 자신이 참조하는 객체를 삭제한다. 소유하지 않는^{non-owning} 포인터(예를 들어 T*나 span)는 댕글링^{dangle}할 수 있다. 즉, 이미 deleted된 객체나 범위를 벗어난 객체를 가리킬 수 있다.

댕글링 포인터^{dangling pointer}를 읽거나 쓰는 것은 가장 끔찍한 종류의 버그 중 하나이다. 어떤 결과가 일어날지 전혀 알 수 없다. 보통은 그 위치에 있는 객체에 접근하게 된다. 읽기 연산이면 임의의 값을 읽을 테고, 쓰기 연산이면 서로 관련 없는 데이터 구조가 뒤죽박죽 섞인다. 이처럼 잘못된 결과보단 충돌(고장)이 가장 바람직하다

'C++ Core Guidelines.'[CG]는 이러한 문제를 방지하는 규칙과 사전에 막을 수 있는 정적 검사를 조언한다. 하지만 다음의 몇 가지 방법으로도 포인터 문제를 피할 수 있다.

- 범위를 벗어난 지역 객체로의 포인터를 사용하지 않는다. 구체적으로 함수에서 지역 객체로의 포인터를 반환하지 말고, 출처가 불확실한 포인터를 오래 지속되는 데이터 구조에 저장하지 않는다. 컨테이너와 알고리듬을 체계적으로 사용하면(12장, 13장) 포인터 문제를 일으킬 프로그래밍 기법을 피할 수 있다.
- 자유 저장소에 할당된 객체로의 소유하는 포인터를 사용한다.
- 정적 객체로의 포인터(예를 들어 전역변수)는 댕글링할 수 없다.
- 포인터 산술을 자원 핸들 구현(vector와 unordered_map 등)에 맡기자.
- string_view와 span은 소유하지 않는 포인터임을 기억하자.

15.2.1 unique_ptr과 shared_ptr

간단한 프로그램이 아니고서야 자원 관리는 꼭 필요한 작업 중 하나다. 우선 자원을 획득하고 이후 (명시적으로 혹은 암묵적으로) 해제해야 한다. 메모리, 락, 소켓, 스레드 핸들, 파일 핸들 등이 모두 자원이다. 장기간 실행되는 프로그램에서 적절한 시기에 자원을 해제하지 않으면("자원이 누수되면") 심각한 성능 저하(12.7절)가 발생하고, 심지어 아주 끔찍한 고장으로 이어진다. 작은 프로그램이라도 누수로 자원이 부족해지면 실행 시간이 기하급수적으로 증가하는 등 치명적일 수 있다.

표준 라이브러리 컴포넌트는 자원이 누수되지 않게 디자인된다. 기초 언어 지원을 활용해 생성자/소멸자 쌍으로 자원의 수명을 객체보다 짧게 유지함으로써 자원을 관리한다. 예를 들어 Vector 원소의 수명을 생성자/소멸자 쌍으로 관리하고(5.2.2절), 그 외 표준 라이브러리 컨테이너도 비슷하게 구현한다. 예외를 사용한 오류 처리와 올바르게 상호 작용한다는 점도 중요하다. 이 기법이 표준 라이브러리 락 클래스에 어떻게 쓰이는지 예제로 살펴보자.

```
mutex m; // 공유 데이터로의 접근을 보호한다

void f()
{
  scoped_lock lck {m}; // 뮤텍스 m을 획득한다
  // ... 공유 데이터를 조작한다 ...
}
```

lck의 생성자가 mutex(18.3절)를 획득할 때까지 thread는 실행을 멈춘다. 획득한 mutex는 대응하는 소멸자가 해제한다. 예제에서는 제어 스레드가 f()를 떠날 때 scoped_lock의 소멸자가 mutex를 해제한다(return하거나 "함수 끝에 떨어뜨리거나" 예외를 던져서).

위 예제는 전형적인 RAII("자원 획득은 초기화Resource Acquisition Is Initialization" 기법. 5.2.2절) 애플리케이션이다. RAII는 C++에서 관용적으로 쓰이는 자원 처리의 기본을 이룬다. 컨테이너(vector, map, string, iostream 등)는 각각의 자원(파일 핸들, 버퍼 등)을 비슷하게 관리한다.

지금까지 살펴본 예제는 범위 안에서 정의된 객체를 처리하고 범위에서 나갈 때 획득한 자원을 해제했다. 자유 저장소에 할당된 객체는 어떨까? 표준 라이브러리는 <memory>에 다음 2개의 "스마트 포인터"를 제공해 자유 저장소에 있는 객체를 처리한다.

- unique_ptr은 고유한 소유권을 나타낸다(소멸자가 객체를 소멸시킨다).
- shared_ptr은 공유된 소유권을 나타낸다(마지막 공유된 포인터의 소멸자가 객체를 소멸시킨다).

두 "스마트 포인터"의 가장 기본적인 용도는 부주의한 프로그래밍으로 발생한 메모리 누수를 방지하는 것이다. 예제로 보자.

```
void f(int i, int j)        // X* 대 unique_ptr<X>
{
  X* p = new X;             // 새 X를 할당한다
  unique_ptr<X> sp {new X}; // 새 X를 할당하고 그 포인터를 unique_ptr에 넘긴다
  // ...

  if (i<99) throw Z{};      // 예외를 던질 수 있다
  if (j<77) return;         // "조기에" 반환할 수 있다
  // ... p와 sp를 사용한다 ..
  delete p;                 // *p를 소멸시킨다
}
```

i<99이거나 j<77일 때 "깜빡하고" p를 삭제하지 않았다. 하지만 unique_ptr은 f()를 어떤 방법으로 종료하든 객체를 적절히 소멸시킨다(예외를 던지거나 return을 실행하거나 "끝에 떨어뜨려서"). 역설적이게도 포인터와 new를 사용하지 않으면 문제가 간단히 해결된다.

```
void f(int i, int j) // 지역변수를 사용한다
{
  X x;
  // ...
}
```

안타깝게도 new(그리고 포인터와 참조)를 남용하는 문제가 점점 심각해지고 있다.

포인터 시맨틱이 꼭 필요하면 경량 메커니즘인 unique_ptr을 사용하자. 내장 포인터를 올바르게 사용할 때에 비해 공간이나 시간 오버헤드가 전혀 없다. 또한 자유 저장소에 할당된 객체를 함수 안과 밖으로 전달하는 데에도 사용할 수 있다.

```
unique_ptr<X> make_X(int i)
  // X를 만들어 바로 unique_ptr에 넘긴다
{
  // ... i를 검사하거나 그 밖의 작업 ...
  return unique_ptr<X>{new X{i}};
}
```

vector가 객체 시퀀스의 핸들인 것처럼 unique_ptr은 개개 객체(혹은 배열)의 핸들이다. 둘

다 (RAII를 사용해) 다른 객체의 수명을 제어하고, 복사를 없애거나 이동 시맨틱을 이용해서 단순하고 효율적으로 return한다(6.2.2절).

shared_ptr은 이동이 아니라 복사된다는 점만 제외하면 unique_ptr과 비슷하다. 객체의 shared_ptr은 객체의 소유권을 공유하므로 마지막 shared_ptr이 소멸될 때 객체가 소멸된다. 예제로 보자.

```
void f(shared_ptr<fstream>);
void g(shared_ptr<fstream>);

void user(const string& name, ios_base::openmode mode)
{
  shared_ptr<fstream> fp {new fstream(name,mode)};
  if (!*fp) // 파일이 올바르게 열렸는지 확인한다
    throw No_file{};

  f(fp);
  g(fp);
  // ...
}
```

fp의 생성자가 연 파일은 fp의 복사본을 (명시적으로 혹은 암묵적으로) 소멸시키는 마지막 함수가 닫는다. f()나 g()는 fp의 복사본을 갖고 있는 작업을 스폰spawn하는 등의 방법으로 user()를 모두 실행한 후에도 사라지지 않는 복사본을 저장할 수 있다. 즉, shared_ptr은 메모리 관리memory-managed 객체의 자원을 소멸자를 이용해 관리하는 가비지 컬렉션garbage collection 형태를 제공한다. 비용은 크지 않지만 공유된 객체의 수명을 예측하기 어렵다는 점이 문제다. 공유 소유권이 꼭 필요할 때만 shared_ptr을 사용하자.

자유 저장소에 객체를 생성하고 그 객체를 가리키는 포인터를 스마트 포인터에 전달하려면 꽤 번거롭다. 또한 깜박하고 포인터를 unique_ptr에 전달하지 않거나 자유 저장소에 있지 않은 무언가를 가리키는 포인터를 shared_ptr에 제공하는 실수를 저지를 수도 있다. 이러한 문제를 막기 위해 표준 라이브러리는 (<memory> 내에) 객체를 생성하고 적절한 스마트 포인터를 반환하는 함수인 make_shared()와 make_unique()를 제공한다. 예제로 보자.

```
struct S {
  int i;
  string s;
  double d;
  // ...
};

auto p1 = make_shared<S>(1,"Ankh Morpork",4.65); // p1은 shared_ptr<S>이다
auto p2 = make_unique<S>(2,"Oz",7.62);           // p2는 unique_ptr<S>이다
```

이렇게 하면 p2는 자유 저장소에 할당된 값이 {2,"Oz",7.62}인 S 타입의 객체를 가리키는 unique_ptr<S>다.

make_shared()를 사용하면 new로 별도의 객체를 생성해 shared_ptr에 전달하는 것보다 편리할 뿐만 아니라 shared_ptr의 구현에 필수적인 사용 빈도를 세느라 별도로 할당하지 않아도 되니 아주 효율적이다.

unique_ptr과 shared_ptr을 통해 "무방비로 쓰이지 않는 new" 정책(5.2.2절)을 많은 프로그램에서 완벽하게 실행할 수 있다. 하지만 이러한 "스마트 포인터" 역시 개념상 여전히 포인터이므로 자원 관리를 위한 차선책으로만 사용하고, 자원을 보다 높은 개념적 수준에서 관리해주는 컨테이너와 다른 타입부터 사용하자. 특히 shared_ptr 자체는 소유자 중 누가 공유 객체를 읽고(읽거나) 쓸 수 있는지에 대해 어떤 규칙도 제공하지 않는다. 데이터 경합(18.5절)과 그 외 여러 가지 형태의 혼란은 단순히 자원 관리 문제가 사라진다고 해결되지 않는다.

그렇다면 자원을 관리하도록 특별히 디자인된 연산이 딸린 자원 핸들(가령 vector나 thread) 대신 언제 "스마트 포인터"(가령 unique_ptr)를 사용할까? 당연히 "포인터 시맨틱이 꼭 필요할 때"이다.

- 어떤 객체를 공유할 때는 공유 객체를 참조하는 포인터(나 참조)가 필요하므로 당연히 shared_ptr을 사용한다(명백한 단일 소유자가 있지 않은 한).
- 전형적인 객체지향 코드(5.5절)로 다형 객체를 참조할 때는 참조할 정확한 객체 타

입(혹은 그 크기조차)을 알 수 없어 포인터(나 참조)가 필요하므로 당연히 unique_ptr을 사용한다.

- 공유 다형 객체에는 전형적으로 shared_ptr을 사용한다.

함수에서 객체 컬렉션을 반환할 때는 포인터를 사용하지 않아도 된다. 자원 핸들인 컨테이너로 복사 충돌(3.4.2절)과 이동 시맨틱(6.2.2절)을 사용해 간단하고 효율적으로 반환할 수 있다.

15.2.2 span

전통적으로 범위 오류는 C와 C++ 프로그램에서 잘못된 결과, 고장, 보안 문제로 이어지는 심각한 오류의 주범이었다. 컨테이너(12장), 알고리듬(13장), 범위 기반 for의 사용으로 문제가 크게 줄었으나 더 개선할 수 있다. 범위 오류의 핵심 원인은 포인터(원시 또는 스마트)를 전달하고 그 포인터가 가리키는 원소 수를 안다는 관례를 따르는 것이다. 자원 핸들이 없는 코드를 위한 최선의 조언은 최대 한 객체만 가리킨다고 가정하는 것이지만[CG: F.22] 지원 없이는 조언을 따르기 어렵다. 표준 라이브러리 string_view(10.3절)가 이를 지원하나 읽기 전용인 데다 문자에만 사용 가능하다. 프로그래머에게는 더 많은 지원이 필요하다. 예를 들어 보다 저수준 소프트웨어에서는 버퍼에 작성하거나 읽을 때 범위 오류("버퍼 오버런")을 피하면서 고성능을 내기가 극도로 어렵다. 의 span은 기본적으로 원소 시퀀스를 나타내는 (포인터, 길이) 쌍이다.

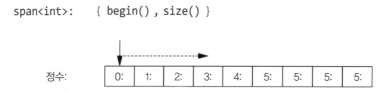

span은 인접한 원소 시퀀스에 접근하게 해준다. 원소는 vector와 내장 배열 등 다양한 방법으로 저장될 수 있다. 포인터처럼 span도 가리키는 문자들을 소유하지 않는다. 그런 점에서 string_view(10.3절)와 STL 반복자 쌍(13.3절)과 비슷하다.

일반적인 인터페이스 스타일을 생각해보자.

```
void fpn(int* p, int n)
{
  for (int i = 0; i<n; ++i)
    p[i] = 0;
}
```

p가 정수 n개를 가리킨다고 가정한다. 안타깝게도 이 가정은 그저 관례라 이 정보로는 범위 기반 for 루프를 작성할 수 없고, 컴파일러는 범위 검사를 저렴하고 효과적으로 구현할 수 없다. 게다가 가정이 틀릴 수도 있다.

```
void use(int x)
{
  int a[100];
  fpn(a,100);     // OK
  fpn(a,1000);    // 이런, 손가락이 미끄러졌네!(fpn 내 범위 오류)
  fpn(a+10,100); // fpn 내 범위 오류
  fpn(a,x);       // 의심스럽지만 문제는 없어 보인다
}
```

span으로 개선해보자.

```
void fs(span<int> p)
{
  for (int& x : p)
    x = 0;
}
```

다음과 같이 fs를 이용한다.

```
void use(int x)
{
  int a[100];
  fs(a);           // 암묵적으로 span<int>{a,100}을 생성한다
  fs(a,1000);      // 오류: span을 예상했다
  fs({a+10,100}); // fs 내 범위 오류
```

```
  fs({a,x});   // 너무나 의심스럽다
}
```

이렇게 하면 배열로부터 직접 span을 생성하는 일반적인 경우가 안전해지고(원소 수를 컴파일러가 계산한다) 표기상으로 간단해진다. 다른 경우에는 프로그래머가 명시적으로 span을 구성해야 하므로 실수할 확률이 낮아지고 오류 감지가 쉬워진다.

span을 함수에서 함수로 전달하는 일반적인 경우가 (포인터, 개수) 인터페이스보다 간단하고 추가 검사도 필요 없다.

```
void f1(span<int> p);

void f2(span<int> p)
{
  // ...
  f1(p);
}
```

컨테이너와 마찬가지로 첨자 지정(예를 들어 r[i])에 span을 사용하면 범위 검사가 이뤄지지 않아 범위를 벗어난 접근에 어떻게 동작할지 불명확하다. 물론 이 동작을 범위 검사로 구현할 수 있으나 안타깝게도 거의 하지 않는다. 핵심 가이드라인^{Core Guidline} 지원 라이브러리 [CG]에 들어 있는 원래의 gsl::span은 범위 검사를 수행한다.

15.3 컨테이너

표준은 STL 프레임워크(12장, 13장)에 완벽히 부합하지 않는 몇 가지 컨테이너를 제공한다. 내장 배열, array, string이 그 예이다. "유사 컨테이너"라 부르기도 하는데 알맞은 용어는 아니다. 원소를 저장하니 컨테이너가 맞지만 저마다 제한이 있거나 STL 컨텍스트와 맞지 않는 기능을 추가로 포함한다. 별도로 설명해야 STL의 설명이 간단해진다.

컨테이너	
T[N]	내장 배열: 정해진 크기로 인접해서 할당된 타입 T 원소 N개의 시퀀스 암묵적으로 T*로 변환된다.
array<T,N>	정해진 크기로 인접해서 할당된 타입 T 원소 N개의 시퀀스 내장 배열과 비슷하나 대부분의 문제가 해결됐다.
bitset<N>	정해진 크기의 N비트 시퀀스
vector<bool>	vector 특수화에 간결하게 저장된 비트 시퀀스
pair<T,U>	타입 T와 U의 두 원소
tuple<T...>	임의의 수로 이뤄진 임의의 타입의 원소 시퀀스
basic_string<C>	타입 C의 문자 시퀀스. 문자열 연산을 제공한다.
valarray<T>	타입 T의 수 값 배열. 수 연산을 제공한다.

표준은 컨테이너를 왜 이렇게 많이 제공할까? 각각 공통적이지만 서로 다른(종종 중복되는) 요구에 부응한다. 표준 라이브러리에서 제공하지 않았다면 직접 디자인하고 구현해야 했을 것이다. 몇 가지만 살펴보자.

- pair와 tuple은 이종heterogeneous이고, 그 외 다른 컨테이너는 동종homogeneous이다 (모든 원소의 타입이 같다).
- array와 tuple 원소는 인접해서 할당되고, list와 map은 연결된 구조다.
- bitset과 vector<bool>은 비트를 저장한 후 프록시 객체를 통해 접근하며, 그 외 표준 라이브러리 컨테이너는 다양한 타입을 저장한 후 직접 원소에 접근한다.
- basic_string의 원소는 문자 형태여야 하며, 이어 붙이기와 로케일 감지 같은 문자열 조작 연산을 제공해야 한다.
- valarray의 원소는 수여야 하며, 수 연산을 제공해야 한다.

이 모든 컨테이너가 모여 대규모 프로그래머 커뮤니티가 요구하는 전문 서비스를 제공한다고 볼 수 있다. "확장할 수 있어야 한다"와 "정해진 위치에 할당을 보장한다", "원소를 추가할 때 원소를 이동하지 않는다"와 "인접해서 할당한다"처럼 어떤 요구는 서로 모순돼서 컨테이너 하나로는 요구 사항을 전부 충족할 수 없다.

15.3.1 array

<array>에 정의된 array는 주어진 타입으로 된 정해진 크기의 원소 시퀀스로서 원소 수가 컴파일 타임에 명시된다. 즉, 스택이나 객체, 정적 저장소 안에 원소로 array를 할당할 수 있다. 원소는 array를 정의한 범위 안에서 할당한다. array는 크기가 고정돼 있고, 예상을 벗어난 암묵적이고 잠재적인 포인터 타입으로의 변환이 없으며, 몇 가지 편리한 함수를 제공하는 내장 배열로 이해하면 된다. array를 사용한다고 해서 내장 배열에 비해 (시간이나 공간) 오버헤드가 더 들지는 않는다. array는 STL 컨테이너의 "원소로의 핸들" 모델을 따르지 않는다. 대신 원소를 직접 포함한다. 내장 배열의 보다 안전한 버전 정도다.

이는 array를 초기자 리스트로 초기화할 수 있고 해야 한다는 뜻이다.

```
array<int,3> a1 = {1,2,3};
```

초기자에서 원소 수는 array에 명시한 원소 수보다 작거나 같아야 한다.

원소 크기는 필수이며 상수 표현식이어야 하고, 원소 수는 양수여야 하며, 원소 타입을 반드시 명시해야 한다.

```
void f(int n)
{
  array<int> a0 = {1,2,3};                   // 오류: 크기를 명시하지 않았다
  array<string,n> a1 = {"John's", "Queens' "}; // 오류: 크기가 상수 표현식이 아니다
  array<string,0> a2;                        // 오류: 크기는 양수여야 한다
  array<2> a3 = {"John's", "Queens' "};      // 오류: 원소 타입을 명시하지 않았다
  // ...
}
```

원소 수를 가변으로 만들려면 vector를 사용하자.

필요에 따라 포인터를 받는 C 스타일 함수에 array를 명시적으로 전달할 수 있다. 예제로 보자.

```
void f(int* p, int sz); // C 스타일 인터페이스
void g()
```

```
{
  array<int,10> a;

  f(a,a.size());        // 오류: 변환되지 않는다
  f(a.data(),a.size()); // C 스타일 용법

  auto p = find(a,777); // C++/STL 스타일 용법(범위가 전달된다)
  // ...
}
```

vector가 훨씬 더 유연한데 왜 array를 사용할까? 덜 유연한만큼 더 간단하다. 자유 저장소에 원소를 할당한 후 간접적으로 vector(핸들)를 통해 접근하고 해제하는 것보다 스택에 할당된 원소에 직접 접근하는 편이 성능상 이점이 클 때가 있다. 반면 스택은 한정된 자원(특히 임베디드 시스템에서)이며, 스택 오버플로우는 매우 위험하다. 게다가 안전에 민감한 실시간 제어처럼 저장소 할당이 금지되는 애플리케이션 분야도 있다. 가령 delete의 사용이 단편화(12.7절)나 메모리 고갈(4.3절)로 이어질 수 있다.

그럼 내장 배열이 있는데 왜 array를 사용할까? array는 크기가 알려져 있어 표준 라이브러리 알고리듬에 사용하기 쉽고 =로 복사할 수 있다. 예제로 보자.

```
array<int,3> a1 = {1, 2, 3 };
auto a2 = a1; // 복사
a2[1] = 5;
a1 = a2;      // 할당
```

하지만 개인적으로 array를 선호하는 가장 큰 이유는 예상을 벗어난 끔찍한 포인터로의 변환이 일어나지 않기 때문이다. 클래스 계층 구조를 포함하는 다음 예제를 보자.

```
void h()
{
  Circle a1[10];
  array<Circle,10> a2;
  // ...
  Shape* p1 = a1; // OK: 매우 위험하다
  Shape* p2 = a2; // 오류: array<Circle,10>에서 Shape*로 변환되지 않는다(훌륭하다!)
```

```
  p1[3].draw(); // 재앙
}
```

"재앙"이라고 주석을 단 행에서는 sizeof(Shape)<sizeof(Circle)을 가정하므로 Shape*
를 통한 Circle[] 첨자 지정이 잘못된 오프셋을 제공한다. 모든 표준 컨테이너는 이러한
점에서 내장 배열보다 낫다.

15.3.2 bitset

입력 스트림의 상태 등 시스템의 어떤 측면은 종종 좋음/나쁨, 참/거짓, 온/오프처럼 이진
조건을 가리키는 플래그 집합으로 표현된다. C++는 정수에 대한 비트 연산(1.4절)을 통해
몇몇 플래그 집합 개념을 효율적으로 지원한다. bitset<N> 플래그는 N개의 비트 시퀀스인
[0:N)에 대한 연산을 제공해 이러한 개념을 일반화한다. N은 컴파일 타임에 알려진다. long
long int(보통 64비트)에 들어가지 않는 비트 집합이라면 정수를 직접 사용하기보다 bitset
을 사용하는 편이 훨씬 더 편리하다. 보다 작은 집합에 대해서는 대개 bitset이 최적화
된다. 비트에 번호를 매기지 않고 명명하고 싶으면 set(12.5절)이나 열거(2.4절)를 사용한다.

bitset은 정수나 문자열로 초기화할 수 있다.

```
bitset<9> bs1 {"110001111"};
bitset<9> bs2 {0b1'1000'1111}; // 숫자 구분자를 사용한 이진 리터럴(1.4절)
```

일반적인 비트 연산(1.4절)과 왼쪽/오른쪽 시프트 연산자(<<와 >>)를 적용할 수 있다.

```
bitset<9> bs3 =  ~bs1;   // 보수: bs3=="001110000"
bitset<9> bs4 = bs1&bs3; // 모두 0
bitset<9> bs5 = bs1<<2;  // 왼쪽 시프트: bs5 = "000111100"
```

시프트 연산자(예제에서는 <<)는 0으로 "시프트"한다.

to_ullong()과 to_string() 연산은 생성자와 정반대의 연산을 제공한다. 예제로 int의 이
진 표현을 작성해보자.

```
void binary(int i)
{
  bitset<8*sizeof(int)> b = i;    // 8비트 바이트를 가정한다(17.7절 참고)
  cout << b.to_string() << '\n'; // i의 비트를 작성한다
}
```

위 코드는 최상위 비트를 가장 왼편으로 해서 1과 0으로 표현되는 비트를 왼쪽부터 오른쪽으로 출력하므로 인수 123은 다음과 같이 출력된다.

00000000000000000000000001111011

예제에 bitset 출력 연산자를 직접 사용하면 더 간단해진다.

```
void binary2(int i)
{
  bitset<8*sizeof(int)> b = i; // 8비트 바이트를 가정한다(17.7절 참고)
  cout << b << '\n';           // i의 비트를 작성한다
}
```

bitset은 all(), any(), none(), count(), flip() 등 비트 집합을 사용하고 조작하는 많은 함수를 제공한다.

15.3.3 pair

함수가 값을 2개 반환하는 경우도 상당히 많다. 방법은 여러 가지인데, 가장 간단하고 일반적으로 가장 좋은 방법은 목적에 맞게 struct를 정의하는 것이다. 값과 성공 여부를 반환하는 예제로 살펴보자.

```
struct My_res {
  Entry* ptr;
  Error_code err;
};

My_res complex_search(vector<Entry>& v, const string& s)
{
```

```
  Entry* found = nullptr;
  Error_code err = Error_code::found;
  // ... v에서 s를 찾는다 ...
  return {found,err};
}


void user(const string& s)
{
  My_res r = complex_search(entry_table,s); // entry_table을 검색한다
  if (r.err != Error_code::good) {
    // ... 오류를 처리한다 ...
  }
  // ... r.ptr을 사용한다 ....
}
```

마지막 반복자나 nullptr로 인코딩 실패를 알리는 편이 보다 간결하다고 주장할 수 있으나
딱 한 종류의 실패만 표현할 수 있다. 보통은 값 2개를 반환한다. 값 쌍마다 명명된 struct
를 정의하면 잘 동작하고, "값 쌍" struct와 그 멤버의 이름만 잘 고른다면 읽기도 쉽다. 하
지만 대규모 코드 기반에서는 이름과 관례가 지나치게 많아질 수 있고, 일관된 명명이 중요
한 제네릭 코드에서는 잘 동작하지 않는다. 결국 표준 라이브러리는 pair를 "값 쌍" 유스케
이스를 지원하는 일반적 도구로 제공한다. 앞서 봤던 간단한 예제에 pair를 사용하면 다음
과 같이 바뀐다.

```
pair<Entry*,Error_code> complex_search(vector<Entry>& v, const string& s)
{
  Entry* found = nullptr;
  Error_code err = Error_code::found;
  // ... v에서 s를 찾는다 ...
  return {found,err};
}


void user(const string& s)
{
  auto r = complex_search(entry_table,s); // entry_table을 검색한다
  if (r.second != Error_code::good) {
    // ... 오류를 처리한다 ...
```

```
    }
    // ... r.first를 이용한다 ....
}
```

pair의 멤버를 first와 second로 명명했다. 구현 관점에서는 문제가 없지만 애플리케이션 코드에 사용자가 지정한 이름을 사용하고 싶을 수 있다. 이럴 때 구조적 바인딩structured binding(3.4.5절)으로 해결한다.

```
void user(const string& s)
{
    auto [ptr,success] = complex_search(entry_table,s); // entry_table을 검색한다
    if (success != Error_code::good)
        // ... 오류를 처리한다 ...
    }
    // ... r.ptr을 이용한다 ....
}
```

(<utility>에 있는) 표준 라이브러리 pair는 표준 라이브러리를 비롯해 그 외 "값 쌍" 유스케이스에 상당히 자주 쓰인다. 예를 들어 표준 라이브러리 알고리듬인 equal_range는 프레디킷을 만족하는 부분 시퀀스를 명시한 반복자 pair를 반환한다.

```
template<typename Forward_iterator, typename T, typename Compare>
    pair<Forward_iterator,Forward_iterator>
    equal_range(Forward_iterator first, Forward_iterator last, const T& val,
Compare cmp);
```

정렬된 시퀀스 [first:last)가 주어지면 equal_range()는 프레디킷 cmp에 부합하는 부분 시퀀스를 나타내는 pair를 반환한다. 이 알고리듬으로 정렬된 Record 시퀀스를 검색할 수 있다.

```
auto less = [](const Record& r1, const Record& r2) { return r1.name<r2.name;};
                                // 이름을 비교한다

void f(const vector<Record>& v) // v가 "name" 필드를 기준으로 정렬돼 있다고 가정한다
{
```

```
  auto [first,last] = equal_range(v.begin(),v.end(),Record{"Reg"},less);

  for (auto p = first; p!=last; ++p) // 같은 레코드를 모두 출력한다
    cout << *p; // <<가 Record에 정의돼 있다고 가정한다
}
```

pair는 원소에 적용할 수 있는 =, ==, < 같은 연산자를 제공한다. 타입 추론 덕분에 명시적으로 타입을 언급하지 않아도 pair를 쉽게 생성할 수 있다. 예제로 보자.

```
void f(vector<string>& v)
{
  pair p1 {v.begin(),2};              // 한 가지 방법
  auto p2 = make_pair(v.begin(),2); // 또 다른 방법
  // ...
}
```

p1과 p2 모두 pair<vector<string>::iterator,int> 타입이다.

제네릭 코드만 아니라면 명명된 멤버를 갖는 간단한 구조체가 대개 유지 보수하기 더 쉽다.

15.3.4 tuple

배열처럼 표준 라이브러리 컨테이너는 동종homogeneous이다. 즉, 모든 원소가 같은 타입이다. 하지만 서로 다른 타입의 원소 시퀀스를 하나의 객체로 처리하고 싶을 때도 있다. 즉, 이종 컨테이너가 필요하다. pair도 이종 컨테이너이지만 모든 이종 시퀀스의 원소가 2개일 리 없다. 표준 라이브러리는 0개 이상의 원소로 된 pair의 일반화로서 tuple을 제공한다.

```
tuple t0 {}; // 비어 있다
tuple<string,int,double> t1 {"Shark",123,3.14}; // 타입을 명시했다
auto t2 = make_tuple(string{"Herring"},10,1.23); // 타입을 tuple<string,int,double>로
추론한다
tuple t3 {"Cod"s,20,9.99}; // 타입을 tuple<string,int,double>로 추론한다
```

tuple의 원소(멤버)는 서로 독립적이어서 원소 간 유지되는 불변(4.3절)이 없다. 불변이어야 하면 불변을 강제하는 클래스로 tuple을 캡슐화해야 한다.

특정 용도 하나로만 쓰일 때는 대개 간단한 struct가 이상적이나 여러 제네릭 용도로 쓰일 때는 tuple의 유연성을 이용해 struct를 정의하지 않아도 된다. 다만 기억하기 좋은 이름으로 멤버를 명명할 수는 없다. tuple의 멤버는 get 함수 템플릿으로 접근한다. 예제로 보자.

```
string fish = get<0>(t1);   // 첫 번째 원소를 얻는다: "Shark"
int count = get<1>(t1);     // 두 번째 원소를 얻는다: 123
double price = get<2>(t1); // 세 번째 원소를 얻는다: 3.14
```

tuple의 원소에는 (0부터 시작하는) 번호가 매겨지고, get()의 인덱스 인수에는 상수를 넣어야 한다. 함수 get은 템플릿 값 인수로 인덱스를 받는 템플릿 함수다(7.2.2절).

일반적으로 tuple 멤버를 인덱스로 접근하지만 지저분하고 오류도 발생하기 쉽다. 다행히 tuple 내 고유한 타입의 원소는 해당 타입으로 "명명"할 수 있다.

```
auto fish = get<string>(t1);  // string을 얻는다: "Shark"
auto count = get<int>(t1);    // int를 얻는다: 123
auto price = get<double>(t1); // double을 얻는다: 3.14
```

작성할 때도 get<>을 이용한다.

```
get<string>(t1) = "Tuna"; // string에 작성한다
get<int>(t1) = 7;         // int에 작성한다
get<double>(t1) = 312;    // double에 작성한다
```

tuple은 대부분 좀 더 고수준의 구조체construct 구현 안에 쓰인다. 앞선 예제에서 구조적 바인딩으로 t1의 멤버에 접근해도 된다(3.4.5절).

```
auto [fish, count, price] = t1;
cout << fish << ' ' << count << ' ' << price << '\n'; // 읽기
fish = "Sea Bass"; // 쓰기
```

이러한 바인딩과 바인딩에서 tuple을 사용하는 방식은 전형적으로 함수 호출에 쓰인다.

```
auto [fish, count, price] = todays_catch();
cout << fish << ' ' << count << ' ' << price << '\n';
```

tuple은 알려지지 않은 타입의 알려지지 않은 수의 원소를 객체로 저장하거나 전달해야 할 때 그 진가를 발휘한다.

tuple의 원소를 순회하는 코드는 누가 봐도 다소 지저분하다. 재귀를 사용하고, 함수 본문을 컴파일 타임에 평가해야 한다.

```
template <size_t N = 0, typename... Ts>
constexpr void print(tuple<Ts...> tup)
{
  if constexpr (N<sizeof...(Ts)) { // 아직 마지막이 아니야?
    cout << get<N>(tup) << ' ';     // N번째 원소를 출력한다
    print<N+1>(tup);                // 다음 원소를 출력한다
  }
}
```

위 코드에서 sizeof...(Ts)는 Ts 내 원소 수를 제공한다. print() 사용법은 간단하다.

```
print(t0); // 무엇도 출력하지 않는다
print(t2); // Herring 10 1.23
print(tuple{ "Norah", 17, "Gavin", 14, "Anya", 9, "Courtney", 9, "Ada", 0 });
```

pair처럼 tuple도 원소에 적용할 수 있는 =, ==, < 연산자를 제공한다. 멤버가 둘인 tuple과 pair 간 변환도 가능하다.

15.4 대안

표준은 3개의 타입으로 대안alternatives을 표현한다.

대안	
union	대안 집합 중 하나를 저장하는 내장 타입(2.5절)
variant<T...>	(<variant> 내) 명시된 대안 집합 중 하나
optional<T>	(<optional> 내) 타입 T인 값 또는 값이 없음
any	(<any> 내) 무한 대안 타입 집합 중 값 하나

각 타입마다 관련된 기능을 사용자에게 제공한다. 안타깝게도 통합된 인터페이스는 제공하지 않는다.

15.4.1 variant

variant<A, B, C>는 명시적으로 union(2.5절)을 사용하는 방식보다 일반적으로 더 안전하고 편리하다. 값이나 오류 코드 중 하나를 반환하는 가장 간단한 예제로 살펴보자.

```
variant<string,Error_code> compose_message(istream& s)
{
  string mess;
  // ... s에서 읽어 메시지를 구성한다 ...
  if (no_problems)
    return mess; // string을 반환한다
  else
    return Error_code{some_problem}; // Error_code를 반환한다
}
```

variant에 값을 할당하거나 초기화하면 그 값의 타입이 저장된다. 이후 variant에 어떤 타입이 저장돼 있는지 물어서 그 값을 추출할 수 있다. 예제로 보자.

```
auto m = compose_message(cin);

if (holds_alternative<string>(m)) {
  cout << get<string>(m);
}
else {
  auto err = get<Error_code>(m);
  // ... 오류를 처리한다 ...
}
```

예외를 사용하기 싫을 때에도 좋은 방법이지만(4.4절) 더 흥미로운 용도가 있다. 간단한 컴파일러에서 표현이 다른 다양한 종류의 노드를 구분하는 예제로 살펴보자.

```
using Node = variant<Expression,Statement,Declaration,Type>;
```

```
void check(Node* p)
{
  if (holds_alternative<Expression>(*p)) {
    Expression& e = get<Expression>(*p);
    // ...
  }
  else if (holds_alternative<Statement>(*p)) {
    Statement& s = get<Statement>(*p);
    // ...
  }
  // ... Declaration과 Type ...
}
```

대안을 검사해 적절한 동작을 결정하는 이러한 패턴은 매우 흔하면서도 상당히 비효율적이라 직접 지원할 만하다.

```
void check(Node* p)
{
  visit(overloaded {
    [](Expression& e) { /* ... */ },
    [](Statement& s) { /* ... */ },
    // ... Declaration과 Type ...
  }, *p);
}
```

기본적으로 가상 함수 호출과 동등하나 잠재적으로 더 빠르다. 성능에 대한 주장이 늘 그렇듯이 성능이 중요하다면 "잠재적으로 더 빠른지" 직접 측정해서 검증해야 한다. 대부분은 성능상 차이가 무의미하다.

overloaded 클래스가 필요한데 이상하게도 표준이 아니다. 이 클래스는 인수 집합(주로 람다)으로부터 오버로드 집합을 생성하는 "일종의 마법"이다.

```
template<class... Ts>
struct overloaded : Ts... { // 가변 길이 템플릿(8.4절)
  using Ts::operator()...;
};
```

```
template<class... Ts>
  overloaded(Ts...) -> overloaded<Ts...>; // 추론 가이드
```

"방문자" visit가 overloaded 객체에 ()를 적용하면 오버로드 규칙에 따라 호출하기 가장 알맞은 람다가 선택된다.

추론 가이드^{deduction guide}는 미묘한 모호성을 해결하는 메커니즘으로 주로 기초 라이브러리 내 클래스 템플릿의 생성자에 쓰인다(7.2.3절).

예상과 다른 타입을 저장한 variat에 접근하려 하면 bad_variant_access가 던져진다.

15.4.2 optional

optional<A>는 특수한 종류의 variant(variant<A, nothing> 같은) 또는 어떤 객체를 가리키거나 nullptr을 갖는 A* 개념의 일반화로 볼 수 있다.

optional은 객체를 반환할 수도 있고 아닐 수도 있는 함수에 유용하다.

```
optional<string> compose_message(istream& s)
{
  string mess;

  // ... s에서 읽어 메시지를 구성한다 ...

  if (no_problems)
    return mess;
  return {}; // 빈 optional
}
```

위 함수로 다음을 작성할 수 있다.

```
if (auto m = compose_message(cin))
  cout << *m; // 역참조(*)에 주목하자
else {
  // ... 오류를 처리한다 ...
}
```

예외를 사용하기 싫을 때 좋은 방법이다(4.4절 참고). 코드를 보면 *를 신기하게 사용했다. optional을 객체 자체가 아니라 그 객체로의 포인터처럼 다룬다.

nullptr과 동등한 optional은 빈 객체 {}이다. 예제로 보자.

```
int sum(optional<int> a, optional<int> b)
{
  int res = 0;
  if (a) res+=*a;
  if (b) res+=*b;
  return res;
}
```

```
int x = sum(17,19); // 36
int y = sum(17,{}); // 17
int z = sum({},{}); // 0
```

값을 갖고 있지 않은 optional에 접근하려 하면 결과는 불명확하다. 예외가 던져지지 않는다. 즉, optional은 타입 안전을 보장하지 않는다. 다음처럼 하지 말자.

```
int sum2(optional<int> a, optional<int> b)
{
  return *a+*b; // 화를 자초한다
}
```

15.4.3 any

any는 임의의 타입을 저장할 수 있고 (들어 있다면) 어떤 타입을 저장했는지 알 수 있다. 사실상 제한되지 않은 variant 버전이다.

```
any compose_message(istream& s)
{
  string mess;

  // ... s로부터 읽어 메시지를 구성한다 ...
```

```
  if (no_problems)
    return mess; // string을 반환한다
  else
    return error_number; // int를 반환한다
}
```

any에 값을 할당하거나 초기화하면 그 값의 타입을 저장한다. 이후 값의 예상 타입을 물어서 any에 저장된 값을 추출할 수 있다. 예제로 보자.

```
auto m = compose_message(cin);
string& s = any_cast<string&>(m);
cout << s;
```

예상과 다른 타입을 저장한 any에 접근하려 하면 bad_any_access가 던져진다.

15.5 조언

[1] 꼭 라이브러리가 크거나 복잡해야 쓸모가 있는 것은 아니다(16.1절).

[2] 자원이란 획득하고 (명시적으로나 암묵적으로) 해제해야 하는 것이다(15.2.1절).

[3] 자원 핸들을 사용해 자원을 관리하자(RAII)(15.2.1절). [CG: R.1]

[4] T*로는 무엇이든 표현할 수 있어 "원시" 포인터의 목적을 쉽게 알아낼 수 없다는 점이 문제이다.

[5] 다형 타입의 객체는 unique_ptr로 참조한다(15.2.1절). [CG: R.20]

[6] 공유 객체는(만) shared_ptr로 참조한다(15.2.1절). [CG: R.20]

[7] 스마트 포인터 대신 특정 시맨틱을 지니는 자원 핸들을 사용하자(15.2.1절).

[8] 지역변수로 할 수 있으면 스마트 포인터를 사용하지 말자(15.2.1절).

[9] shared_ptr보다 unique_ptr을 사용하자(6.3절, 15.2.1절).

[10] 소유권 책임을 이전할 때만 unique_ptr이나 shared_ptr을 인수나 반환값으로 사용하자.

[11] make_unique()로 unique_ptr을 생성한다(15.2.1절). [CG: R.22]

[12] make_shared()로 shared_ptr을 생성한다(15.2.1절). [CG: R.23]

[13] 가비지 컬렉션 대신 스마트 포인터를 사용하자(6.3절, 15.2.1절).

[14] 포인터-플러스-카운트 인터페이스 대신 span을 사용하자(15.2.2절). [CG: F.24]

[15] span은 범위 기반 for를 지원한다(15.2.2절).

[16] constexpr 크기의 시퀀스가 필요하면 array를 사용하자(15.3.1절).

[17] 내장 배열보다는 array를 사용하자(15.3.1절). [CG: SL.con.2]

[18] 비트 N개가 필요하고 N이 반드시 내장 정수 내 비트 수가 아니어도 되면 bitset을 사용하자(15.3.2절).

[19] pair와 tuple을 남용하지 말자. 명명된 struct로 된 코드가 대개 더 읽기 쉽다(15.3.3절).

[20] pair를 사용할 때는 템플릿 인수 추론이나 make_pair()를 사용해 중복 타입 명세를 막자(15.3.3절).

[21] tuple을 사용할 때는 템플릿 인수 추론이나 make_tuple()을 사용해 중복 타입 명세를 막자(15.3.3절). [CG: T.44]

[22] 명시적으로 union을 사용하는 대신 variant를 사용하자(15.4.1절). [CG: C.181]

[23] variant를 사용한 대안 집합 중 선택해야 하면 visit()와 overloaded()를 사용해보자(15.4.1절).

[24] variant나 optional, any에 둘 이상의 대안이 가능하면 접근하기 전에 태그를 확인하자(15.4절).

16

유틸리티

시간 낭비를 즐긴다면 낭비가 아니다.

– 버트런드 러셀Bertrand Russell

- 소개
- 시간
    클락, 캘린더, 표준 시간대
- 함수 조정
    람다로 조정, mem_fn(), function 반복자
- 타입 함수
    타입 프레디킷, 조건 프로퍼티, 타입 제너레이터, 연관 타입
- source_location
- move()와 forward()
- 비트 조작
- 프로그램 종료
- 조언

16.1 소개

"유틸리티"라는 이름만으로는 라이브러리 컴포넌트를 온전히 설명할 수 없다. 다만 모든 라이브러리 컴포넌트는 누군가에게, 어디에선가, 어떤 시점에 반드시 유용하다. 16장에서는 다양한 목적으로 요긴하게 쓰이나 다른 장에서 설명하기 알맞지 않은 기능을 모아 소개한다. 이러한 기능은 주로 표준 라이브러리 컴포넌트 같은 좀 더 강력한 라이브러리 기능의 구성 요소로 쓰인다.

16.2 시간

표준 라이브러리는 <chrono>를 통해 시간 처리 기능을 지원한다.

- 어떤 동작의 수행 시간을 측정하는 클락, time_point, duration 외 시간과 관련된 모든 기반 기능
- time_point와 일상 시간을 매핑하는 day, month, year, weekdays
- 전 세계에서 보고되는 시간 간 차이를 처리하는 time_zone과 zoned_time

어떤 주요 시스템이든 위 기능 중 일부를 반드시 사용한다.

16.2.1 클락

어떤 동작에 걸린 시간은 간단히 다음과 같이 측정한다.

```
using namespace std::chrono; // 하위 네임스페이스 std::chrono 내. 3.3절 참고

auto t0 = system_clock::now();
do_work();
auto t1 = system_clock::now();

cout << t1-t0 << "\n";  // 기본 단위: 20223[1/100000000]s
cout << duration_cast<milliseconds>(t1-t0).count() << "ms\n"; // 단위 명시: 2ms
cout << duration_cast<nanoseconds>(t1-t0).count() << "ns\n";  // 단위 명시: 2022300ns
```

클락은 time_point(시점)을 반환한다. 두 time_point 간 차이가 duration(기간)이다. duration의 기본 << 연산자는 기간 뒤에 단위 표시를 덧붙인다. 시계가 한 번 "똑딱이는" 시간을 기준으로 클락마다 다양한 시간 단위로 결과를 제공하므로(저자의 시계는 수백 나노초 단위로 시간을 잰다) duration을 적절한 단위로 변환하는 것이 좋다. duration_cast로 바꿀 수 있다.

클락은 쉽고 빠르게 측정하고 싶을 때 유용하다. 시간도 재지 않고 코드의 "효율성"을 논하지 말자. 추정한 성능은 가장 신뢰하기 어렵다. 간단하게나마 측정하는 편이 나으나 최신 컴퓨터의 성능은 여러 복잡한 요인에 좌우되므로 몇 가지 간단한 측정에 너무 의존하지 않도록 주의해야 한다. 아주 드물게 발생하는 이벤트나 캐시 효과로 인해 측정의 정확도가 떨어질 수 있으니 항상 반복해서 측정하자.

시간 단위 접미사(6.6절)는 네임스페이스 std::chrono_literals에 정의돼 있다. 예제로 보자.

```
this_thread::sleep_for(10ms+33us); // 10밀리초와 33마이크로초 동안 기다린다
```

이러한 관례적인 기호명을 사용하면 가독성이 높아질 뿐만 아니라 코드의 유지 보수성도 향상된다.

16.2.2 캘린더

일상적으로 밀리초는 거의 사용하지 않고 연, 월, 일, 시간, 초, 요일을 사용한다. 표준 라이브러리에서 지원하고 있다. 예제로 보자.

```
auto spring_day = April/7/2018;
cout << weekday(spring_day) << '\n';            // Sat
cout << format("{:%A}\n",weekday(spring_day)); // Saturday
```

Sat은 저자의 컴퓨터에서 지원하는 토요일Saturday의 기본 문자 표현이다. 이러한 축약이 싫어 format(11.6.2절)으로 긴 이름을 생성했다. %A는 "요일의 전체 이름을 작성하라"는 뜻인

데 왜 A인지는 알 수 없다. April은 당연히 월, 더 정확히 말해 std::chrono::Month이다. 다음과 같이 표현해도 된다.

```
auto spring_day = 2018y/April/7;
```

y 접미사는 일반적인 int와 연도를 구분하는 데 쓰인다. 일반적인 int는 1부터 31 중에서 그 달의 며칠인지를 나타낸다.

유효하지 않은 날짜도 표현할 수 있다. 의심이 가면 ok()로 확인하자.

```
auto bad_day = January/0/2024;
if (!bad_day.ok())
  cout << bad_day << " is not a valid day\n";
```

계산해서 구한 날짜라면 ok()가 정말 유용할 것이다.

날짜는 year, month, int 타입으로 /(슬래시) 연산자를 오버로딩해 구성한다.

결과로 나오는 Year_month_day 타입은 날짜를 정확하고 효율적으로 계산할 수 있도록 time_point와의 변환을 지원한다. 예제로 보자.

```
sys_days t = sys_days{February/25/2022}; // 정확한 날짜로 시점을 얻는다
t += days{7};                            // 2022년 2월 25일로부터 한 주 뒤
auto d = year_month_day(t);              // 시점을 다시 캘린더로 변환한다

cout << d << '\n';                                         // 2022-03-04
cout << format("{:%B}/{}/{}\n", d.month(), d.day(), d.year()); // March/04/2022
```

위와 같이 계산하려면 월의 변화와 윤년에 대한 지식이 필요하다. 기본 구현은 날짜를 ISO 표준 포맷으로 제공한다. 월을 "March"로 출력하려면 날짜의 각 필드를 분해한 후 상세 서식을 만들어야 한다(11.6.2절). %B는 "월의 전체 이름을 작성하라"는 뜻인데 역시나 이유는 알 수 없다.

이러한 연산들은 주로 컴파일 타임에 이뤄지므로 매우 빠르다.

```
static_assert(weekday(April/7/2018) == Saturday); // true
```

캘린더는 복잡하고 미묘하다. 수 세기에 걸쳐 "평범한 인간"을 위해 디자인된 "시스템"에 전형적이고 알맞으나 프로그래밍을 간소화하고자 프로그래머가 디자인한 시스템에는 알맞지 않다. 율리우스력, 이슬람력, 타이력 등의 달력을 처리하도록 표준 라이브러리 캘린더 시스템을 확장할 수도 있다(또한 확장돼왔다).

16.2.3 표준 시간대

시간과 관련해 정확히 이해하기 가장 까다로운 문제 중 하나가 표준 시간대다. 워낙 제멋대로라 기억하기 어렵고 가끔은 전 세계적으로 표준화되지 않은 다양한 방식으로 변하기도 한다. 예제로 보자.

```
auto tp = system_clock::now();        // tp는 time_point다
cout << tp << '\n';                    // 2021-11-27 21:36:08.2085095

zoned_time ztp { current_zone(),tp }; // 2021-11-27 16:36:08.2085095 EST
cout << ztp << '\n';

const time_zone est {"Europe/Copenhagen"};
cout << zoned_time{ &est,tp } << '\n'; // 2021-11-27 22:36:08.2085095 GMT+1
```

time_zone은 system_clock이 사용하는 표준(GMT 또는 UTC라 부름)에 상대적인 시간이다. 표준 라이브러리는 올바르게 답하기 위해 전 세계 데이터베이스(IANA)와 동기화한다. 운영체제가 자동으로 수행할 수도, 시스템 관리자가 제어할 수도 있다. 표준 시간대의 이름은 "America/New_York", "Asia/Tokyo", "Africa/Nairobi" 같은 "대륙/대도시" 형태의 C 스타일 문자열이다. zoned_time은 time_point를 포함하는 time_zone이다.

캘린더처럼 표준 시간대도 직접 코드를 작성할 필요 없이 표준 라이브러리를 통해 까다로운 문제를 해결하면 된다. 2024년 2월 말일(29일) 뉴욕 시간으로 몇 시에 뉴델리의 날짜가 바뀔지 생각해보자. 2020년 미국 콜로라도 주 덴버에서 서머 타임(일광 절약 시간제daylight saving time)은 언제 끝났을까? 다음 윤초leap second는 언제일까? 표준 라이브러리는 "알고 있다".

16.3 함수 조정

함수를 함수 인수로 전달하려면 호출한 함수 선언에 표현된 예상 타입과 인수 타입이 정확히 일치해야 한다. 전달하려는 인수가 "예상 타입에 거의 부합"하는 경우 다음의 몇 가지 방법으로 이를 조정할 수 있다.

- 람다를 사용한다(16.3.1절).
- std::mem_fn()으로 멤버 함수로부터 함수 객체를 만든다(16.3.2절).
- std::function을 허용하는 함수를 정의한다(16.3.3절).

다른 방법도 있으나 위 세 방법 중 하나가 대개 가장 잘 동작한다.

16.3.1 람다로 조정

고전적인 "모든 모양 그리기" 예제를 살펴보자.

```
void draw_all(vector<Shape*>& v)
{
  for_each(v.begin(),v.end(),[](Shape* p) { p->draw(); });
}
```

다른 표준 라이브러리 알고리듬처럼 for_each()는 전통적인 함수 호출 문법인 f(x)를 사용해 인수를 호출하지만 Shape의 draw()는 관례적인 객체지향 표기인 x->f()를 사용한다. 람다가 두 표기를 간단히 조정한다.

16.3.2 mem_fn()

멤버 함수가 주어지면 함수 조정자^{function adaptor} mem_fn(mf)는 비멤버 함수로 호출될 수 있는 함수 객체를 생성한다. 예제로 보자.

```
void draw_all(vector<Shape*>& v)
{
  for_each(v.begin(),v.end(),mem_fn(&Shape::draw));
```

}

C++11에 람다가 나오기 전까지 mem_fn()이나 이와 동등한 기능이 객체지향 호출 방식과 함수형 호출 방식을 매핑해주는 주된 방법이었다.

16.3.3 function

표준 라이브러리 function은 호출 연산자 ()로 호출할 수 있는 모든 객체를 저장할 수 있는 타입이다. 즉, function 타입의 객체는 함수 객체(7.3.2절)이다. 예제로 보자.

```
int f1(double);                          // f1으로 초기화한다
function<int(double)> fct1 {f1};

int f2(string);                          // fct2의 타입은 function<int(string)>다
function fct2 {f2};

function fct3 = [](Shape* p) { p->draw(); }; // fct3의 타입은 function<void(Shape*)>다
```

fct2에서는 function의 타입을 초기자 int(string)로부터 추론하게 됐다.

function은 연산을 인수로 전달할 때, 함수 객체를 전달할 때, 콜백 등에 분명 유용하다. 하지만 직접 호출할 때보다 런타임 오버헤드가 클 수 있다. 특히 컴파일 타임에 크기가 계산되지 않는 function 객체라면 자유 저장소 할당으로 인해 성능이 중요한 애플리케이션에 심각한 영향을 미칠 수 있다. C++23의 move_only_function이 이 문제를 해결한다.

객체인 function을 오버로딩할 수 없다는 것도 문제다. 함수 객체(람다 포함)를 오버로딩하려면 overloaded(15.4.1절)를 사용하자.

16.4 타입 함수

타입 함수$^{type\ function}$는 타입을 인수로 받거나 타입을 반환하면서 컴파일 타임에 평가되는 함수이다. 표준 라이브러리가 제공하는 다양한 타입 함수를 통해 라이브러리 구현자(일반적

으로 프로그래머)는 언어와 표준 라이브러리, 일반적인 코드의 여러 측면을 활용하는 코드를 작성할 수 있다.

예를 들어 `<limits>`의 `numeric_limits`는 수 타입에 대한 다양하고 유용한 정보를 제공한다(17.7절). 예제로 보자.

```
constexpr float min = numeric_limits<float>::min(); // 가장 작은 양의 실수(float)
```

비슷하게 객체 크기도 내장 sizeof 연산자(1.4절)로 알아낼 수 있다. 예제로 보자.

```
constexpr int szi = sizeof(int); // int 내 byte 수
```

표준 라이브러리는 `<type_traits>`에 타입 특성을 묻는 여러 함수를 제공한다. 예제로 보자.

```
bool b = is_arithmetic_v<X>; // X가 (내장) 산술 타입 중 하나이면 true
using Res = invoke_result_t<decltype(f)>; // f가 int를 반환하는 함수이면 Res는 int
```

`decltype(f)`은 내장 타입 함수 `decltype()`을 호출해 인수인 f가 선언된 타입을 반환한다.

입력에 따라 새 타입을 생성하는 타입 함수도 있다. 예제로 보자.

```
typename<typename T>
using Store = conditional_t(sizeof(T)<max, On_stack<T>, On_heap<T>);
```

`conditional_t`의 첫 번째 인수[Boolean]가 true면 첫 번째 옵션을, 그렇지 않으면 두 번째 옵션을 결과로 낸다. `On_stack`과 `On_heap`이 똑같은 T 접근 함수를 제공한다고 가정하면 각각 이름대로 T를 할당할 수 있다. 다시 말해 `Store<X>`의 사용자를 객체 X의 크기에 따라 조정할 수 있다. 이와 같은 할당 옵션을 통한 성능 조정은 대단히 중요하다. 위는 사용자만의 타입 함수를 생성하는 간단한 예제로서 사용자 타입 함수는 표준 타입 함수로 생성하거나 콘셉트를 사용해 생성할 수 있다.

콘셉트는 타입 함수이다. 표현식에 쓰이면 더 정확히는 타입 프레디킷이다. 예제로 보자.

```
template<typename F, typename... Args>
auto call(F f, Args... a, Allocator alloc)
{
  if constexpr (invocable<F,alloc,Args...>) // 할당자가 필요한가?
    return f(f,alloc,a...);
  else
    return f(f,a...);
}
```

콘셉트가 가장 좋은 타입 함수인 경우가 많지만 표준 라이브러리 대부분이 콘셉트가 나오기 전에 작성됐으므로 콘셉트가 없는 코드 기반도 지원해야 한다.

표기 관례도 혼란스럽다. 표준 라이브러리는 값을 반환하는 타입 함수에는 _v를, 타입을 반환하는 타입 함수에는 _t를 사용한다. 약형weakly-typed을 사용하던 C와 콘셉트가 나오기 전 C++의 잔재다. 타입과 값을 모두 반환하는 표준 라이브러리 타입 함수는 없으므로 이러한 접미사도 없어도 된다. 콘셉트를 사용하면 표준 라이브러리이든 어디든 접미사가 필요하지 않고 쓰이지도 않는다.

타입 함수는 더 엄격한 타입 검사와 (타입 함수가 없으면 불가능했을) 더 나은 성능을 달성시킨 C++의 컴파일 타임 계산 메커니즘의 하나다. 타입 함수와 콘셉트(8장, 14.5절)을 사용하는 프로그래밍을 대개 메타프로그래밍metaprogramming 또는 (템플릿을 포함하면) 템플릿 메타프로그래밍template metaprogramming이라 부른다.

16.4.1 타입 프레디킷

표준 라이브러리의 <type_traits>에는 타입의 기본 정보를 확인하는 타입 프레디킷type predicate이라는 수십 개의 간단한 타입 함수가 들어 있다. 그중 몇 가지만 소개하겠다.

일부 타입 프레디킷		
T, A, U는 타입이고, 모든 프레디킷은 bool을 반환한다.		
is_void_v<T>		T는 보이드(void)인가?
is_integral_v<T>		T는 정수 타입인가?
is_floating_point_v<T>		T는 부동소수점 수 타입인가?
is_class_v<T>		T는 클래스인가? (그리고 유니온이 아닌가?)
is_function_v<T>		T는 함수인가? (그리고 함수 객체나 함수로의 포인터가 아닌가?)
is_arithmetic_v<T>		T는 정수 또는 부동소수점 수 타입인가?
is_scalar_v<T>		T는 산술이나 열거, 포인터, 멤버 타입으로의 포인터인가?
is_constructible_v<T, A...>		T를 A... 인수 리스트로 생성할 수 있는가?
is_default_constructible_v<T>		T를 명시적 인수 없이 생성할 수 있는가?
is_copy_constructible_v<T>		T를 또 다른 T로 생성할 수 있는가?
is_move_constructible_v<T>		T를 또 다른 T로 이동하거나 복사할 수 있는가?
is_assignable_v<T,U>		U를 T에 할당할 수 있는가?
is_trivially_copyable_v<T,U>		사용자 정의 복사 연산 없이 U를 T에 할당할 수 있는가?
is_same_v<T,U>		T는 U와 같은 타입인가?
is_base_of_v<T,U>		U는 T로부터 상속되는가 혹은 U는 T와 같은 타입인가?
is_convertible_v<T,U>		T는 암묵적으로 U로 변환될 수 있는가?
is_iterator_v<T>		T는 반복자 타입인가?
is_invocable_v<T, A...>		T를 인수 리스트 A...로 호출할 수 있는가?
has_virtual_destructor_v<T>		T에 가상 소멸자가 있는가?

타입 프레디킷은 전통적으로 템플릿 인수를 제약하는 데 써왔다. 예제로 보자.

```
template<typename Scalar>
class complex {
  Scalar re, im;
public:
  static_assert(is_arithmetic_v<Scalar>, "Sorry, I support only complex of
arithmetic types");
  // ...
};
```

하지만 다른 전통적 용법과 마찬가지로 콘셉트를 사용하면 더 쉽고 간결하다.

```
template<Arithmetic Scalar>
```

```
class complex {
  Scalar re, im;
public:
  // ...
};
```

대부분의 경우 사용하기 더 쉽도록 is_arithmetic 같은 타입 프레디킷을 콘셉트 정의에 숨긴다. 예제로 보자.

```
template<typename T>
concept Arithmetic = is_arithmetic_v<T>;
```

신기하게도 std::arithmetic 콘셉트는 없다.

보통은 표준 라이브러리 타입 프레디킷보다 더 일반적인 콘셉트를 정의할 수 있다. 표준 라이브러리 타입 프레디킷은 대부분 내장 타입에만 적용된다. Number(8.2.4절) 정의에서 보였듯이 필요한 연산 관점에서 다음과 같이 콘셉트를 정의할 수 있다.

```
template<typename T, typename U = T>
concept Arithmetic = Number<T,U> && Number<U,T>;
```

표준 라이브러리 타입 프레디킷은 대부분 기초 서비스 구현 내부에서 최적화 사례를 구별해내는 데 쓰인다. 예를 들어 std::copy(Iter,Iter,Iter2) 구현 일부가 단순 타입 인접 시퀀스(가령 정수)라는 중요한 경우를 최적화할 수도 있다.

```
template<class T>
void cpy1(T* first, T* last, T* target)
{
  if constexpr (is_trivially_copyable_v<T>)
    memcpy(first, target, (last - first) * sizeof(T));
  else
    while (first != last) *target++ = *first++;
}
```

이처럼 간단한 최적화가 어떤 구현에서는 성능을 약 50% 향상시킨다. 표준의 성능이 더 떨어진다고 검증되지 않은 한 이러한 최적화에 발을 들이지 말자.

직접 최적화한 코드는 더 간단한 버전보다 일반적으로 유지보수하기 더 어렵다.

16.4.2 조건 프로퍼티

다음은 "스마트 포인터"의 정의다.

```
template<typename T>
class Smart_pointer {
  // ...
  T& operator*() const;
  T* operator->() const; // ->는 T가 클래스일 때만 동작해야 한다
};
```

->는 T가 클래스 타입일 때만 정의돼야 한다. 예를 들어 Smart_pointer<vector<T>>에는 ->가 있어야 하지만 Smart_pointer<int>에는 있어서는 안 된다.

함수 내부가 아니라서 컴파일 타임 if는 사용할 수 없다. 대신 다음과 같이 작성한다.

```
template<typename T>
class Smart_pointer {
  // ...
  T& operator*() const;
  T*operator->()constrequiresis_classv<T>; // ->T가 클래스일 때만 ->가 정의된다
};
```

타입 프레디킷은 operator->()에의 제약을 직접 표현한다. 콘셉트를 사용할 수도 있다. 표준 라이브러리에 타입이 클래스 타입(class나 struct, union)이어야 하는 콘셉트는 없으나 새로 정의하면 된다.

```
template<typename T>
concept Class = is_class v<T> || is_union_v<T>; // union은 클래스다

template<typename T>
class Smart_pointer {
```

```
   // ...
   T& operator*() const;
   T* operator->() const requires Class<T>; // T가 클래스이거나 유니온일 때만 ->가 정의된다
};
```

콘셉트는 표준을 직접 사용하는 방식보다 대개 더 일반적이거나 적절하다.

16.4.3 타입 제너레이터

많은 타입 함수가 타입을 반환하며, 보통은 그 함수에서 계산한 새 타입을 반환한다. 타입
프레디킷과 구분 지어 이러한 함수를 타입 제너레이터type generator라 부르겠다. 표준에서 몇
가지 타입 제너레이터를 제공한다.

일부 타입 제너레이터	
R=remove_const_t<T>	R은 최상위 const가 제거된(존재한다면) T이다.
R=add_const_t<T>	R은 const T이다.
R=remove_reference_t<T>	T가 참조 U&이면 R은 U이고, 그렇지 않으면 T이다.
R=add_lvalue_reference_t<T>	T가 왼값(lvalue) 참조이면 R은 T이고, 그렇지 않으면 T&이다.
R=add_rvalue_reference_t<T>	T가 오른값(rvalue) 참조이면 R은 T이고, 그렇지 않으면 T&&이다.
R=enable_if_t<b,T =void>	b가 참이면 R은 T이고, 그렇지 않으면 R은 정의되지 않는다.
R=conditional_t<b,T,U>	b가 참이면 R은 T이고, 그렇지 않으면 U이다.
R=common_type_t<T...>	모든 T가 암묵적으로 변환될 수 있는 어떤 타입이 존재하면, R이 그 타입이고, 그렇지 않으면 R은 정의되지 않는다.
R=underlying_type_t<T>	T가 열거이면 R은 그 내부 타입이고, 그렇지 않으면 오류이다.
R=invoke_result_t<T,A...>	T를 인수 A...로 호출할 수 있으면 R은 T의 반환 타입이고, 그렇지 않으면 오류이다.

이러한 타입 함수는 애플리케이션 코드에 직접 쓰이기 보다는 전형적으로 유틸리티 구현에
쓰인다. 콘셉트가 나오기 전 코드에서 가장 흔한 제너레이터는 enable_if일 것이다. 예를
들어 스마트 포인터에서 조건적으로 활성화되는 ->는 전통적으로 다음과 같이 구현한다.

```
template<typename T>
class Smart_pointer {
```

```
    // ...
    T& operator*();
    enable_if<is_class v<T>,T&> operator->(); // -> T가 클래스일 때만 ->가 정의된다
};
```

위 코드도 쉽게 읽히지 않는데 더 복잡하게 사용하면 훨씬 형편없다. enable_if의 정의는
SFINAE("대체 실패는 오류가 아님Substitution Failure Is Not An Error")라는 미묘한 언어 기능을 이용
한다. 필요하면(꼭 필요하다면) 찾아보자.

16.4.4 연관 타입

모든 표준 컨테이너(12.8절)와 그 외 표준 컨테이너의 패턴을 따르도록 디자인된 모든 컨테
이너는 그 컨테이너의 값 타입과 반복자 타입 같은 연관 타입associated type을 포함한다. 표준
라이브러리는 <iterator>와 <ranges>에 이러한 연관 타입의 이름을 제공한다.

일부 타입 제너레이터	
range_value_t<R>	범위 R의 원소들의 타입
iter_value_t<T>	반복자 T가 가리키는 원소들의 타입
iterator_t<R>	범위 R의 반복자의 타입

16.5 source_location

추적 메시지나 오류 메시지를 작성할 때 대개 소스 위치를 메시지에 포함시킨다. 이를 위해
라이브러리는 source_location을 제공한다.

```
const source_location loc = source_location::current();
```

current()는 소스 코드 내 현재 위치를 설명하는 source_location을 반환한다. source_
location 클래스는 C 스타일 문자열을 반환하는 file()과 function_name() 멤버, 부호가
없는 정수를 반환하는 line()과 column() 멤버를 포함한다.

위 코드를 함수 안으로 래핑해 로깅 메시지에 사용할 첫 번째 좋은 정보를 얻어보자.

```
void log(const string& mess = "", const source_location loc = source_
location::current())
{
  cout << loc.file_name()
    << '(' << loc.line() << ':' << loc.column() << ") "
    << loc.function_name() ": "
    << mess;
}
```

기본 인수가 current()의 호출이므로 log()의 위치가 아니라 log()의 호출자의 위치가 나
온다.

```
void foo()
{
  log("Hello"); // myfile.cpp (17,4) foo: Hello
  // ...
}

int bar(const string& label)
{
  log(label); // myfile.cpp (23,4) bar: <<the value of label>>
  // ...
}
```

C++20 이전에 작성된 코드나 예전 컴파일러에서 컴파일해야 하는 코드라면 __FILE__과
__LINE__ 매크로로 대신하자.

16.6 move()와 forward()

이동과 복사 간 선택은 대부분 암묵적이다(3.4절). 객체가 소멸되려 할 때(return할 때처럼)
컴파일러는 더 단순하고 효율적인 연산으로 여겨지는 이동을 선호한다. 하지만 명시적이어
야 할 때도 있다. 객체의 유일한 소유자인 unique_ptr을 생각해보자. 복사할 수 없으므로

다른 위치에서 unique_ptr을 사용하려면 결국 이동시켜야 한다. 예제로 보자.

```
void f1()
{
  auto p = make_unique<int>(2);
  auto q = p; // 오류: unique_ptr을 복사할 수 없다
  auto q = move(p); // p는 이제 nullptr을 포함한다
  // ...
}
```

당황스럽게도 std::move()는 무엇도 이동시키지 않는다. 대신 인수를 오른값 참조^{rvalue} ^{reference}로 캐스팅함으로써 그 인수가 다시 쓰이지 않을 테니 이동시킬 수 있다고 말한다 (6.2.2절). rvalue_cast라는 이름이 더 어울린다. std::move()는 몇 가지 꼭 필요한 경우를 처리해준다. 다음의 간단한 교환^{swap}을 생각해보자.

```
template <typename T>
void swap(T& a, T& b)
{
  T tmp {move(a)}; // T 생성자는 오른값을 찾아 이동시킨다
  a = move(b);     // T 할당은 오른값을 찾아 이동시킨다
  b = move(tmp);   // T 할당은 오른값을 찾아 이동시킨다
}
```

잠재적으로 클 수 있는 객체를 반복해서 복사하고 싶지 않으니 std::move()로 이동을 요청한다.

다른 캐스팅에서도 위험하지만 std::move()를 사용하고 싶을 때가 있다. 다음 예제를 보자.

```
string s1 = "Hello";
string s2 = "World";
vector<string> v;
v.push_back(s1);        // "const string&" 인수를 사용한다. push_back()은 복사한다
v.push_back(move(s2)); // 이동 생성자를 사용한다
v.emplace_back(s1);     // 대안. s1의 복사본을 v의 새 마지막 위치에 넣는다(12.8절)
```

s1은 (push_back()으로) 복사되는 반면 s2는 이동된다. 때로는 (자주는 아니고) s2의 push_back()이 더 저렴하다. 문제는 이동시킨 객체가 남겨진다는 것이다. s2를 다시 사용하면 다음과 같은 문제가 발생한다.

```
cout << s1[2]; // '1'를 작성한다
cout << s2[2]; // 고장?
```

이러한 방식으로 std::move()를 광범위하게 사용하면 오류가 발생하기 쉽다. 성능 개선이 유의미하고 꼭 필요함을 입증하기 전까지는 사용하지 말자. 향후 유지 보수 중에 우연히 이동시킨 객체가 뜻하지 않은 방식으로 쓰일지도 모른다.

컴파일러는 반환값이 함수에서 더 이상 쓰이지 않음을 알고 있으니 return std::move(x) 같은 명시적 std::move()의 사용은 불필요한데다 심지어 최적화를 가로막기도 한다.

이동시킨 객체의 상태는 일반적으로 명시되지 않으나 모든 표준 라이브러리 타입은 이동시킨 객체를 소멸 또는 할당할 수 있는 상태로 남겨 둔다. 굳이 어리석게 바꾸지 말자. 컨테이너(예를 들어 vector나 string)를 이동시키면 "빈" 상태가 된다. "빈" 상태는 쓸모가 많고 생성 비용도 적으므로 많은 타입에서 기본값으로 택한다.

인수 포워딩forwarding argument은 이동이 필요한 중요한 유스케이스다(8.4.2절). ("완벽한 포워딩"을 위해) 무엇도 바꾸지 않으면서 인수 집합을 또 다른 함수로 전송하고 싶을 수 있다.

```
template<typename T, typename... Args>
unique_ptr<T> make_unique(Args&&... args)
{
  return unique_ptr<T>{new T{std::forward<Args>(args)...}}; // 각 인수를 앞으로 이동시킨다
}
```

표준 라이브러리 forward()는 왼값(lvalue)과 오른값(rvalue)에 수행해야 하는 중요한 세부 요소들을 올바르게 처리한다는 점에서 단순한 std::move()와 다르다(6.2.2절). 포워딩에는 std::forward()만 사용하고, 2번 forward()하지 말자. 어떤 객체를 포워드했으면 더 이상 그 객체는 사용할 수 있다.

16.7 비트 조작

<bit>에서는 저수준의 비트 조작bit manipulation 함수를 제공한다. 비트 조작은 특수하지만 꼭 필요한 활동이다. 하드웨어에 가까워질수록 대개 비트를 보고, 바이트나 워드 내 비트 패턴을 바꾸고, 원시 메모리를 타입을 갖는 객체로 바꿔야 한다. 예를 들어 bit_cast는 어떤 타입의 값을 같은 크기의 또 다른 타입으로 변환해준다.

```
double val = 7.2;
auto x = bit_cast<uint64_t>(val);   // 64비트 부동소수점 수의 비트 표현을 얻는다
auto y = bit_cast<uint64_t>(&val);  // 64비트 포인터의 비트 표현을 얻는다

struct Word { std::byte b[8]; };
std::byte buffer[1024];
// ...
auto p = bit_cast<Word*>(&buffer[i]); // p는 8바이트를 가리킨다
auto i = bit_cast<int64_t>(*p);       // 이 8바이트를 정수로 변환한다
```

표준 라이브러리 타입 std::byte(std::를 꼭 붙이자)는 문자나 정수를 나타내는 바이트 이외의 바이트를 표현하기 위해 존재한다. 특히 std::byte는 비트 단위 논리 연산만 제공할 뿐 산술 연산은 제공하지 않는다. 일반적으로 비트 연산을 수행하기 가장 좋은 타입은 부호가 없는 정수나 std::byte다. 여기서 가장 좋은 타입이란 가장 빠르고 가장 예상을 벗어나지 않는 타입이라는 뜻이다. 예제로 보자.

```
void use(unsigned int ui)
{
  int x0 = bit_width(ui)        // ui를 표현하는 데 필요한 최소 비트 수
  unsigned int ui2 = rotl(ui,8) // 왼쪽 8비트를 회전한다(참고: ui는 바뀌지 않는다)
  int x1 = popcount(ui);        // ui 내 1의 개수
  // ...
}
```

bitset(15.3.2절)도 참고하자.

16.8 프로그램 종료

이따금 코드는 처리할 수 없는 문제와 맞닥뜨린다.

- 자주 발생하고 중간 호출자가 처리할 만한 문제 유형이면 일종의 반환 코드를 반환한다(4.4절).
- 드물게 발생하고 중간 호출자가 처리할 수 없을 만한 문제 유형이면 예외를 던진다(4.4절).
- 너무 심각해서 원본 프로그램의 어떤 부분에서도 처리할 수 없을 만한 문제 유형이면 프로그램을 종료시킨다.

표준 라이브러리는 마지막 경우("프로그램 종료")를 다음과 같은 기능으로 처리한다.

- exit(x): atexit()에 등록된 함수를 호출한 후, 그 반환값 x로 프로그램을 종료시킨다. 필요하면 atexit()를 찾아보자. 기본적으로 C 언어와 공유하는 원시 소멸자 메커니즘이다.
- abort(): 실패 종료를 나타내는 반환값으로 프로그램을 무조건 즉시 종료한다. 어떤 운영체제에서는 이때 쓰이는 간단한 설명을 수정하게 해준다.
- quick_exit(x): at_quick_exit()에 등록된 함수를 호출한 후, 반환값 x로 프로그램을 종료한다.
- terminate(): terminate_handler를 호출한다. 기본 terminate_handler는 abort()다.

위 함수들은 정말 심각한 오류에 쓰인다. 소멸자를 호출하지 않으니 원래 예정된 적절한 해제clear-up를 수행하지 못한다. 그래서 다양한 핸들러로 종료 전에 조치를 취한다. 종료 함수를 호출하는 이유는 프로그램 상태에 오류가 생겼기 때문이므로 이러한 동작은 아주 단순해야 한다. 한 가지 타당하면서 자주 쓰이는 동작은 "현재 프로그램의 어떤 상태도 이용하지 않는 명확한 상태로 시스템을 재시작한다"이다. 조금 더 위험하지만 보통 크게 문제가 되지 않는 동작은 "오류 메시지를 로깅하고 종료한다"이다. 로깅 메시지 작성이 문제가 될 수 있는 까닭은 종료 함수를 호출시킨 무언가가 I/O 시스템을 망가뜨렸을 수 있어서다.

오류 처리는 가장 까다로운 프로그래밍 유형 중 하나로서 프로그램을 깔끔하게 빠져나오는 것조차 때로는 쉽지 않다.

어떤 범용 라이브러리도 무조건적으로 종료해서는 안 된다.

16.9 조언

[1]   꼭 규모가 크거나 복잡해야만 유용한 라이브러리는 아니다(16.1절).

[2]   효율성을 단언하기 전에 프로그램의 시간을 측정하자(16.2.1절).

[3]   duration_cast를 사용해 적절한 단위로 시간 측정을 보고한다(16.2.1절).

[4]   날짜를 소스 코드에 직접 표현하려면 심볼릭 표기(예를 들어 November/28/2021)를 사용한다(16.2.2절).

[5]   계산 결과가 날짜라면 ok()를 사용해 유효한지 검증한다(16.2.2절).

[6]   서로 다른 지역의 시간을 처리할 때는 zoned_time을 사용한다(16.2.3절).

[7]   호출 규약calling convention의 작은 변경은 람다를 사용해 표현한다(16.3.1절).

[8]   전통적인 함수 호출 표기로 호출할 때 멤버 함수를 호출할 수 있는 함수 객체는 mem_fn()이나 람다를 사용해 생성한다(16.3.1절, 16.3.2절).

[9]   호출될 수 있는 무언가는 function에 저장하자(16.3.3절).

[10] 명시적 타입 프레디킷의 사용보다는 콘셉트가 낫다(16.4.1절).

[11] 명시적으로 타입 프로퍼티를 활용하는 코드를 작성할 수 있다(16.4.1절, 16.4.2절).

[12] 가능하면 트레이트trait나 enable_if 대신 콘셉트를 사용한다(16.4.3절).

[13] source_location을 사용해 디버그와 로깅 메시지에 소스 코드 위치를 넣는다(16.5절).

[14] std::move()를 명시적으로 사용하지 말자(16.6절). [CG: ES.56]

[15] 포워딩에는 std::forward()만 사용한다(16.6절).

[16] 객체에 std::moving()이나 std::forward()를 적용했으면 절대 그 객체를 읽지 말자(16.6절).

[17] (아직) 유의미한 타입이 없는 데이터는 std::byte로 표현한다(16.7절).

[18] 비트 조작에는 unsigned 정수나 bitset을 사용한다(16.7절).

[19] 중간 호출자가 처리할 만한 문제라면 함수에서 오류 코드를 반환한다(16.8절).

[20] 중간 호출자가 처리할 수 없을 만한 문제라면 함수에서 예외를 던진다(16.8절).

[21] 복구하지 못할 문제라면 exit()나 quick_exit(), terminate()를 호출해 프로그램을 종료한다(16.8절).

[22] 어떤 범용 라이브러리도 무조건적으로 종료해서는 안 된다(16.8절).

17

수

계산의 목표는 수가 아니라 인사이트insight다.
— R. W. 해밍R. W. Hamming

…하지만 학생에게 있어,
수는 대개 인사이트를 얻는 최선의 방법이다.
— A. 랠스턴A. Ralston

- 소개
- 수학 함수
- 수 알고리듬
    - 병렬 수 알고리듬
- 복소수
- 난수
- 벡터 산술
- 수 제한
- 타입 에일리어스
- 수학 상수
- 조언

17.1 소개

C++는 수 계산에 초점을 맞춰 디자인되지 않았다. 하지만 전형적으로 수 계산은 과학 계산, 데이터베이스 접근, 네트워킹, 기기 제어, 그래픽스, 시뮬레이션, 재무 분석 같은 다른 작업에 포함되므로 큰 시스템의 한 부분을 차지하는 계산의 수단으로서 C++는 매우 매력적이다. 뿐만 아니라 수 계산 방법 역시 부동소수점 수의 벡터를 순회하던 단순한 루프에서 크게 발전했다. 훨씬 복잡한 데이터 구조를 계산해야 하는 작업이라면 C++의 강점이 딱 들어맞는다. 자연스럽게 C++는 과학과 공학, 재무, 그 외 복잡한 수를 포함하는 계산에 널리 쓰이게 됐다. 그 결과 이러한 계산을 지원하는 기능과 기법이 생겨났다. 17장에서는 표준 라이브러리에서 어떻게 수^{numeric}를 지원하는지 설명한다.

17.2 수학 함수

<cmath>에서는 float, double, long double 타입의 인수를 처리하는 sqrt(), log(), sin() 같은 표준 수학 함수$^{standard\ mathematical\ function}$를 제공한다.

일부 표준 수학 함수	
abs(x)	절댓값
ceil(x)	x보다 같거나 큰 최소 정수
floor(x)	x보다 같거나 작은 최대 정수
sqrt(x)	제곱근. x는 음수가 아니어야 한다.
cos(x)	코사인
sin(x)	사인
tan(x)	탄젠트
acos(x)	아크코사인. 결과는 음수가 아니다.
asin(x)	아크사인. 0에 가장 가까운 결과를 반환한다.
atan(x)	아크탄젠트
sinh(x)	쌍곡 사인
cosh(x)	쌍곡 코사인
tanh(x)	쌍곡 탄젠트
exp(x)	e를 밑으로 하는 지수
exp2(x)	2를 밑으로 하는 지수
log(x)	밑을 e로 하는 자연 로그. x는 양수여야 한다.

일부 표준 수학 함수	
log2(x)	밑을 2로 하는 자연로그. x는 양수여야 한다.
log10(x)	밑을 10으로 하는 로그. x는 양수여야 한다.

위 함수의 complex 버전(17.4절)은 <complex>에 들어 있다. 각 함수의 반환 타입은 인수 타입과 같다.

오류는 <cerrno>의 errno로 보고하는데 도메인 오류라면 EDOM을, 범위 오류라면 ERANGE를 할당한다. 예제로 보자.

```
errno = 0; // 기존 오류 상태를 지운다
double d = sqrt(-1);
if (errno==EDOM)
  cerr << "sqrt() not defined for negative argument\n";

errno = 0; // 기존 오류 상태를 지운다
double dd = pow(numeric_limits<double>::max(),2);
if (errno == ERANGE)
  cerr << "result of pow() too large to represent as a double\n";
```

<cmath>와 <cstdlib>에서 이외에도 많은 수학 함수를 제공한다. beta(), rieman_zeta(), sph_bessel() 같은 소위 특수 수학 함수special mathematical function도 <cmath>에 들어 있다.

17.3 수 알고리듬

<numeric>에서는 accumulate() 같은 몇 가지 일반적인 수 알고리듬을 제공한다.

	수 알고리듬
x=accumulate(b,e,i)	x는 i와 [b:e)의 원소들의 합이다.
x=accumulate(b,e,i,f)	+ 대신 f를 사용하는 accumulate
x=inner_product(b,e,b2,i)	x는 [b:e)와 [b2:b2+(e-b))의 내적이다.
	즉, [b:e) 내 각 p1과 이에 상응하는 [b2:b2+(e-b)) 내 p2에 대해 i와 (*p1)*(*p2)의 합이다.

수 알고리듬	
x=inner_product(b,e,b2,i,f,f2)	+와 * 대신 f와 f2를 사용한 inner_product
p=partial_sum(b,e,out)	[out:p]의 원소 i는 [b:b+i]의 원소들의 합이다.
p=partial_sum(b,e,out,f)	+ 대신 f를 사용한 partial_sum
p=adjacent_difference(b,e,out)	[out:p]의 원소 i는 i>0에 대해 *(b+i)-*(b+i-1)이다. e-b>0이면 *out은 *b이다.
p=adjacent_difference(b,e,out,f)	- 대신 f를 사용한 adjacent_difference
iota(b,e,v)	[b:e) 내 각 원소마다 v를 할당하고 ++v;로 증가시킨다. 즉, 시퀀스는 v, v+1, v+2, ...이 된다.
x=gcd(n,m)	x는 정수 n과 m의 최대공약수이다.
x=lcm(n,m)	x는 정수 n과 m의 최소공배수이다.
x=midpoint(n,m)	x는 n과 m의 중간값이다.

이러한 알고리듬은 합 계산 같은 일반적인 연산을 모든 종류의 시퀀스에 적용시킴으로써 일반화한다. 또한 시퀀스의 원소에 적용되는 연산을 인자로 만든다. 각 알고리듬마다 그 알고리듬의 가장 일반적인 연산자에 적용하는 버전이 추가된다. 예제로 보자.

```
list<double> lst {1, 2, 3, 4, 5, 9999.99999};
auto s = accumulate(lst.begin(),lst.end(),0.0); // 합을 계산한다: 10014.9999
```

수 알고리듬은 모든 표준 라이브러리 시퀀스에 잘 동작하며 연산을 인수로 제공받을 수 있다(17.3절).

17.3.1 병렬 수 알고리듬

<numeric>의 수 알고리듬(17.3절)에는 시퀀스 버전과 조금 다른 병렬 버전도 있다. 병렬 버전은 불특정 순서의 원소 연산을 허용한다. 병렬 수 알고리듬은 seq, unseq, par, par_unseq라는 실행 정책 인수execution policy argument(13.6절)를 받을 수 있다.

병렬 수 알고리듬	
x=reduce(b,e,v)	순서가 제멋대로인 x=accumulate(b,e,v)
x=reduce(b,e)	V가 b의 값 타입인 x=reduce(b,e,V{})
x=reduce(pol,b,e,v)	실행 정책 pol을 갖는 x=reduce(b,e,v)
x=reduce(pol,b,e)	V가 b의 값 타입인 x=reduce(pol,b,e,V{})
p=exclusive_scan(pol,b,e,out)	pol에 따라 p=partial_sum(b,e,out)를 구하되 i번째 합에서 i번째 입력 원소를 제외한다.
p=inclusive_scan(pol,b,e,out)	pol에 따라 p=partial_sum(b,e,out)를 구하되 i번째 합에 i번째 입력 원소를 포함시킨다.
p=transform_reduce(pol,b,e,f,v)	[b:e) 내 각 x에 f(x)를 수행한 후 reduce
p=transform_exclusive_scan(pol,b,e,out,f,v)	[b:e) 내 각 x에 f(x)를 수행한 후 exclusive_scan
p=transform_inclusive_scan(pol,b,e,out,f,v)	[b:e) 내 각 x에 f(x)를 수행한 후 inclusive_scan

간략하게 보이기 위해 +와 =가 아니라 연산을 인수로 받는 알고리듬 버전은 생략했다. reduce()만 제외하고는 기본 정책(순차)과 기본값 버전도 생략했다.

<algorithm>(13.6절)의 병렬 알고리듬처럼 예외 정책을 명시할 수 있다.

```
vector<double> v {1, 2, 3, 4, 5, 9999.99999};
auto s = reduce(v.begin(),v.end()); // double을 누산기로 사용해 합을 계산한다

vector<double> large;
// ... 많은 값으로 large를 채운다 ...
auto s2 = reduce(par_unseq,large.begin(),large.end()); // 사용 가능한 병렬로 합을 계산한다
```

실행 정책인 par, sec, unsec, par_unsec은 <execution> 내 네임스페이스 std::execution에 숨겨져 있다.

병렬이나 벡터화 알고리듬을 사용할 가치가 있는지 측정을 통해 검증하자.

17.4 복소수

표준 라이브러리는 5.2.1절에서 설명했던 complex 클래스와 아주 비슷한 복소수 타입을 지원한다. 스칼라가 단일 정밀도 부동소수점 수(float), 배정밀도 부동소수점 수(double) 등인 복소수를 지원하기 위해 표준 라이브러리 complex는 템플릿이다.

```
template<typename Scalar>
class complex {
public:
  complex(const Scalar& re ={}, const Scalar& im ={}); // 기본 함수 인수. 3.4.1절 참고
  // ...
};
```

일반적인 산술 연산과 가장 흔한 수학 함수를 복소수에 지원한다. 예제로 보자.

```
void f(complex<float> fl, complex<double> db)
{
  complex<long double> ld {fl+sqrt(db)};
  db += fl*3;
  fl = pow(1/fl,2);
  // ...
}
```

sqrt()와 pow()(지수) 함수는 <complex>(17.2절)에 정의된 일반적인 수학 함수이다.

17.5 난수

난수는 테스트를 비롯해 게임, 시뮬레이션, 보안 같은 여러 분야에서 유용하다. 애플리케이션 분야의 다양성은 표준 라이브러리의 <random>이 제공하는 풍부한 난수 생성기에 반영된다. 난수 생성기는 다음의 두 부분으로 이뤄진다.

[1] 난수 또는 의사 난수pseudo-random 값 시퀀스를 생성하는 엔진engine

[2] 이러한 값을 정해진 범위의 수학 분포에 매핑하는 분포distribution

분포에는 정해진 범위에 대한 uniform_int_distribution(생성되는 모든 정수의 발생 가능성이 동일하다), normal_distribution ("종형 곡선^{bell curve}"), exponential_distribution(지수적 성장) 등이 있다. 예제로 보자.

```
using my_engine = default_random_engine;        // 엔진의 타입
using my_distribution = uniform_int_distribution<>; // 엔진의 분포

my_engine eng {};                               // 엔진의 기본 버전
my_distribution dist {1,6};                     // 1부터 6까지의 정수에 매핑하는 분포
auto die = [&](){ return dist(eng); };          // 생성기를 만든다

int x = die();                                  // 주사위를 굴린다. x는 [1:6] 사이의 값이 된다
```

표준은 일반성과 성능을 가지고 절대 타협하지 않으므로 한 전문가는 표준 라이브러리 난수 컴포넌트를 "모든 난수 라이브러리의 최종 목표"로 여긴다. 하지만 "초보자 친화적"으로 보긴 어렵다. 게다가 using문과 람다까지 더해졌다.

난수 라이브러리의 완벽하게 일반적인 인터페이스는 (어떤 배경지식을 가졌든) 초보자에게 심각한 장애물이 될 수 있다. 간단한 균등 난수 생성기로 시작해도 대개 충분하다. 예제로 보자.

```
Rand_int rnd {1,10}; // [1:10] 범위의 난수 생성기를 만든다
int x = rnd(); // x는 [1:10] 사이의 수다
```

이제 난수를 어떻게 얻을까? die()처럼 엔진과 Rand_int 클래스 내부 분포를 조합해주는 무언가가 필요하다.

```
class Rand_int {
public:
  Rand_int(int low, int high) :dist{low,high} { }
  int operator()() { return dist(re); } // int를 뽑는다
  void seed(int s) { re.seed(s); } // 새 난수 엔진 시드를 고른다
private:
  default_random_engine re;
  uniform_int_distribution<> dist;
```

```
};
```

여전히 "전문가 수준"의 정의지만 Rand_int()의 용법은 초보자도 C++ 과목 첫 수업에 이해해낼 수 있다. 예제로 보자.

```
int main()
{
  constexpr int max = 9;
  Rand_int rnd {0,max}; // 균등 난수 생성기를 만든다

  vector<int> histogram(max+1); // 적절한 크기의 벡터를 만든다
  for (int i=0; i!=200; ++i)
    ++histogram[rnd()]; // [0:max] 사이 수 빈도수로 histogram을 채운다

  for (int i = 0; i!=histogram.size(); ++i) { // 막대 그래프를 작성한다
    cout << i << '\t';
    for (int j=0; j!=histogram[i]; ++j) cout << '*';
    cout << '\n';
  }
}
```

출력은 (마음을 편안하게 해주는) (통계적으로 적절히 분산된) 균등 분포^{uniform distribution}이다.

```
0 ********************
1 ****************
2 ******************
3 ********************
4 ****************
5 **********************
6 ************************
7 **********
8 *********************
9 ***********************
```

C++에는 표준 그래픽 라이브러리가 없어 "아스키 그래픽스"를 사용했다. 물론 C++에는 오픈 소스와 상용 그래픽스, GUI 라이브러리가 수도 없이 많지만 이 책에서는 ISO 표준 기능만 사용하겠다.

반복되는 값 시퀀스나 서로 다른 값 시퀀스를 얻으려면 엔진에 시드seed를 넣는다. 즉, 내부
상태에 새 값을 부여한다. 예제로 보자.

```
Rand_int rnd {10,20};
for (int i = 0; i<10; ++i) cout << rnd() << ' '; // 16 13 20 19 14 17 10 16 15 14
cout << '\n';
rnd.seed(999);
for (int i = 0; i<10; ++i) cout << rnd() << ' '; // 11 17 14 19 20 13 20 14 16 19
cout << '\n';
rnd.seed(999);
for (int i = 0; i<10; ++i) cout << rnd() << ' '; // 11 17 14 19 20 13 20 14 16 19
cout << '\n';
```

반복된 시퀀스는 결정적deterministic 디버깅에 꼭 필요하다. 반복을 원하지 않으면 시드를 계
속해서 다르게 넣어야 한다. 생성된 의사 난수 시퀀스가 아니라 진짜 난수가 필요하면 가지
고 있는 장비에서 random_device가 어떻게 구현되는지 살펴보자.

17.6 벡터 산술

12.2절에서 설명했듯이 vector는 유연성을 유지하면서 컨테이너와 반복자, 알고리듬의 아
키텍처에 적합하게 값을 저장하기 위한 일반적인 메커니즘으로 디자인됐다. 하지만 수학적
벡터 연산은 지원하지 않는다. 연산을 추가하기는 쉬우나 일반성과 유연성으로 인해 주요
수치 계산에 꼭 필요한 최적화가 쉽지 않다. 그래서 표준 라이브러리는 덜 일반적이지만 수
계산에 더 최적화할 수 있는 vector와 비슷한 템플릿인 valarray를 (<valarray>에서) 제공
한다.

```
template<typename T>
class valarray {
  // ...
};
```

valarray는 일반적인 산술 연산과 매우 일반적인 수학 함수를 지원한다. 예제로 보자.

```
void f(valarray<double>& a1, valarray<double>& a2)
{
  valarray<double> a = a1*3.14+a2/a1; // 수 배열 연산자 *, +, /, =
  a2 += a1*3.14;
  a = abs(a);
  double d = a2[7];
  // ...
}
```

벡터 연산이므로 벡터에 들어 있는 각 원소에 적용된다.

산술 연산 외에도 valarray는 다차원 계산 구현에 유용한 스트라이드 접근(수직 방향으로 데이터 읽기)을 제공한다.

17.7 수 제약

표준 라이브러리는 <limits>에 float의 최대 지수나 int 내 바이트 수 같은 내장 타입의 특성을 알려주는 클래스를 제공한다. 예를 들어 부호가 있는 char라고 표명assertion할 수 있다.

```
static_assert(numeric_limits<char>::is_signed,"unsigned characters!");
static_assert(100000<numeric_limits<int>::max(),"small ints!");
```

numeric_limits<int>::max()가 constexpr 함수(1.6절)이므로 두 번째 표명은(만) 동작한다. 사용자 정의 타입에도 numeric_limits를 정의할 수 있다.

17.8 타입 에일리어스

int와 long long 같은 기초 타입의 크기는 구현에서 정의하므로 C++ 구현마다 다를 수 있다. 사용하는 정수의 크기를 명확히 하려면 int32_t와 uint_least64_t처럼 <stdint>에 정의된 에일리어스를 사용하면 된다. uint_least64_t는 최소 64비트로 된 unsigned 정수를 의미한다.

기이한 _t 접미사는 에일리어스로 명명했다는 사실을 이름에 꼭 반영해야 했던 C 시대의
잔유물이다.

size_t(sizeof 연산자가 반환하는 타입)와 ptrdiff_t(한 포인터에서 다른 포인터를 뺀 결과 타입)
같은 흔한 에일리어스는 <stddef>에서 찾아볼 수 있다.

17.9 수학 상수

수학 계산에는 e, pi, log2e 같은 수학 상수가 흔히 쓰인다. 표준 라이브러리는 이 외에도
많은 상수를 제공한다. 두 가지 형태로 제공하는데, 하나는 정확한 타입을 명시할 수 있는
템플릿(예를 들어 pi_v<T>)이고, 다른 하나는 가장 흔한 용도로 쓰이는 짧은 이름(예를 들어
pi_v<double>을 의미하는 pi)이다. 예제로 보자.

```
void area(float r)
{
  using namespace std::numbers; // 수학 상수가 저장된 위치

  double d = pi*r*r;
  float f = pi_v<float>*r*r;

  // ...
}
```

예제에서 d와 f의 차이는 작지만(소수점 아래 16자리까지 출력해야 차이가 보인다) 실제 물리학
계산에서는 이러한 차이가 결정적 역할을 하기도 한다. 더 작은 값을 표현해야 하는 그래픽
스와 AI 분야에서도 상수의 소수부가 중요하다.

<numbers>에서는 e(오일러 수)와 log2e(e의 log2), log10e(e의 log10), pi, inv_pi(1/pi), inv_
sqrtpi(1/sqrt(pi)), ln2, ln10, sqrt2(sqrt(2)), sqrt3(sqrt(3)), inv_sqrt3(1/sqrt3),
egamma(오일러–마스케로니 상수), phi(황금비)를 제공한다.

이 밖에도 다른 수학 상수와 다양한 분야의 상수가 분명 더 필요하다. 이러한 상수는
double(혹은 그 분야에서 가장 유용한 타입)에 특화된 가변 템플릿variable template이므로 다음처

럼 쉽게 만들 수 있다.

```
template<typename T>
constexpr T tau_v = 2*pi_v<T>;

constexpr double tau = tau_v<double>;
```

17.10 조언

[1] 수치 문제는 대체로 이해하기 어렵다. 수학적으로 100% 확신할 수 없으면 전문가의 조언을 듣거나 실험을 하거나 둘 다 하자(17.1절).

[2] 중요한 수 계산은 기본 언어로만 계산하지 말고 라이브러리를 사용하자(17.1절).

[3] 시퀀스의 값을 계산할 때는 루프를 작성하기 전에 `accumulate()`나 `inner_product()`, `partial_sum()`, `adjacent_difference()`를 고려하자(17.3절).

[4] 데이터가 많으면 병렬과 벡터화 알고리듬을 시도하자(17.3.1절).

[5] 복소수 산술에는 `std::complex`를 사용하자(17.4절).

[6] 난수 생성기를 만들려면 엔진과 분포를 바인딩하자(17.5절).

[7] 의도했던 수준만큼 무작위적으로 난수를 생성해야 한다(17.5절).

[8] C 표준 라이브러리 `rand()`를 사용하지 말자. 실제 사용할 만큼 무작위적이지 않다.

[9] 연산과 원소 타입 측면에서 유연성보다 런타임 효율성이 중요할 때에는 수 계산에 `valarray`를 사용하자(17.6절).

[10] 수 타입의 특성은 `numeric_limits`로 알아낼 수 있다(17.7절).

[11] `numeric_limits`를 사용해 사용하기 적절한 수 타입인지 확인하자(17.7절).

[12] 정수 크기를 명확히 하려면 정수 타입에 에일리어스를 사용하자(17.8절).

18

동시 실행

> 단순하게.
> 최대한 단순하되,
> 지나치게 단순하지는 않게.
> ─ A. 아인슈타인^{A. Einstein}

- 소개
- 태스크와 thread
    - 인수 전달, 결과 반환
- 데이터 공유
    - mutex와 락, atomic
- 이벤트 대기
- 태스크 커뮤니케이션
    - future와 promise, packaged_task, async(), thread 중지
- 코루틴
    - 협력적 멀티태스킹
- 조언

18.1 소개

동시 실행concurrency, 즉 몇 가지 태스크를 동시에 실행하는 기술은 (단일 계산에 여러 프로세서를 사용함으로써) 처리량을 늘리거나 (프로그램의 한 부분을 다른 부분이 응답을 기다리는 동안 진행함으로써) 응답성을 높이는 데 널리 쓰인다. 모든 최신 프로그래밍 언어에서 지원하고 있다. C++ 표준 라이브러리는 20년 넘게 C++에 쓰여 온 기법이자 최신 하드웨어에서 거의 보편적으로 지원하는 기법을 이식 가능한 타입 안전 변형으로 제공한다. 표준 라이브러리 지원은 높은 수준의 정교한 동시 실행 모델을 직접 제공하기보다는 시스템 수준의 동시 실행에 중점을 두고 있으며, 이러한 표준 라이브러리 기능을 바탕으로 만들어진 정교한 모델들이 라이브러리 형태로 제공되고 있다.

표준 라이브러리는 한 주소 공간에서 여러 스레드를 동시에 실행할 수 있도록 직접 지원한다. C++가 제공하는 도구는 적절한 메모리 모델과 원자 연산 집합이다. 원자 연산 덕분에 락 프리lock-free 프로그래밍이 가능하다[Dechev, 2010]. 메모리 모델은 프로그래머가 데이터 경합data race(가변 데이터로의 제어되지 않은 동시 실행 접근)만 방지한다면 쉽게 예상할 수 있는 방식으로 프로그램을 동작시켜준다. 하지만 대부분의 사용자는 표준 라이브러리와 표준 라이브러리로 만든 라이브러리로만 동시 실행을 이용한다. 18.1절에서는 표준 라이브러리의 주요 동시 실행 지원 기능인 thread와 mutex, lock() 연산, packaged_task, future를 몇 가지 예제와 함께 간략히 소개한다. 모두 운영체제가 제공하는 기능에 기반해 만들어졌으며, 운영체제의 기능보다 성능이 떨어지거나 하지 않는다. 그렇다고 운영체제가 제공하는 기능보다 무조건 성능이 뛰어나지도 않다.

동시 실행을 만병통치약으로 여겨서는 안 된다. 할 수만 있다면 태스크를 순차적으로 수행하는 편이 일반적으로 더 빠르고 간단하다. 한 스레드에서 다른 스레드로 정보를 전달하는 비용은 생각보다 훨씬 클 수 있다.

명시적으로 동시 실행 기능을 사용하는 방법보다는 병렬 알고리듬으로 다수의 실행 엔진을 활용하는 편이 대개 더 성능이 낫다(13.6절, 17.3.1절).

끝으로 C++는 코루틴이라는 호출 사이에 상태를 유지하는 함수를 지원한다(18.6절).

18.2 태스크와 스레드

다른 계산과 동시에 실행될 가능성이 있는 계산을 태스크task라 부른다. 프로그램의 태스크를 시스템 수준에서는 스레드thread라 표현한다. 다른 태스크와 동시에 실행되는 태스크를 만들려면 가장 먼저 그 태스크를 인수로 넣어 thread(<thread>에 있음)를 생성한다. 태스크는 함수 또는 함수 객체다.

```
void f();  // 함수

struct F { // 함수 객체
  void operator()(); // F의 호출 연산자(7.3.2절)
};

void user()
{
  thread t1 {f};    // f()는 별도의 스레드에서 실행된다
  thread t2 {F{}}; // F{}()는 별도의 스레드에서 실행된다

  t1.join(); // t1을 기다린다
  t2.join(); // t2를 기다린다
}
```

join()은 스레드가 완료될 때까지 user()가 종료되지 않게 한다. thread에 "조인"한다는 것은 "스레드가 종료되길 기다린다"는 뜻이다.

join()을 깜빡하면 잘못된 결과로 이어질 가능성이 높은데 자칫 잊어버리기 쉬우므로 표준 라이브러리는 "thread에 조인"하는 jthread를 제공한다. jthread는 소멸자에서 join()을 수행해 RAII를 지킨다.

```
void user()
{
  jthread t1 {f};    // f()는 별도의 스레드에서 실행된다
  jthread t2 {F{}}; // F{}()는 별도의 스레드에서 실행된다
}
```

조인을 소멸자에서 수행하므로 생성의 역순으로 조인된다. 위 예제에서는 t2를 기다렸다가 t1을 수행한다.

한 프로그램의 스레드들은 하나의 주소 공간을 공유한다. 이러한 점에서 스레드는 일반적으로 데이터를 직접 공유하지 않는 프로세스와 다르다. 스레드는 주소 공간을 공유하므로 공유 객체shared object(18.3절)로 커뮤니케이션할 수 있다. 보통은 데이터 경합(변수로의 제어되지 않는 동시 접근)을 방지하는 락이나 그 외 메커니즘으로 이러한 커뮤니케이션을 제어한다.

동시 실행 태스크 프로그래밍은 매우 까다로울 수 있다. 예를 들어 태스크 f(함수)와 F(함수 객체)를 다음과 같이 구현했다고 하자.

```
void f()
{
  cout << "Hello ";
}

struct F {
  void operator()() { cout << "Parallel World!\n"; }
};
```

끔찍한 오류의 예를 잘 보여준다. 예제에서 f와 F{}는 어떤 동기화도 없이 각각 객체 cout를 사용한다. 두 태스크 내 각 연산의 실행 순서가 불명확하므로 출력될 결과를 예측할 수 없으며, 프로그램을 실할 때마다 다를 수 있다. 다음과 같은 "기이한" 출력을 생성할지도 모른다.

```
PaHerallllel o World!
```

충돌을 일으킬 수 있는 ostream 정의 내 데이터 경합을 막으려면 표준에서 보장하는 특정 기능을 사용하는 수밖에 없다.

출력 스트림에서 이러한 문제가 발생하지 않게 하려면 한 thread만 스트림을 사용하게 하거나 osyncstream을 사용하자(11.7.5절).

동시 실행 프로그램의 태스크를 정의할 때는 간단하고 명백한 방법으로 커뮤니케이션할 때를 제외하고는 태스크를 완전히 별개로 유지시켜야 한다. 동시 실행 태스크를 호출자와 함께 동시에 실행되는 함수로 생각하면 가장 이해하기 쉽다. 인수를 전달하고, 결과를 받고, 두 함수 간 (데이터 경합이 없도록) 공유 데이터를 두지 않으면 올바르게 동작한다.

일반적으로 태스크는 데이터를 처리한다. 데이터(또는 데이터로의 포인터나 참조)는 인수로 쉽게 전달할 수 있다. 예제로 보자.

```
void f(vector<double>& v);  // 함수: v로 무언가를 한다

struct F {                    // 함수 객체: v로 무언가를 한다
  vector<double>& v;
  F(vector<double>& vv) :v{vv} { }
  void operator()();          // 애플리케이션 연산자(7.3.2절)
};

int main()
{
  vector<double> some_vec {1, 2, 3, 4, 5, 6, 7, 8, 9};
  vector<double> vec2 {10, 11, 12, 13, 14};

  jthread t1 {f,ref(some_vec)}; // f(some_vec)은 별개의 스레드에서 실행한다
  jthread t2 {F{vec2}};         // F(vec2)()은 별개의 스레드에서 실행된다
}
```

F{vec2}는 F 내 인수 벡터로의 참조를 저장한다. 이제 F는 그 벡터를 사용할 수 있고, F를 실행하는 동안 어떤 태스크도 vec2에 접근하지 않아야 한다. vec2를 값으로 전달하면 이러한 위험을 감수하지 않아도 된다.

{f,ref(some_vec)}의 초기화는 임의의 인수 시퀀스를 받을 수 있는 thread 가변 템플릿 생성자를 사용한다(8.4절). ref()는 <functional>의 타입 함수로서 가변 템플릿에게 안타깝게도 some_vec을 객체가 아닌 참조로 처리하라고 알려준다. ref()가 없으면 some_vec은 값으로 전달된다. 컴파일러는 주어진 인수에 대해 첫 번째 인수를 호출할 수 있는지 검사한 후, 스레드에 전달할 함수 객체를 생성한다. 즉, F::operator()()와 f()가 동일한 알고리듬을 수행하면 두 태스크의 처리도 거의 동등하다. 둘 다 함수 객체를 생성해 thread를 실

행한다.

18.2.1절의 예제에서 인수를 non-const 참조로 전달했다. 태스크가 참조하는 데이터의 값을 수정할 것 같으면 non-const로 전달한다(1.7절). 다소 은밀하지만 결과를 반환할 때 종종 쓰이는 방법이다. 덜 모호한 기법은 입력 데이터를 const 참조로 전달하고 결과를 저장할 위치를 별개의 인수로 전달하는 것이다.

```cpp
void f(const vector<double>& v, double* res); // v로부터 입력을 받아 결과를 *res에 저장한다

class F {
public:
  F(const vector<double>& vv, double* p) :v{vv}, res{p} { }
  void operator()();              // 결과를 *res에 저장한다
private:
  const vector<double>& v;        // 입력 소스
  double* res;                    // 출력 타깃
};

double g(const vector<double>&); // 반환값을 이용한다

void user(vector<double>& vec1, vector<double> vec2, vector<double> vec3)
{
  double res1;
  double res2;
  double res3;

  thread t1 {f,cref(vec1),&res1};        // f(vec1,&res1)는 별도의 스레드에서 실행된다
  thread t2 {F{vec2,&res2}};             // F{vec2,&res2}()는 별도의 스레드에서 실행된다
  thread t3 { [&](){ res3 = g(vec3); } }; // 지역변수를 참조로 저장한다

  t1.join(); // 결과를 사용하기 전에 조인한다
  t2.join();
  t3.join();

  cout << res1 << ' ' << res2 << ' ' << res3 << '\n';
}
```

위 코드에서 cref(vec1)은 t1에게 vec1으로의 const 참조를 인수로 전달한다.

잘 동작하고 널리 쓰이는 기법이지만 참조를 통한 결과 반환이 그다지 명쾌한 방법은 아니므로 이 주제는 18.5.1절에서 다시 다루겠다.

18.3 데이터 공유

태스크 간 데이터를 공유해야 할 때가 있다. 이때 한 번에 최대 한 태스크만 접근하도록 접근을 동기화해야 한다. 능숙한 프로그래머라면 이를 간소화로 해결하겠지만(예를 들어 불변 데이터는 여러 태스크가 동시에 읽어도 문제가 없다) 한 번에 최대 한 태스크만 주어진 객체 집합에 접근하도록 보장하는 방법을 생각해보자.

"상호 배제 객체mutual exclusion object"인 mutex는 thread 간 일반적 데이터 공유의 핵심 요소다. thread는 lock() 연산으로 mutex를 획득한다.

```
mutex m;   // mutex 제어
int sh;    // 공유 데이터

void f()
{
  scoped_lock lck {m}; // mutex를 획득한다
  sh += 7;             // 공유 데이터를 조작한다
  // mutex를 암묵적으로 해제한다
}
```

lck의 타입은 scoped_lock<mutex>(7.2.3절)로부터 추론된다. scoped_lock의 생성자는 (m.lock() 호출을 통해) 뮤텍스를 획득한다. 다른 스레드가 이미 뮤텍스를 획득했다면 그 스레드가 접근을 완료할 때까지 기다린다(스레드를 "블록한다"). 스레드가 공유 데이터로의 접근을 완료하면 scoped_lock은 (m.lock() 호출로) mutex를 해제한다. mutex가 해제되면 그 뮤텍스를 기다리던 thread는 실행을 재개한다("깨어난다"). 상호 배제와 락킹 기능은 <mutex>에 들어 있다.

RAII(6.3절)의 사용에 유의하자. scoped_lock과 unique_lock(18.4절) 같은 자원 핸들을 사

용하면 명시적으로 mutex를 락킹하고 언락킹할 때보다 간단하고 훨씬 안전하다.

공유 데이터와 mutex 간 대응은 정해진 약속에 따라 이뤄진다. 즉, 프로그래머는 어떤 mutex 가 어떤 데이터에 대응하는지 알아야 한다. 당연히 실수가 생기기 마련이라 프로그래머는 다양한 언어 도구를 통해 명확하게 대응시키려고 노력한다. 예제로 보자.

```
class Record {
public:
  mutex rm;
  // ...
};
```

주석이나 더 나은 명명으로 가독성을 높일 수도 있겠으나 명석한 두뇌 없이도 rec라는 Record가 있을 때 rec의 나머지 부분에 접근하기 전에 rec.rm부터 획득해야 한다고 누구 나 쉽게 추측할 수 있다.

프로그램에서는 흔히 동시에 몇 가지 자원에 접근해 어떤 동작을 수행한다. 이는 데드락 deadlock으로 이어질 수 있다. 예를 들어 thread1이 mutex1을 획득한 후 mutex2를 획득하려 하는 동안 thread2가 mutex2를 획득한 후 mutex1을 획득하려 하면 둘 중 어느 태스크도 진 행되지 않는다.

scoped_lock으로 몇 개의 락을 동시에 획득해 문제를 해결할 수 있다.

```
void f()
{
  scoped_lock lck {mutex1, mutex2, mutex3}; // 세 락을 모두 획득한다
  // ... 공유 데이터를 조작한다 ...
} // 암묵적으로 모든 뮤텍스를 해제한다
```

예제의 scoped_lock은 모든 mutex 인수를 획득해야만 진행되고 mutex를 획득한 동안에 는 절대 블록("잠에 든다")되지 않는다. scoped_lock의 소멸자는 thread가 범위를 떠나면 mutex를 해제한다.

공유 데이터를 통한 커뮤니케이션은 상당히 저수준이다. 다시 말해 프로그래머가 직접 여

러 태스크가 수행하는 작업과 그렇지 않은 작업을 알아내는 방법을 강구해야 한다. 이러한 면에서 공유 데이터를 사용하는 방식보다 호출과 반환 개념이 낫다. 한편에서는 인수 복사 와 반환보다 공유가 효율적이라고 확신한다. 데이터가 대량이면 타당할 수 있으나 락킹과 언락킹은 비교적 비싼 연산이다. 최신 장비는 데이터 복사에, 특히 vector 원소 같은 컴팩 트 데이터 복사에 아주 능하다. 따라서 고민 없이, 게다가 측정도 없이 "효율성"을 이유로 공유 데이터로 커뮤니케이션하지 말자.

기본 mutex는 한 번에 한 스레드만 데이터에 접근시킨다. 가장 일반적인 데이터 공유 방법 중 하나가 여러 독자^{reader}와 한 명의 저자^{writer} 간 공유다. "독자–저자 락$^{reader-writer lock}$" 관 용구는 shared_mutex가 지원한다. 독자는 다른 독자도 접근할 수 있는 "공유" 뮤텍스를 획 득하는 반면, 저자는 상호 배제를 요구한다. 예제로 보자.

```
shared_mutex mx; // 공유할 수 있는 뮤텍스

void reader()
{
  shared_lock lck {mx}; // 기꺼이 다른 독자와 접근을 공유한다
  // ... 읽는다 ...
}

void writer()
{
  unique_lock lck {mx}; // 배제 (고유) 접근이 필요하다
  // ... 쓴다 ...
}
```

mutex는 운영체제까지 참여하는 중량^{heavyweight} 메커니즘이다. 데이터 경합 없이 임의의 작 업량을 처리할 수 있다. 하지만 소량의 작업은 atomic 변수라는 훨씬 간단하고 저렴한 메커 니즘으로도 가능하다. 전형적인 이중 점검 락킹을 간단히 변형한 다음 예제를 보자.

```
mutex mut;
atomic<bool> init_x; // 최초에는 false
X x;                 // nontrivial 초기화가 필요한 변수
```

```
if (!init_x) {
  lock_guard lck {mut};
  if (!init_x) {
    // ... x에 대해 nontrivial 초기화를 수행한다 ...
    init_x = true;
  }
}

// ... x를 사용한다 ...
```

비용이 훨씬 큰 mutex를 사용하는 대부분의 경우를 atomic으로 대체할 수 있다. init_x를 atomic으로 선언하지 않으면 init_x에 대한 데이터 경합이 발생해 기이하고 찾기 어려운 오류와 함께 초기화가 아주 드물게 실패한다.

위 예제에서는 scoped_lock 대신 lock_guard를 사용했다. mutex가 딱 하나만 필요하니 가장 간단한 락(lock_guard)으로 충분하다.

18.4 이벤트 대기

때때로 thread는 다른 thread의 태스크 완료나 특정 시간 대기 같은 일종의 외부 이벤트를 기다려야 한다. 가장 간단한 "이벤트"는 그냥 시간을 보내는 것이다. 다음 예제는 <chrono>에 있는 시간 기능을 이용해 작성해봤다.

```
using namespace chrono; // 16.2.1절 참고

auto t0 = high_resolution_clock::now();
this_thread::sleep_for(milliseconds{20});
auto t1 = high_resolution_clock::now();

cout << duration_cast<nanoseconds>(t1-t0).count() << " nanoseconds passed\n";
```

기본적으로 this_thread는 단 하나의 스레드만 참조할 수 있으니 thread를 시작시킬 필요조차 없다.

시계 단위는 duration_cast를 이용해 나노초로 조정했다.

외부 이벤트를 사용한 커뮤니케이션을 지원하는 기본 도구는 <condition_variable>에 있는 condition_variable이다. condition_variable은 한 thread가 또 다른 thread를 기다리게 해주는 메커니즘이다. 특히 다른 thread들이 작업한 결과로 발생하는 특정 조건(주로 이벤트라 부름)을 기다리게 해준다.

condition_variable은 여러 형태의 정교하고 효율적인 공유를 지원하지만 다루기 다소 까다롭다. 두 thread가 queue로 메시지를 전달해 커뮤니케이션하는 전형적인 예제를 살펴보자. 단순하게 하기 위해 queue에 대한 데이터 경합이 없도록 프로듀서와 컨슈머에 전역인 queue와 메커니즘을 선언했다.

```
class Message {              // 커뮤니케이션할 객체
  // ...
};

queue<Message> mqueue;       // 메시지 큐
condition_variable mcond;    // 이벤트를 커뮤니케이션하는 변수
mutex mmutex;                // mcond로의 접근을 동기화하는 용도
```

queue와 condition_variable, mutex 타입은 표준 라이브러리에서 제공한다.

consumer()는 Message를 읽고 처리한다.

```
void consumer()
{
  while(true) {
    unique_lock lck {mmutex};                    // mmutex를 획득한다
    mcond.wait(lck,[] { return !mqueue.empty(); }); // mmutex를 해제하고 대기한다
      // 깨자마자 mmutex를 다시 획득한다
      // mqueue가 비어 있지 않으면 깨우지 않는다

    auto m = mqueue.front();   // 메시지를 가져온다
    mqueue.pop();
    lck.unlock();              // mmutex를 해제한다
    // ... m을 처리한다 ...
  }
}
```

mutex를 unique_lock으로 선언해 queue와 condition_variable에 대한 연산을 명시적으로 보호했다. condition_variable의 대기가 끝날 때까지 락 인수를 해제했다가 (큐가 비어 있지 않게) 이어서 다시 획득한다. 명시적 조건 검사인 !mqueue.empty()를 넣은 이유는 단지 다른 태스크가 "먼저 도착해" 조건을 더 이상 만족하지 않는지 알아낼 목적으로 깨우지 않기 위해서다.

scoped_lock 대신 unique_lock을 사용한 이유는 두 가지다.

- 락을 condition_variable의 wait()에 전달해야 한다. scoped_lock은 이동시킬 수 없으나 unique_lock은 가능하다.
- 메시지를 처리하기 전에 조건변수를 보호하는 mutex를 언락해야 한다. unique_lock은 저수준에서 동기화를 제어할 수 있는 lock()과 unlock() 같은 연산을 제공한다.

반면 unique_lock은 딱 하나의 mutex만 처리할 수 있다.

대응하는 producer는 다음과 같다.

```
void producer()
{
  while(true) {
    Message m;
    // ... 메시지를 채운다 ...
    scoped_lock lck {mmutex}; // 연산을 보호한다
    mqueue.push(m);
    mcond.notify_one();        // 알린다
      // (범위 끝에서) mmutex를 해제한다
  }
}
```

18.5 태스크 커뮤니케이션

표준 라이브러리는 프로그래머가 저수준에서 스레드와 락을 직접 처리하는 대신 개념적 수준에서 태스크(잠재적으로 동시에 이뤄지는 작업)를 연산할 수 있도록 몇 가지 기능을 제공

한다.

- 별도의 스레드에서 스폰된 태스크로부터 값을 반환하는 future와 promise
- 태스크를 시작시키고 결과를 반환하는 메커니즘과 연결해주는 packaged_task
- 함수 호출과 아주 유사한 방식으로 태스크를 시작시키는 async()

이러한 기능은 <future>에서 제공한다.

future와 promise의 핵심은 명시적으로 락을 사용하지 않고도 두 태스크 간 값 교환이 가능하다는 점이다. "시스템"이 교환을 효율적으로 구현한다. 기본 개념은 간단하다. 어떤 태스크가 다른 태스크로 값을 전달하고 싶으면 그 값을 promise에 넣는다. 모종의 방법으로 구현에서 이 값을 해당하는 future에 나타나게 만들고 (일반적으로 태스크의 런처가) future로부터 값을 읽는다. 그림으로 나타내면 다음과 같다.

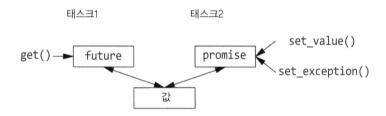

fx라는 future<X>가 있을 때, 아래처럼 타입 X의 값을 get()할 수 있다.

X v = fx.get(); // 필요하다면 값이 계산될 때까지 기다린다

값이 아직 없으면 스레드는 값이 도착할 때까지 블록된다. 값을 계산할 수 없으면 get()에서 (시스템 혹은 promise로부터 받은) 예외를 던질 수도 있다.

promise의 주된 역할은 future의 get()에 대응하는 간단한 "put" 연산(set_value()와 set_exception())을 제공하는 것이다. "future"와 "promise"라는 이름에는 역사적 배경이 있으니 부디 저자를 비난하거나 혹은 칭찬하지 말자. 그저 재미난 말장난일 뿐이다.

promise가 준비됐고, 타입 X의 결과를 future로 보낼 차례라면 값을 전달하거나 예외를 전달하거나 둘 중 하나를 할 수 있다. 예제로 보자.

```
void f(promise<X>& px) // 태스크: 결과를 px에 넣는다
{
  // ...
  try {
    X res;
    // ... res의 값을 계산한다 ...
    px.set_value(res);
  }
  catch (...) { // 이런! res를 계산할 수 없다
    px.set_exception(current_exception()); // 예외를 future의 스레드에 전달한다
  }
}
```

current_exception()은 잡힌 예외를 참조한다.

future를 통해 받은 예외를 처리하려면 get()의 호출자는 어딘가에서 그 예외를 잡아야
한다. 예제로 보자.

```
void g(future<X>& fx) // 태스크: fx로부터 결과를 가져온다
{
  // ...
  try {
    X v = fx.get();    // 필요하다면 값이 계산될 때까지 기다린다
    // ... use v ...
  }
  catch (...) {        // 이런! 누군가 v를 계산할 수 없다
    // ... 오류를 처리한다 ...
  }
}
```

g()에서 오류를 처리하지 않아도 되면 코드는 최소화된다.

```
void g(future<X>& fx) // 태스크: fx로부터 결과를 가져온다
{
  // ...
  X v = fx.get(); // 필요하다면 값이 계산될 때까지 기다린다
  // ... v를 사용한다 ...
}
```

이렇게 하면 마치 g()가 f()를 직접 호출한 것처럼 fx의 함수(f())에서 던진 예외가 암묵적으로 g()의 호출자에 전달된다.

어떻게 하면 future를 결과가 필요한 태스크에, 대응하는 promise를 그 결과를 생성할 스레드에 넣을 수 있을까? packaged_task 타입은 future와 연결될 태스크 설정과 스레드에서 실행될 promise 설정을 간소화해준다. packaged_task는 태스크로부터 받은 반환값이나 예외를 promise에 넣어주는 래퍼 코드(18.5.1절에 보였던 코드 같은)를 제공한다. get_future를 호출해 요청하면 packaged_task는 그 promise에 대응하는 future를 반환한다. 예제로서 표준 라이브러리 accumulate()(17.3절)를 사용해 vector<double> 원소의 반을 각각 더하는 두 태스크를 만들어보자.

```cpp
double accum(span s, double init)
        // 초깃값 init으로 시작하는 벡터 [beg:end)의 합을 계산한다
    {
        return accumulate(s.begin(), s.end(), init);
    }


    double comp2(vector& v)
    {
        packaged_task pt0{ accum };
        // 태스크(즉, accum)를 패키징한다
        packaged_task pt1{ accum };

        future f0 {pt0.get_future()}; // pt0의 스레드를 시작시킨다
        future f1 {pt1.get_future()}; // pt1의 스레드를 시작시킨다

        double* first = &v[0];
        auto sz2 = v.size()/2;

        jthread t1{ move(pt0),span<double>{first,sz2},0}; // PT0에 대한 스레드를 시작시킨다
        jthread t2{ move(pt1),span<double>{first+sz2,sz2},0}; // PT1에 대한 스레드를
                                                        시작시킨다

        // ...
        return f0.get() + f1.get();
// 결과를 가져온다
    }
```

packaged_task 템플릿은 태스크의 타입을 템플릿 인수로(예제에서는 double(double*, double*, double)), 태스크를 생성자 인수로(예제에서는 accum) 받는다. packaged_task는 복사할 수 없으므로 move() 연산이 필요하다. packaged_task는 promise를 소유하는데다 그 태스크가 소유할 모든 자원을 (간접적으로) 책임지는 자원 핸들이므로 복사할 수 없다.

위 코드에서 명시적으로 락을 사용하지 않았음에 주목하자. 덕분에 태스크 간 커뮤니케이션에 쓰이는 메커니즘이 아니라 수행할 태스크에만 집중할 수 있었다. 두 태스크는 별개의 스레드에서 실행되므로 병렬로 실행될 수 있다.

18장에서는 저자가 생각하는 가장 단순하면서도 가장 강력한 사고방식을 고수했다. 바로 태스크를 다른 태스크와 동시에 실행될 수 있는 함수로 보는 것이다. C++ 표준 라이브러리에서 지원하는 유일한 모델과는 거리가 멀지만 다양한 요구 사항에 잘 부합한다. 필요에 따라 더 세밀하고 까다로운 모델(예를 들어 공유 메모리를 이용하는 프로그래밍 스타일)도 사용할 수 있다.

비동기식으로 실행될 가능성이 있는 태스크는 async()로 시작시킨다.

```
double comp4(vector<double>& v)
  // v가 충분히 크면 여러 태스크를 스폰한다
{
  if (v.size()<10'000) // 동시 실행을 사용할 가치가 있는가?
    return accum(v.begin(),v.end(),0.0);

  auto v0 = &v[0];
  auto sz = v.size();

  auto f0 = async(accum, v0, v0+sz/4, 0.0);        // 1분기
  auto f1 = async(accum, v0+sz/4, v0+sz/2, 0.0);   // 2분기
  auto f2 = async(accum, v0+sz/2, v0+sz*3/4, 0.0); // 3분기
  auto f3 = async(accum, v0+sz*3/4, v0+sz, 0.0);   // 4분기

  return f0.get()+f1.get()+f2.get()+f3.get();  // 결과를 모아 조합한다
}
```

기본적으로 async()는 함수 호출의 "호출부"와 "결과를 가져오는 부분"을 분리한 후, 두 부

분을 태스크의 실행부와도 분리한다. async()를 사용하면 스레드와 락은 생각하지 않아도 된다. 결과를 비동기식으로 계산할 가능성이 있는 태스크 관점에서 생각하자. 한 가지 한계는 명백하다. 락킹해야 하는 자원을 공유하는 태스크에는 절대 async()를 사용해선 안된다. async()는 호출 시점에 사용 가능한 시스템 자원을 알아내 사용할 thread 수를 결정하므로 async()를 사용하면 thread가 얼마만큼 쓰일지조차 알 수 없다. 예를 들어 async()는 사용할 thread 수를 결정하기에 앞서 사용 가능한 유휴 코어(프로세서)가 있는지 확인한다.

v.size()<10'000처럼 thread를 시작시키는 비용 대비 계산 비용을 추측하는 방법은 지나치게 단순하고 성능을 크게 오인할 가능성도 높다. 하지만 이 책에서 thread 이용 방법까지 논할 수는 없다. 이러한 추정을 빈약하고 단순한 어림짐작 정도로만 생각하자.

accumulate() 같은 표준 라이브러리 알고리듬은 수동으로 병렬화할 필요가 거의 없으며, 병렬 알고리듬(예를 들어 reduce(par_unseq,/*...*/))에서 대개 더 잘 수행한다(17.3.1절). 하지만 사용하는 기법은 보편적이다.

async()를 성능 향상을 목적으로 병렬 계산에 특화시킨 메커니즘으로만 봐서는 안 된다. 가령 "메인 프로그램"을 계속해서 활성화 상태로 두고 사용자로부터 정보를 얻는 태스크를 스폰할 때도 쓰인다(18.5.3절).

thread로부터 더 이상 결과를 받을 필요가 없으면 thread를 중지해도 된다. 단, thread는 해제해야 하는 자원(락, 서브 스레드, 데이터베이스 연결 등)을 소유할 수 있으므로 바로 "죽이는kill" 것은 대개 알맞지 않다. 표준 라이브러리가 제공하는 stop_token이라는 메커니즘을 통해 thread에게 정식으로 해제를 요청하고 없애는 방법을 택하자. thread에 stop_token을 생성한 후 중지 요청을 받으면 종료하도록 thread를 프로그래밍할 수 있다.

thread 여러 개를 스폰해 어떤 결과를 찾는 find_any()라는 병렬 알고리듬을 생각해보자. 한 thread가 답을 반환하면 나머지 thread는 중지해도 된다. find_any()가 스폰한 각 thread는 실제 작업을 수행할 find()를 호출한다. 아래 find()는 메인 루프 안에서 실행 중지 여부를 검사하는 일반적인 태스크 스타일을 아주 간단히 보여준다.

```
atomic<int> result = -1; // 결과 인덱스를 여기에 넣는다

template<class T> struct Range { T* first; T* last; }; // T의 범위를 전달하는 방법

void find(stop_token tok, const string* base, const Range<string> r, const string
target)
{
  for (string* p = r.first; p!=r.last && !tok.stop_requested(); ++p)
    if (match(*p, target)) { // match()는 두 문자열이 모종의 기준에 부합하는지 확인한다
      result = p - base;      // 찾은 원소의 인덱스
      return;
    }
}
```

!tok.stop_requested()는 다른 thread가 이 thread에 종료를 요청했는지 검사한다. stop
_token은 안전하게(데이터 경합 없이) 종료 요청을 커뮤니케이션하는 메커니즘이다.

아래 find_any()는 find()를 실행할 두 thread를 스폰한다.

```
void find_any(vector<string>& vs, const string& key)
{
  int mid = vs.size()/2;
  string* pvs = &vs[0];

  stop_source ss1{};
  jthread t1(find, ss1.get_token(), pvs, Range{pvs,pvs+mid}, key); // vs의 앞 반

  stop_source ss2{};
  jthread t2(find, ss2.get_token(), pvs, Range{pvs+mid,pvs+vs.size()} , key);
                                                                   // vs의 뒤 반

  while (result == -1)
    this_thread::sleep_for(10ms);

  ss1.request_stop(); // 결과를 얻었으니 모든 스레드를 중지한다
  ss2.request_stop();

  // ... 결과를 이용한다 ...
```

```
}
```

stop_source는 thread들과 중지 요청을 커뮤니케이션할 stop_token을 생성한다.

동기화와 결과 반환에 대해 생각할 수 있는 가장 단순한 방법은 결과를 atomic 변수(18.3.2절)에 넣고 그 변수에 스핀 루프를 수행하는 것이다.

위 예제를 좀 더 정교하게 만들려면 검색 스레드를 늘리고, 결과를 좀 더 일반적인 방법으로 반환하고, 다양한 원소 타입을 사용하도록 바꾸면 된다. 하지만 stop_source와 stop_token의 기본 역할을 이해하기 더 어려울 것이다.

18.6 코루틴

코루틴coroutine은 호출 사이에서 상태를 유지하는 함수이다. 이러한 점에서 함수 객체와 조금 비슷하나 코루틴은 암묵적이고 완벽하게 호출 사이에 상태를 저장하고 복구한다. 전형적인 예제로 살펴보자.

```cpp
generator<long long> fib()   // 피보나치 수를 생성한다
{
  long long a = 0;
  long long b = 1;
  while (a<b) {
    auto next = a+b;
    co_yield next;          // 상태를 저장하고, 값을 반환하고, 기다린다
    a = b;
    b = next;
  }
  co_return 0;              // 너무 큰 수에 도달했을 때
}

void user(int max)
{
  for (int i=0; i++<max;)
    cout << fib() << ' ';
}
```

다음과 같이 출력한다.

```
1 2 3 5 8 13 ...
```

generator의 반환값 부분에서 코루틴은 호출 사이에 상태를 저장한다. 함수 객체 Fib로도 똑같이 동작하게 만들 수 있으나 대신 상태를 직접 유지해야 한다. 상태가 크고 계산이 복잡할 경우 상태 저장과 복구가 장황해지고, 최적화하기 어려우며, 오류도 발생하기 쉽다. 사실 코루틴은 호출 사이에 스택 프레임을 저장하는 함수이다. co_yield는 값을 반환하고 다음 호출을 기다린다. co_return은 값을 반환하고 코루틴을 종료시킨다.

코루틴은 동기식(호출자는 결과를 기다린다)이거나 비동기식(코루틴의 결과를 알아낼 때까지 호출자는 다른 작업을 수행한다)일 수 있다. 피보나치 예제는 확실히 동기식이다. 동기식은 최적화하기 좋다. 좋은 최적화기는 << 호출 시퀀스는 그대로 둔 채, 호출을 fib()에 인라인하고[1] 루프를 펼쳐unroll 다음과 같이 최적화할 것이다.

```
cout << "1 2 3 5 8 13"; // fib(6)
```

코루틴은 아주 폭넓은 용도로 쓰일 수 있는 대단히 유연한 프레임워크로 구현된다. 위원회가 설계에 조금 가담해 전문가에 의해, 그리고 전문가를 위해 설계된다. 다만 간단한 용도로 쉽게 사용할 수 있는 라이브러리 기능이 아직 C++20에 포함되지 않은 점이 아쉽다. 예를 들어 generator가 (아직) 표준 라이브러리에 포함되지 않았다. 그래도 제안 중이며, [Cppcoro] 같은 좋은 구현도 웹에서 제공된다.

『컴퓨터 프로그래밍의 예술』(한빛미디어, 2006) 1권에서 도날드 크누스Donald Knuth는 코루틴이 복잡한 시스템을 간소화하는 데 가장 유용하다고 칭찬함과 동시에 간단한 예제로 설명하기 어렵다고 한탄했다. 18.6.1절에서는 C++ 초창기 성공에 크게 기여했던 이벤트 주도event-driven 시뮬레이션 유형에 꼭 필요한 프리미티브primitive를 연습하는 평범한 예제를 소개한다. 핵심 개념은 복잡한 태스크를 완수하기 위해 협력하는 간단한 태스크들(코루틴)의 네트워크

---

1   함수 내용을 호출부에 직접 삽입하는 것을 말한다. – 옮긴이

로 시스템을 표현하는 것이다. 기본적으로 각 태스크는 커다란 작업의 작은 부분을 수행하는 액터이다. 어떤 태스크는 요청 스트림을 생성하는 생성자이고(난수 생성기를 이용하거나 실제 데이터를 집어넣는 등), 어떤 태스크는 결과를 계산하는 네트워크의 일부이고, 어떤 생성자는 출력을 생성한다. 태스크(코루틴) 간 커뮤니케이션은 메시지 큐를 통한 방식이 좋다. 이러한 시스템을 구성하는 한 가지 방법은 결과를 낸 태스크가 다른 작업을 수행하기를 기다리며 이벤트 큐에 들어가는 것이다. 그럼 스케줄러는 필요할 때마다 이벤트 큐에서 다음으로 실행할 태스크를 고른다. 협력적 멀티태스킹cooperative multitasking의 형태이다. C++ 라이브러리의 첫 기반을 구축할 때 시뮬라Simula[Dahl, 1970]에서 이 개념을 차용했음을 인정한다(19.1.2절).

디자인의 핵심은 다음과 같다.

- 호출 사이에 상태를 유지하는 여러 다양한 코루틴coroutine
- 다양한 종류의 코루틴이 들어 있는 이벤트 리스트를 관리하고, 코루틴의 타입과 무관하게 호출하는 다형성polymorphism 형식
- 리스트(들)에서 다음 실행할 코루틴(들)을 고르는 스케줄러scheduler

예제에서는 2개의 코루틴을 만들어 양자택일로 실행하겠다. 이러한 시스템은 절대 공간을 많이 사용해서는 안 된다. 이러한 애플리케이션에 프로세스나 스레드를 사용하지 않는 이유이다. 스레드에는 1~2메가바이트(대부분 스택에 쓰임)가 필요한데 반해, 코루틴에는 대개 약 20~30바이트이면 충분하다. 태스크가 수천 개 이상일 경우 그 차이는 어마어마하다. 문맥 교환도 스레드나 프로세스 간보다 코루틴 간에 훨씬 빠르다.

우선 수십 또는 수백 개의 다양한 종류의 코루틴을 균일하게 호출해 줄 런타임 다형성부터 만들어보자.

```
struct Event_base {
  virtual void operator()() = 0;
  virtual  ~Event_base() {}
};

template<class Act>
```

```cpp
struct Event : Event_base {
  Event(const string n, Act a) : name{ n }, act{ move(a) } {}
  string name;
  Act act;
  void operator()() override { act(); }
};
```

Event는 단순히 액션을 저장하고 그 액션을 호출하게 해주는데, 이때 액션이 전형적으로 코루틴이다. 이벤트가 코루틴으로 처리할 때보다 많은 정보를 전달한다는 점을 보이기 위해 name을 추가했다.

보통 다음과 같이 사용한다.

```cpp
void test()
{
  vector<Event_base*> events = { // 코루틴을 저장할 2개의 Event를 생성한다
    new Event{ "integers ", sequencer(10) },
    new Event{ "chars ", char_seq('a') }
  };

  vector order {0, 1, 1, 0, 1, 0, 1, 0, 0};  // 어떤 order를 고른다

  for (int x : order)    // order대로 코루틴을 호출한다
    (*events[x])();

  for (auto p : events) // 해제
    delete p;
}
```

아직까지는 다양한 타입의 객체 집합에 연산을 실행하는 전통적인 객체지향 프레임워크일 뿐 코루틴이라 할 만한 것은 없다. 하지만 sequencer와 char_seq가 코루틴이 된다. 이러한 프레임워크가 실제로 쓰이려면 호출 사이에 상태를 유지하는 코루틴이 꼭 필요하다.

```cpp
task sequencer(int start, int strp =1)
{
  auto value = start;
  while (true) {
```

```
    cout << "value: " << value << '\n'; // 결과를 커뮤니케이션한다
    co_yield 0;     // 누군가 이 코루틴을 재개할 때까지 슬립한다
    value += step; // 상태를 업데이트한다
  }
}
```

co_yield를 사용해 호출 사이에 스스로를 지연시키고 있으므로 sequencer는 코루틴이다. 이는 task가 코루틴 핸들이어야 한다는 뜻이다(아래 참조).

일부러 값 시퀀스 생성과 출력이 전부인 평범한 코루틴을 보였다. 중요한 시뮬레이션에서는 이 출력이 직접적으로 혹은 간접적으로 다른 코루틴의 입력이 된다.

char_seq도 거의 비슷하지만 런타임 다형성을 연습해보기 위해 타입을 다르게 했다.

```
task char_seq(char start)
{
  auto value = start;
  while (true) {
    cout << "value: " << value << '\n'; // 결과를 커뮤니케이션한다
    co_yield 0;
    ++value;
  }
}
```

"마법"은 반환 타입 task에서 일어난다. task는 호출 사이에 코루틴의 상태(실제로는 함수의 스택 프레임)를 저장하고, co_yield의 의미를 알아낸다. 사용자 관점에서 task의 역할은 명확하다. 코루틴을 호출할 연산자를 제공하면 된다.

```
struct task {
  void operator()();
  // ... 세부 구현 ...
}
```

라이브러리에서, 바라건대 표준 라이브러리에서 task를 지원하면 여기까지만 알면 될텐데, 그렇지 못하니 예제에서 이러한 코루틴-핸들 타입을 어떻게 구현하는지 살짝 힌트를 보였다. 그렇지만 제안 중이고, 웹 검색으로 [Cppcoro] 라이브러리 같은 좋은 구현을 찾을

수 있다.

이 책의 핵심 예제를 구현하려면 최소한 다음과 같은 task는 필요하다.

```
struct task {
  void operator()() { coro.resume(); }

  struct promise_type {   // 언어 기능과의 매핑
    suspend_always initial_suspend() { return {}; }
    suspend_always final_suspend() noexcept { return {}; } // co_return
    suspend_always yield_value(int) { return {}; }          // co_yield
    auto get_return_object() { return task{ handle_type::from_promise(*this) }; }
    void return_void() {}
    void unhandled_exception() { exit(1); }
  };

  using handle_type = coroutine_handle<promise_type>;
  task(handle_type h) : coro(h) { } // get_return_object()가 호출
  handle_type coro;                 // 코루틴 핸들
};
```

다른 이의 수고를 덜어주려는 라이브러리 구현자가 아니라면 부디 이러한 코드를 직접 작성하지 말자. 웹에 많은 설명이 있으니 궁금하면 찾아보자.

18.7 조언

[1] 동시 실행을 사용해 응답성을 높이거나 처리량을 늘리자(18.1절).

[2] 최대한 가장 고수준의 추상으로 작업하자(18.1절).

[3] 스레드의 대안으로 프로세스를 고려하자(18.1절).

[4] 표준 라이브러리의 동시 실행 기능은 타입 안전이다(18.1절).

[5] 메모리 모델은 대부분의 프로그래머가 머신 아키텍처 수준에서 컴퓨터를 바라보지 않게 해준다(18.1절).

[6] 메모리 모델은 쉽게 예상 가능한 방식으로 메모리를 보여준다(18.1절).

[7] **atomic**으로 락 프리 프로그래밍이 가능하다(18.1절).

[8] 락 프리 프로그래밍은 전문가에게 맡기자(18.1절).

[9] 때로는 순차적 해법이 동시 실행 해법보다 더 빠르고 간단하다(18.1절).

[10] 데이터 경합을 방지하자(18.1절, 18.2절).

[11] 동시 실행을 직접 사용하기보다는 병렬 알고리듬을 사용하자(18.1절, 18.5.3절).

[12] **thread**는 시스템 스레드로의 타입 안전 인터페이스이다(18.2절).

[13] **join()**을 사용해 **thread** 완료를 기다리자(18.2절).

[14] **thread**보다는 **jthread**를 사용하자(18.2절).

[15] 명시적으로 공유된 데이터는 되도록 사용하지 말자(18.2절).

[16] 명시적 락/언락보다는 RAII를 택하자(18.3절). [CG: CP.20]

[17] **scoped_lock**으로 **mutex**를 관리하자(18.3절).

[18] **scoped_lock**으로 다수의 락을 획득하자(18.1절). [CG: CP.21]

[19] **shared_lock**으로 독자–저자 락을 구현하자(18.3절).

[20] **mutex**를 그 **mutex**가 보호하는 데이터와 함께 정의하자(18.3절). [CG: CP.50]

[21] 아주 간단한 공유에는 **atomic**을 사용하자(18.3.2절).

[22] **condition_variable**로 **thread** 간 커뮤니케이션을 관리하자(18.4절).

[23] 락을 복사해야 하거나 보다 저수준의 동기화 조작이 필요하면 (scoped_lock 대신) **unique_lock**을 사용하자(18.4절).

[24] **condition_variable**과 함께 (scoped_lock 대신) **unique_lock**을 사용하자(18.4절).

[25] 조건 없이 기다리지 말자(18.4절). [CG: CP.42]

[26] 임계 영역(critical section)에서 보내는 시간을 최소화하자(18.4절). [CG: CP.43]

[27] 직접적으로 **thread** 관점에서 생각하지 말고 동시 실행 태스크 관점에서 생각하자(18.5절).

[28] 단순성에 가치를 두자(18.5절).

[29] **thread**와 **mutex**를 직접 사용하기보다는 **packaged_task**와 **future**를 사용하자(18.5절).

[30] **promise**로 결과를 반환하고, **future**로부터 결과를 얻자(18.5.1절). [CG: CP.60]

[31] packaged_task로 태스크가 던진 예외를 처리하자(18.5.2절).

[32] packaged_task와 future로 외부 서비스로의 요청을 표현하고 그 응답을 기다리자
(18.5.2절).

[33] 간단한 태스크는 async()로 시작시키자(18.5.3절). [CG: CP.61]

[34] stop_token으로 협력적 종료를 구현하자(18.5.4절).

[35] 코루틴이 스레드보다 훨씬 간단할 수 있다(18.6절).

[36] 코드를 직접 작성하기보다는 코루틴 지원 라이브러리를 사용하자(18.6절).

19

역사적 배경과 호환성

천천히 서둘러라.
(급할수록 돌아가라^{festina lente}).
— 옥타비우스, 카이사르 아우구스투스^{Octavius, Caesar Augustus}

- 역사

    연대표, 초창기, ISO C++ 표준, 표준과 프로그래밍 스타일, C++ 용법, C++
    모델

- C++ 기능 진화

    C++11 언어 기능, C++14 언어 기능, C++17 언어 기능, C++20 언어 기
    능, C++11 표준 라이브러리 컴포넌트, C++14 표준 라이브러리 컴포넌트,
    C++17 표준 라이브러리 컴포넌트, C++20 표준 라이브러리 컴포넌트, 제거
    되거나 지원하지 않는 기능

- C/C++ 호환성

    C와 C++는 형제다, 호환성 문제

- 참고문헌
- 조언

19.1 역사

저자는 C++를 고안해 초기 정의를 작성하고 최초로 구현했다. C++ 설계 기준을 골라 정한 후 주요 언어 기능을 설계하고, 여러 초기 라이브러리를 개발하거나 도왔으며, 25년 동안 C++ 표준 라이브러리 위원회에서 확장 제안 처리를 담당했다.

C++는 프로그램 구성에 있어서는 시뮬라^{Simula}의 기능을[Dahl, 1970], 시스템 프로그래밍에 있어서는 C의 효율성과 유연성을 제공하도록[Kernighan,1978] 설계됐다. C++ 추상 메커니즘은 시뮬라에 뿌리를 두고 있다. 시뮬라에서 클래스 개념(상속받은 클래스와 가상 함수)을 가져왔다. 반면 템플릿과 예외는 다양한 소스에서 영감을 받아 이후 C++에 포함됐다.

C++는 항상 그 용도에 따라 진화해왔다. 사용자의 의견을 듣고 숙련된 프로그래머의 조언을 구하는 데 많은 시간을 할애했으며, 당연히 코드를 작성하는 데도 많은 시간을 들였다. 특히 AT&T 벨 랩^{Bell Laboratories}의 동료들은 처음 10년 동안 C++를 성장시킨 동력이다.

19장에서는 간략하게 개요만 짚을 뿐 모든 언어 기능과 라이브러리 컴포넌트를 일일이 나열하지 않는다. 깊이 파고들지도 않는다. 자세한 정보와 기여자의 이름은 ACM History of Programming Languages conferences에 게재된 저자의 논문 세 편[Stroustrup, 1993], [Stroustrup, 2007], [Stroustrup, 2020]과 저자의 책인 『Design and Evolution of C++』("D&E"라 부름)(비야네 스트롭스트룹, Addison-Wesley Professional, 1994)에서 찾아보기 바란다. 세 논문과 책에서 C++의 설계와 진화를 상세히 다루고, 다른 프로그래밍 언어와 주고받은 영향을 설명한다. 누가 어떤 표준 기능을 제안하고 개선했는지 놓치지 않으려 한다. C++는 정체불명의 익명의 위원회 혹은 전지전능한 "평생 독재자"의 산물이 아니라 헌신적이고 부지런하며 노련한 수많은 개개인이 만들어낸 결과물이다.

ISO C++ 표준 활동의 일부로 생성된 문서들은 대부분 온라인으로 볼 수 있다[WG21].

19.1.1 연대표

C++를 탄생시킨 작업은 "C with Classes"라는 이름으로 1979년 가을에 시작됐다. 연대표를 간략히 정리해봤다.

1979   "C with Classes" 개발 착수. 초기 기능 집합은 클래스와 상속을 받은 클래스, 퍼블릭/프라이빗 접근 제어, 생성자와 소멸자, 인수 검사가 딸린 함수 선언을 포함했다. 최초의 라이브러리는 비선점non-preemptive 동시 실행 태스크와 난수 생성기를 지원했다.

1984   "C with Classes"에서 C++로 이름을 바꿨다. 이때쯤 C++에 가상 함수, 함수와 연산자 오버로딩, 참조, I/O 스트림과 복소수 라이브러리가 생겼다.

1985   최초의 상업용 C++ 출시(10월 14일). 라이브러리는 I/O 스트림, 복소수, 태스크(비선점 스케줄링)를 포함했다.

1985   C++ 프로그래밍 언어("TC++PL", 10월 14일) [Stroustrup,1 986]

1989   설명을 곁들인 C++ 참조 설명서("ARM Annotated C++ Reference Manual") [Elllis,1989]

1991   C++ 프로그래밍 언어 2판 [Stroustrup, 1991]. 템플릿을 사용한 제네릭 프로그래밍과 예외에 기반한 오류 처리를 소개하고, "자원 획득은 초기화"를 일반적 자원 관리 양식으로 포함시켰다.

1997   C++ 프로그래밍 언어 3판 [Stroustrup, 1997]. 네임스페이스, `dynamic_cast`, 여러 템플릿 개선을 포함해 ISO C++를 소개했다. 표준 라이브러리에 STL 프레임워크의 제네릭 컨테이너와 알고리듬이 추가됐다.

1998   ISO C++ 표준 [C++,1998]

2002   흔히 C++0x라 부르는 개정 표준 착수

2003   ISO C++ 표준의 "버그 수정" 개정 배포 [C++,2011]

2011   ISO C++11 표준 [C++,2011]. 균일한 초기화, 이동 시맨틱, 초기자로 추론한 타입, 범위 기반 `for`, 가변 템플릿, 람다식, 타입 에일리어스, 동시 실행에 적합한 메모리 모델을 비롯해 많은 기능을 제공했다. 표준 라이브러리에 `thread`, 락, 정규식, 해시 테이블unordered_map, 자원 관리 포인터(unique_ptr, shared_ptr) 등이 추가됐다.

2013   최초의 완전한 C++11 구현이 탄생했다.

2013 『The C++ Programming Language, Fourth Edition』(비야네 스트롭스트룹, Pearson, 2022)에서 C++11을 소개했다.

2014 ISO C++14 표준 [C++,2014]. 가변 템플릿, 숫자 구분자, 제네릭 람다, 몇 가지 표준 라이브러리 개선을 포함시키며 C++11을 완성했다. 최초의 C++14 구현이 완료됐다.

2015 C++ Core Guidelines 프로젝트 착수 [Stroustrup, 2015].

2017 ISO C++17 표준 [C++,2017]. 평가 순서 보장, 구조적 바인딩, 폴드식, 파일 시스템 라이브러리, 병렬 알고리듬, variant와 optional 타입을 포함하는 새로운 다양한 기능 집합을 제공했다. 최초의 C++17 구현이 완료됐다.

2020 ISO C++20 표준 [C++, 2020]. module, concept, 코루틴, 범위, printf() 스타일 포맷팅, 캘린더 외 여러 작은 기능을 제공했다.

개발 과정에서 C++11은 C++0x라고 불렀다. 큰 프로젝트에서 대개 그러하듯이 완료 일정에 지나치게 낙관적이었다. 마감 무렵에는 C++0x를 C++0B로 만들려고 C++0x의 'x'가 16진법이라는 농담까지 주고받았다. 반면 위원회는 주요 컴파일러 공급자들처럼 C++14, C++17, C++20을 정해진 일정대로 출시했다.

19.1.2 초창기

원래는 UNIX 커널 서비스를 멀티프로세서와 로컬 지역 네트워크(현재는 멀티코어와 클러스터)에 분산하고 싶어 C++ 언어를 디자인하고 구현했다. 이렇게 하려면 시스템에 어떤 부분들이 있고 서로 어떻게 커뮤니케이션하는지 정확히 명시해야 했다. 성능 우려만 제외하면 시뮬라[Dahl,1970]가 꼭 들어맞았다. 또한 하드웨어를 직접 처리하고 고성능 동시 실행 프로그래밍 메커니즘도 제공해야 했는데, 부족한 모듈성과 타입 검사 지원만 제외하면 C가 이상적이었다. C(고전 C. 19.3.1절)에 시뮬라 방식의 클래스를 추가한 결과물인 "C with Classes"를 주요 프로젝트에 사용하며 최소한의 시간과 공간만 사용하도록 프로그램을 작성하는 데 필요한 기능을 엄격히 테스트했다. 연산자 오버로딩, 참조, 가상 함수, 템플릿, 예외 등 수많은 세부 기술이 빠져 있었다[Stroustrup, 1982]. 연구 조직 외에 C++가 최초로 사용된 시점은 1983년 7월이다.

1983년 여름, 릭 마시티Rick Mascitti가 C++("씨 플러스 플러스"라고 발음한다)라는 이름을 제안해 "C with Classes" 대신 사용하기로 결정했다. "++"는 C의 증가 연산자로서 이 이름은 C로부터의 점진적 변화를 나타낸다. 조금 더 짧은 이름인 "C+"는 문법적으로 오류이나 전혀 상관없는 언어의 이름으로 이미 쓰이고 있었다. C 시맨틱 전문가는 C++보다 ++C가 낫다고 생각한다. 이 언어는 C의 확장이고, C의 기능을 제거해 문제를 바로잡으려던 언어도 아닌 데다 C의 뒤를 이으려는 D라는 언어가 이미 존재했으므로 D라고도 부르지 않았다. C++라는 이름에 대한 또 다른 해석은 부록[Orwell, 1949]을 참고한다.

C++는 저자를 비롯해 주변 친구들이 어셈블러나 C, 당시 유행하던 여러 고수준 언어로 프로그래밍하지 않아도 되도록 설계됐다. 개개 프로그래머가 좋은 프로그램을 더 쉽고 편안하게 작성하게 하는 것이 주된 목표였다. 초창기에는 C++ 설계 문서도 없이 설계, 문서, 구현을 동시에 진행했다. "C++ 프로젝트"도, "C++ 디자인 위원회"도 없었다. C++는 항상 사용자가 맞닥뜨린 문제를 처리하도록 진화했고 친구, 동료 그리고 스스로와 논의한 결과가 반영됐다.

최초의 C++ 설계는 인수 타입 검사가 딸린 함수 선언과 암묵적 변환, 인터페이스와 구현 간 public/private 구분이 되는 클래스, 상속받은 클래스, 생성자와 소멸자를 포함했다. 원시 매개변수화primitive parameterization[Stroustrup, 1982]는 매크로를 사용해 제공했다. 이는 1980년대 중반까지 비실험 용도로 쓰였다. 1982년 말 일관된 프로그래밍 스타일 집합을 지원하는 언어 기능 집합을 선보일 수 있었다. 돌이켜보면 생성자와 소멸자 소개에 가장 중점을 뒀다. 당시의 용어로는 다음과 같다[Stroustrup, 1979].

"새new 함수"는 멤버 함수를 위한 실행 환경을 생성한다.

"삭제delete 함수"는 이를 되돌린다.

곧이어 "새new 함수"와 "삭제delete 함수"를 "생성자"와 "소멸자"로 다시 명명했다. 생성자와 소멸자는 C++ 자원 관리 전략의 근간이자(이로 인해 예외가 필요해졌다) 사용자 코드를 짧고 분명하게 만드는 여러 기법의 핵심이다. 당시에 일반적인 코드를 실행할 수 있는 다수의 생성자를 지원했던 언어가 있었는지 모르겠다(지금도 모른다). 소멸자는 C++에서 처음 만들어졌다.

C++는 1985년 10월 상업용으로 출시됐다. 인라이닝(1.3절, 5.2.1절)과 const(1.6절), 함수 오버로딩(1.3절), 참조(1.7절), 연산자 오버로딩(5.2.1절, 6.4절), 가상 함수(5.4절)가 추가됐다. 이 중 가상 함수 형태의 런타임 다형성 지원이 단연코 논란이 많았다. 시뮬라를 통해 그 가치를 알고 있었으나 대부분의 시스템 프로그래머에게 그 가치를 설득하기란 결국 불가능했다. 시스템 프로그래머는 간접 함수 호출을 의심스럽게 보는 경향이 있었고, 객체지향 프로그래밍을 지원하는 다른 언어에 익숙한 사람은 virtual 함수가 시스템 코드에 유용할 만큼 빠른지 의문을 가졌다. 반대로 객체지향에 익숙한 많은 프로그래머는 런타임에 결정해야 할 선택을 표현할 때만 가상 함수 호출을 사용한다는 개념에 쉽게 익숙해지지 못했다(여전히 많은 이들이 그렇다). 가상 함수에 대한 저항은 프로그래밍 언어가 지원하는 보다 규칙적인 구조의 코드로 더 나은 시스템을 만들 수 있다는 개념에 대한 저항과 관련이 있어 보인다. 많은 C 프로그래머는 완벽한 유연성과 프로그램의 작은 부분까지 하나하나 세심히 제작하는 것이 가장 중요하다고 확신하는 것 같다. 프로그래머가 만들려는 시스템에 내재된 복잡도는 항상 표현할 수 있는 가장 어려운 것이므로 저자는 언어와 도구에서 얻을 수 있는 도움이라면 무엇이든 필요하다고 생각했다(지금도 그렇다).

C++ 초창기 문서(예를 들어 [Stroustrup, 1985]와 [Stroustrup, 1994])에서는 다음과 같이 설명한다.

C++는 다음의 특징을 지닌 범용 프로그래밍 언어이다.

- C보다 낫다.
- 데이터 추상화를 지원한다.
- 객체지향 프로그래밍을 지원한다.

보다시피 "C++는 객체지향 프로그래밍 언어이다"라고 말하지 않았다. "데이터 추상화를 지원한다"는 문장은 정보 은닉, 클래스 계층 구조에 속하지 않는 클래스, 제네릭 프로그래밍을 말한다. 제네릭 프로그래밍의 경우 처음에는 매크로를 사용하다보니 제대로 지원되지 못했다[Stroustrup, 1982]. 템플릿과 콘셉트는 훨씬 나중에 포함됐다.

C++ 설계는 대부분 동료들의 칠판에서 이뤄졌다. 초창기에는 스튜어트 펠드먼Stu Feldman과 알렉산더 프레이저Alexander Fraser, 스티브 존슨Steve Johnson, 브라이언 커니핸Brian Kernighan, 더글러스 맥길로이Doug McIlroy, 데니스 리치Dennis Ritchie의 피드백이 매우 유용했다.

1980년대 후반에는 C++의 일반적 목표와 사용자의 요구 사항에 부응해 언어 기능을 계속해서 추가해 나갔다. 이 가운데 가장 중요한 기능이 템플릿[Stroustrup, 1988]과 예외 처리[Koenig, 1990]였는데, 이제 막 표준을 만들려던 시기라 실험적으로 여겨졌다. 템플릿을 설계할 때는 유연성과 효율성, 초기 타입 검사 사이에서 결정을 내려야 했다. 당시에는 누구도 동시에 이 셋을 달성하는 법을 알지 못했다. 요구 사항이 많은 시스템 애플리케이션에 쓰이는 C 스타일 코드에 맞서려면 처음 두 특징을 선택해야 했다. 돌이켜보면 옳은 선택이었고, 더 나은 타입 검사 템플릿을 향한 지속적 노력[DosReis, 2006] [[Gregor, 2006] [Sutton, 2011] [Stroustrup, 2012a] [Stroustrup, 2017]은 C++20 콘셉트(8장)로 이어졌다. 예외를 설계할 때는 다단계 예외 전파, 예외 핸들러에 임의의 정보 전달, 소멸자가 딸린 로컬 객체를 이용한 자원 표현과 해제를 통한 예외와 자원 관리 간 통합에 중점을 뒀다. 이 중요한 기술을 자원 획득은 초기화Resource Acquisition Is Initialization라고 어설프게 명명했고, 주변에서 곧 RAII(6.3절)라는 두문자어로 축약시켰다.

또한 많은 기반 클래스를 지원하기 위해 C++의 상속 메커니즘을 일반화했다[Stroustrup, 1987]. 이를 다중 상속multiple inheritance이라 불렀는데, 어렵고 논란도 많았다. 템플릿이나 예외보다 훨씬 덜 중요해 보였다. 추상 클래스(주로 인터페이스라 부름)의 다중 상속은 이제 정적 타입 검사와 객체지향 프로그래밍을 지원하는 언어에서 매우 보편적이다.

C++ 언어는 몇 가지 핵심 라이브러리 기능과 밀접하게 진화해왔다. 예를 들어 복소수[Stroustrup, 1984]와 벡터, 스택, (I/O) 스트림 클래스[Stroustrup, 1985]를 연산자 오버로딩 메커니즘으로 설계했다. 최초의 문자열과 리스트 클래스는 조나단 샤피로Jonathan Shopiro와 공동 개발했다. 조나단의 문자열과 리스트 클래스는 처음으로 라이브러리에 광범위하게 쓰인 기능이다. 표준 C++ 라이브러리의 문자열 클래스가 여기에서부터 시작됐다. [Stroustrup, 1987b]에 설명된 태스크 라이브러리는 1980년에 작성된 최초의 "C with Classes"에 들어

있다. 이 라이브러리에서 코루틴과 스케줄러를 제공했다. 저자는 태스크 라이브러리를 비롯해 시뮬라 스타일의 시뮬레이션을 지원하는 관련 클래스를 직접 작성했다. C++의 성공에 결정적 역할을 했고, 1980년대에 널리 채택됐다. 안타깝게도 동시 실행 지원이 표준화돼 보편적으로 사용 가능해진 2011년까지 기다려야 했다(무려 30년이나!)(18.6절). 코루틴은 C++20에 포함됐다(18.6절). 템플릿 기능은 저자와 앤드류 쾨니히[Andrew Koenig], 알렉스 스테파노프[Alex Stepanov] 등이 고안한 vector와 map, list, sort 템플릿의 영향을 받아 개발됐다.

1998년 표준 라이브러리에 일어난 가장 중요한 혁신은 STL이라는 알고리듬과 컨테이너 프레임워크였다(12장, 13장). STL은 10년 이상 제네릭 프로그래밍에 몰두한 알렉스 스테파노프(그 외에도 데이브 무세르[Dave Musser], 멩 리[Meng Lee] 외 여럿)의 작업물이었다. STL은 C++ 커뮤니티뿐만 아니라 그 너머에도 엄청난 영향을 끼쳤다.

C++는 기존의 실험적인 여러 프로그래밍 언어(에이다[Ichbiah, 1979], 알골68[Woodward, 1974], ML[Paulson, 1996] 등)로 이뤄진 환경에서 개발됐다. 당시 25개 정도의 언어를 수월하게 사용했는데, 각 언어가 C++에 미친 영향은 [Stroustrup, 1994]와 [Stroustrup, 2007]에 자세히 설명했다. 다만 어떤 애플리케이션을 개발하느냐에 따라 미치는 영향이 달랐다. C++를 모방이 아닌 "문제 주도" 방식으로 진화시킨 것은 지극히 의도적인 방침이었다.

19.1.3 ISO C++ 표준

C++의 폭발적 성장은 몇 가지 변화로 이어졌다. 1987년 즈음 C++를 형식적으로 표준화해야 하고 이제는 그 토대를 마련해야 한다는 공감대가 형성됐다[Stroustrup,1994]. 이에 따라 C++ 컴파일러의 구현자와 컴파일러의 주요 사용자는 긴밀한 관계를 유지하려 노력했다. 문서와 전자메일, C++ 콘퍼런스 같은 대면 회의가 오갔다.

AT&T 벨랩은 구현자와 사용자에게 C++ 참조 설명서의 개선 버전 초안을 공유할 수 있게 해줌으로써 C++와 C++ 커뮤니티에 크게 기여했다. 다수가 AT&T의 경쟁사 직원이었다는 점에서 결코 이들의 공을 과소평가할 수 없다. 시대의 흐름을 읽지 못하는 회사였다면 그저 넋 놓고 바라보다 언어 파편화라는 심각한 문제를 일으켰을 수도 있다. 때마침 수십 개의 조직에서 백여 명의 사람이 설명서를 읽고는 참조 설명서와 ANSI C++ 표준화 노력을 위한 기반 문서에 일반적으로 어떤 내용이 담겨야 하는지 의견을 줬다. 주석을 곁들인 C++ 참조 설명서The Annotated C++ Reference Manual("the ARM")에 그들의 이름이 남아 있다[Ellis, 1989]. AT&T의 지원을 받아 1989년 12월 휴렛팩커드Hewlett-Packard, DEC, IBM의 주도로 ANSI X3J16 위원회가 소집됐다. 이 ANSI(미국) C++ 표준화는 1991년 6월 C++를 위한 ISO (국제) 표준화 활동에 포함됐다. ISO C++ 위원회를 WG21이라 부른다. 1990년대부터 이 공동 C++ 표준 위원회는 C++의 진화와 그 정의 개선을 위한 주요 포럼이 됐다. 저자도 내내 이 위원회에서 활동했다. 특히 확장을 위한 실무 그룹(나중에는 진화 그룹이라 부름)의 의장으로서 1990년부터 2014년까지 C++의 주요 변경 제안과 새 언어 기능 추가를 직접 처리하는 책임을 맡았다. 공식적으로 리뷰 받은 최초의 표준 초안은 1995년 4월에 완성됐다. 최초의 ISO C++ 표준(ISO/IEC 14882-1998)[C++,1998]은 1998년 22-0의 국민 투표로 비준됐다. 이 표준의 "버그 수정판"이 2003년에 나와 간혹 C++03을 언급하기도 하는데, 근본적으로 C++98과 같은 언어이자 표준 라이브러리다.

C++0로 수년 간 불렸던 C++11은 WG21 멤버의 합작품이다. 이 위원회는 갈수록 부담이 커지는 자율 프로세스와 절차에 따라 작업했다. 이러한 프로세스 덕분에 더 나은 (그리고 더 철저한) 명세가 가능했으나 동시에 혁신을 가로막기도 했다[Stroustrup, 2007]. 대중에게 공개된 표준 초안은 2009년에 만들어졌다. 두 번째 ISO C++ 표준(ISO/IEC 14882-2011) [C++, 2011]은 2011년 8월 국민 투표에서 21대 0으로 비준됐다.

두 표준 간 공백이 길었던 이유는 위원회 멤버 대부분(저자 포함)이 표준 후 "대기 기간"을 두라는 ISO 규칙이 시행됐다고 착각해 새 기능에 착수하지 않았기 때문이다. 그 결과 새 언어 기능 개발이라는 중대한 작업이 2002년까지 시작되지 못했다. 최신 언어와 그 기반 라이브러리의 규모가 커진 것도 한 가지 이유였다. 표준 텍스트 페이지 기준으로 언어는 약 30%, 라이브러리는 약 100% 늘어났다. 새 기능이 아니라 더 상세해진 명세 때문이었다. 또한 새 C++ 표준을 만들 때는 호환되지 않는 변경으로 인해 기존 코드가 망가지지 않도록 매우 주의해야 했다. 위원회가 망가뜨리면 안 되는 C++ 코드가 수십억 행이다. 수십 년에 걸친 안전성은 필수 "기능"이다.

C++11은 표준 라이브러리를 크게 추가했고, C++98에서 성공을 거뒀던 "패러다임"과 관용구를 종합한 프로그래밍 스타일에 필요한 기능 집합을 완성하도록 재촉했다.

C++11이 추구했던 전반적인 목표는 다음과 같았다.

- C++를 시스템 프로그래밍과 라이브러리 개발에 더 적합한 언어로 만들자.
- C++를 좀 더 가르치고 배우기 쉽게 만들자.

두 목표는 [Stroustrup, 2007]에서 자세히 설명한다.

핵심은 동시 실행 시스템 프로그래밍을 타입 안전과 이식 가능하게 만드는 것이었다. 메모리 모델(18.1절)과 락 프리 프로그래밍 지원도 포함한다. 한스 보엠[Hans Boehm], 브라이언 맥나이트[Brian McKnight] 외 여러 명의 동시 실행 실무진이 함께 작업했다. 또한 thread 라이브러리도 추가했다.

C++11 이후 표준이 나오기까지 무려 13년이나 걸렸다는 데에 다수가 문제를 제기했다. 허브 서터[Herb Sutter]는 정해진 간격으로 정해진 시각에 출시하는 "열차 모형[train model]" 정책을 채택해달라고 위원회에 제안했다. 저자는 "이 기능은 꼭 필요하니 딱 하나만 더" 포함시켜 달라는 요청으로 출시가 지연되는 것을 최소화하기 위해 표준 간 간격을 짧게 두자고 강하게 주장했다. 최종적으로 마이너와 메이저를 번갈아 출시하기로 하며 야심 차게 3년 일정에 동의했다.

C++14는 "C++11 완성"이라는 목표로 일부러 마이너 출시를 택했다. 결국 정해진 출시 날짜로는 아무리 원해도 제시간에 출시할 수 없는 기능이 있을 수밖에 없다는 현실을 보여준다. 광범위하게 쓰이다 보면 언젠가 기능 집합 간 공백도 불가피하게 발견된다.

C++17은 메이저 배포로 계획됐다. "메이저"란 소프트웨어의 구조와 디자인 방법에 대한 사고 방식을 바꿀 기능을 포함한다는 뜻이다. 이 정의에 따르면 C++17은 기껏해야 메이저와 마이너 사이의 배포였다. 여러 가지 마이너 확장을 포함했으나 큰 변화를 초래할 기능(콘셉트, 모듈, 코루틴 등)은 아직 준비 중이거나 논란에 휩싸여 있거나 둘 중 하나였고 디자인 방향도 모호했다. 결과적으로 C++17에 분명 변화는 있었으나 이미 C++11과 C++14에서 교훈을 얻었던 C++ 프로그래머의 일상을 크게 바꾸진 못했다.

C++20은 모듈(3.2.2절), 콘셉트(8.2절), 코루틴(18.6절), 범위(14.5절) 같은 오래전에 약속했던 꼭 필요한 메이저 기능을 제공한다. C++11과 마찬가지로 C++로의 메이저 업그레이드다. 2021년 후반부터 널리 쓰였다.

ISO C++ 표준 위원회인 SC22/WG21은 현재 350여 명의 구성원으로 이뤄져 있으며, 그 중 약 250여 명이 코로나 유행 이전 프라하에서 열린 마지막 대면 회의에 참석해 C++20을 79대 0의 만장일치로 승인했고, 이후 국민 투표에서 22대 0으로 비준됐다. 이렇게 크고 다양한 그룹에서 이만한 동의를 얻기란 쉽지 않다. "위원회의 디자인^{Design by committee}", 기능 부풀리기, 일관된 스타일의 부족, 근시안적 결정 같은 위험 요소가 존재한다. 좀 더 사용하기 쉽고 일관된 언어로 진화하기란 정말 어렵다. 위원회에서는 이 점을 충분히 인식하고 대응하고 있다. [Wong, 2020]을 참고하라. 성공할 때도 있으나 "유용한 마이너 기능", 유행, 드물고 특수한 경우를 직접 처리하려는 전문가들의 갈망에서 생겨나는 복잡도는 피하기가 매우 어렵다.

19.1.4 표준과 스타일

표준은 무엇이 어떻게 동작하는지 알려준다. 효과적으로 잘 사용하는 방법은 알려주지 않는다. 프로그래밍 언어 기능을 기술적으로 하나하나 이해하는 것과 이러한 언어 기능을 다른 기능과 라이브러리, 도구와 효과적으로 조합해 더 나은 소프트웨어를 만드는 것은 상당히 다르다. 여기서 "더 낫다"는 것은 "유지 보수하기 더 쉽고 오류 발생 가능성이 낮으며 더 빠르다"는 의미이다. 일관된 프로그래밍 스타일을 개발해 보급하고 지원해야 한다. 더 나아가 보다 최신의 효과적이고 일관된 스타일로 기존 코드가 진화하도록 지원해야 한다.

언어와 표준 라이브러리의 발전으로 효과적 프로그래밍 스타일의 보급이 더욱 중요해졌다. 수많은 프로그래머 그룹에게 단순히 동작하는 프로그램이 아니라 더 나은 프로그램을 만들라고 독려하기란 매우 어렵다. 아직도 C++를 C에 작은 기능 몇 개를 추가한 언어로 여기는가 하면, 거대한 클래스 계층 구조에 기반한 1980년대 객체지향 프로그래밍 스타일을 발전의 정점으로 보기도 한다. 여전히 많은 개발자가 구식 C++ 코드로 만들어진 환경에서 모던 C++를 잘 사용하느라 분투 중이다. 한편에서는 열성적으로 새로운 기능을 남용하고 있다. 예를 들어 어떤 프로그래머는 대량의 템플릿 메타프로그래밍을 사용하는 코드만이 진짜 C++라고 믿는다.

최신modern C++란 무엇일까? 2015년 즈음, 근거를 명시한 코딩 가이드라인 집합을 만들어 이 질문에 답하려고 했었다. 곧이어 다른 곳에서도 이 문제를 해결하려고 노력하고 있음을 알게 됐고, 마이크로소프트, 레드햇, 페이스북 등 전 세계 각지의 많은 엔지니어와 함께 'C++ Core Guidelines' 프로젝트[Stroustrup, 2015]에 착수했다. 더 간단하고 빠르고 안전하고 유지 보수하기 쉬운 코드의 기반으로서 완전한 타입 안전과 완벽한 자원 안전을 목표로 하는 야심 찬 프로젝트이다[Stroustrup, 2015b], [Stroustrup, 2021]. 근거가 딸린 특정 코딩 규칙 외에도 통계 분석 도구와 아주 작은 지원 라이브러리로 가이드라인을 뒷받침했다. 이러한 가이드라인은 언어 기능과 라이브러리, 지원 도구의 향상을 발판 삼아 C++ 커뮤니티 전체가 더 나은 방향으로 나아가게 돕는다.

19.1.5 C++ 용법

C++는 현재 매우 널리 쓰이는 프로그래밍 언어이다. 1979년 1명이었던 사용자는 1991년 약 40만 명으로 빠르게 증가했다. 즉, 10년이 넘는 세월 동안 사용자 수가 7.5개월마다 2배씩 늘었다. 초기의 폭발적 증가 이후 자연히 증가율은 감소했지만 2018년에는 C++ 프로그래머가 약 450만 명이었고 최근에는(2022년) 100만 명 정도일 것이라 추정한다. 사용자 수는 기하급수적으로 빨라지던 프로세서의 속도 증가세가 멈추고 언어의 성능이 중요해졌던 2005년을 기점으로 크게 증가했다. 공식적인 홍보나 조직적인 사용자 커뮤니티도 없이 성장했다[Stroustrup, 2020].

C++는 원래 산업용 언어라서 교육이나 프로그래밍 언어 연구 쪽보다 업계에서 더 유명하다. 이동 통신과 시스템 프로그래밍(장치 드라이버, 네트워킹, 임베디드 시스템 등) 분야의 다양하고 긴박한 요구를 충족시키며 벨랩에서 발전했다. 이후 C++는 사실상 모든 산업으로 퍼져 나갔다. 초소형 전자공학, 웹 애플리케이션과 인프라스트럭처, 운영체제, 재무, 의료, 자동차, 항공우주 산업, 고에너지 물리학, 생물학, 에너지 생산, 머신러닝, 비디오 게임, 그래픽스, 애니메이션, 가상현실 등 너무나 많다. 하드웨어를 효과적으로 사용하고 복잡도를

처리하는 C++ 특유의 기능 조합이 요구되는 문제에 주로 쓰인다. 끊임없이 확장하는 애플리케이션 집합과 같다[Stroustrup, 1993] [Stroustrup, 2014] [Stroustrup, 2020].

19.1.6 C++ 모델

C++ 언어는 상호 협력적 기능 집합으로 요약된다.

- 내장 타입과 사용자 정의 타입을 균등하게 지원하는 정적 타입 시스템(1장, 5장, 6장)
- 값과 참조 시맨틱(1.7절, 5.2절, 6.2절, 12장, 15.2절)
- 체계적이고 보편적인 자원 관리(RAII)(6.3절)
- 효율적인 객체지향 프로그래밍 지원(5.3절, class.virtual, 5.5절)
- 유연하고 효율적인 제네릭 프로그래밍 지원(7장, 18장)
- 컴파일 타임 프로그래밍 지원(1.6절, 7장, 8장)
- 머신과 운영체제 자원 직접 사용(1.4절, 18장)
- 라이브러리를 통한 동시 실행 지원(주로 내장intrinsic으로 구현)(18장)

이러한 높은 수준의 목표를 위해 표준 라이브러리 컴포넌트는 더 많은 필수 지원을 보탠다.

19.2 C++ 기능 진화

19.2절에서는 C++11, C++14, C++17, C++20 표준을 위해 C++에 추가했던 언어 기능과 표준 라이브러리 컴포넌트를 소개한다.

19.2.1 C++11 언어 기능

언어 기능 목록을 쭉 읽다 보면 정신이 멍해질 수 있다. 언어 기능은 별개로 사용하라고 만든 것이 아니다. 특히 C++11에 새로 추가된 기능 대부분은 기존 기능이 제공하는 프레임워크와 동떨어져 생각할 수 없다.

[1] {} 리스트를 사용한 균등하고 일반적인 초기화(1.4.2절, 5.2.3절)

[2] 초기자로부터의 타입 추론: auto(1.4.2절)

[3] 좁히기^{narrowing} 방지(1.4.2절)

[4] 일반적이고 보장된 상수 표현식: constexpr(1.6절)

[5] 범위 기반 for문(1.7절)

[6] 널 포인터 키워드: nullptr(1.7.1절)

[7] 범위가 지정된 강타입 enums: enum class(2.4절)

[8] 컴파일 타임 어설션: static_assert(4.5.2절)

[9] {} 리스트에서 std::initializer_list로의 언어 매핑(5.2.3절)

[10] R값 참조, 이동 시맨틱 활성화(6.2.2절)

[11] 람다(7.3.3절)

[12] 가변 템플릿(7.4.1절)

[13] 타입과 템플릿 에일리어스(7.4.2절)

[14] 유니코드 문자

[15] long long 정수 타입

[16] 정렬 제어: alignas와 alignof

[17] 표현식의 타입을 선언 내 타입으로 사용하는 기능: decltype

[18] 원시 문자열 리터럴(10.4절)

[19] 접미사 반환 타입 문법(3.4.4절)

[20] 속성과 두 표준 속성 문법: [[carries_dependency]]와 [[noreturn]]

[21] 예외 전파를 방지하는 방법: noexcept 지정자(4.4절)

[22] 예외 내 throw의 가능성 검사: noexcept 연산자

[23] C99 기능: 확장 정수 타입(즉, 선택적으로 더 긴 정수 타입을 위한 규칙), 좁은/넓은 문자열 이어 붙이기, __STDC_HOSTED__, _Pragma(X), vararg 매크로와 빈 매트로 인수

[24] 현재 함수의 이름을 저장하는 문자열의 이름인 __func__

[25] inline 네임스페이스

[26] 생성자 위임

[27] 인클래스in-class 멤버 초기자(6.1.3절)

[28] 기본값 제어: **default**와 **delete**(6.1.1절)

[29] 명시적 변환 연산자

[30] 사용자 정의 리터럴(6.6절)

[31] 보다 명시적인 **template** 인스턴스화 제어: **extern template**

[32] 함수 템플릿의 기본 템플릿 인수

[33] 생성자 상속(12.2.2절)

[34] 오버라이드 제어: **override**(5.5절)와 **final**

[35] 보다 간단하고 일반적인 SFINAE(대체 실패는 오류가 아니다Substitution Failure Is Not An Error) 규칙

[36] 메모리 모델(18.1절)

[37] 스레드−지역 저장소: **thread_local**

C++11에서 C++98로 어떻게 변화했는지 자세히 알려면 [Stroustrup, 2013]을 참고한다.

19.2.2 C++14 언어 기능

[1] 함수 반환 타입 추론(3.4.3절)

[2] 향상된 **constexpr** 함수(예를 들어 for 루프 허용) (1.6절)

[3] 가변 템플릿(7.4.1절)

[4] 이진 리터럴(1.4절)

[5] 숫자 구분자(1.4절)

[6] 제네릭 람다(7.3.3.1절)

[7] 보다 일반적인 람다 캡처

[8] **[[deprecated]]** 속성

[9] 그 외 몇 가지 작은 확장

19.2.3 C++17 언어 기능

[1] 보장된 복사 충돌(6.2.2절)

[2] 과잉 정렬over-aligned 타입의 동적 할당

[3] 보다 엄격한 평가 순서(1.4.1절)

[4] UTF-8 리터럴(u8)

[5] 16진수 부동소수점 리터럴(11.6.1절)

[6] 폴드 표현식(8.4.1절)

[7] 제네릭 값 템플릿 인수(auto 템플릿 인자. 8.2.5절)

[8] 클래스 템플릿 인수 타입 추론(7.2.3절)

[9] 컴파일타임 if(7.4.3절)

[10] 초기자가 딸린 선택문(1.8절)

[11] constexpr 람다

[12] inline 변수

[13] 구조적 바인딩(3.4.5절)

[14] 새 표준 속성: [[fallthrough]], [[nodiscard]], [[maybe_unused]]

[15] std::byte 타입(16.7절)

[16] enum의 내부 타입 값으로 enum 초기화(2.4절)

[17] 그 외 몇 가지 사소한 확장

19.2.4 C++20 언어 기능

[1] 모듈(3.2.2절)

[2] 콘셉트(8.2절)

[3] 코루틴(18.6절)

[4] 지정된 초기자(살짝 제한된 버전의 C99 기능)

[5] <=> ("우주선 연산자") 3자간 비교(6.5.1절)

[6]   값으로 현재 객체를 저장하는 [*this](7.3.3절)

[7]   표준 속성 [[no_unique_address]]와 [[likely]], [[unlikely]]

[8]   new, union, try-catch, dynamic_cast, typeid 등 constexpr 함수 내 허용된 더 많은 기능

[9]   컴파일타임 평가를 보장하는 consteval 함수(1.6절)

[10] 정적(런타임이 아닌) 초기화를 보장하는 constinit 변수(1.6절)

[11] enum의 범위를 지정하는 using(2.4절)

[12] 그 외 몇 가지 사소한 확장

19.2.5 C++11 표준 라이브러리 컴포넌트

C++11은 새 컴포넌트(정규식 매칭 라이브러리 등)와 C++98 컴포넌트의 개선(컨테이너의 이동 생성자 등)이라는 두 가지 형태로 표준 라이브러리를 추가했다.

[1]   컨테이너의 initializer_list 생성자(5.2.3절)

[2]   컨테이너의 이동 시맨틱(6.2.2절, 13.2절)

[3]   단방향 연결 리스트: forward_list(12.3절)

[4]   해시 컨테이너: unordered_map, unordered_multimap, unordered_set, unordered_mul-tiset(12.6절, 12.8절)

[5]   자원 관리 포인터: unique_ptr, shared_ptr, weak_ptr(15.2.1절)

[6]   동시 실행 지원: thread(18.2절), 뮤텍스와 락(18.3절), 조건변수(18.4절)

[7]   보다 높은 수준의 동시 실행 지원: packaged_thread, future, promise, async()(18.5절)

[8]   tuple(15.3.4절)

[9]   정규식: regex(10.4절)

[10] 난수: 분포와 엔진(17.5절)

[11] int16_t, uint32_t, int_fast64_t 같은 정수 타입명(17.8절)

[12] 고정된 크기의 인접 시퀀스 컨테이너: array(15.3절)

[13] 예외 복사와 다시 던지기(18.5.1절)

[14] 오류 코드를 사용한 오류 보고: system_error

[15] 컨테이너의 emplace() 연산(12.8절)

[16] constexpr 함수의 광범위한 사용

[17] noexcept 함수의 체계적 사용

[18] 향상된 함수 조정자: function과 bind()(16.3절)

[19] string에서 수 값으로의 변환

[20] 범위가 지정된 할당자

[21] is_integral과 is_base_of 같은 타입 트레이트(16.4.1절)

[22] 시간 유틸리티: duration과 time_point(16.2.1절)

[23] 컴파일타임 비율 산술: ratio

[24] 프로세스 중지: quick_exit(16.8절)

[25] move(), copy_if(), is_sorted() 같은 더 많은 알고리듬(13장)

[26] 가비지 컬렉션 API. 나중에 사라짐(19.2.9절)

[27] 저수준 동시 실행 지원: atomic(18.3.2절)

[28] 그 외 몇 가지 사소한 확장

19.2.6 C++14 표준 라이브러리 컴포넌트

[1] shared_mutex와 shared_lock(18.3절)

[2] 사용자 정의 리터럴(6.6절)

[3] 타입으로 튜플 주소 지정(15.3.4절)

[4] 연관 컨테이너 이종 룩업

[5] 그 외 몇 가지 사소한 확장

19.2.7 C++17 표준 라이브러리 컴포넌트

[1]   파일 시스템(11.9절)

[2]   병렬 알고리듬(13.6절, 17.3.1절)

[3]   수학 특수 함수(17.2절)

[4]   string_view(10.3절)

[5]   any(15.4.3절)

[6]   variant(15.4.1절)

[7]   optional(15.4.2절)

[8]   주어진 인수 집합으로 호출할 수 있는 것은 무엇이든 호출하는 방법: invoke()

[9]   기본 문자열 변환: to_chars()와 from_chars()

[10] 다형 할당자(12.7절)

[11] scoped_lock(18.3절)

[12] 그 외 몇 가지 사소한 확장

19.2.8 C++20 표준 라이브러리 컴포넌트

[1]   범위, 뷰, 파이프라인(14.1절)

[2]   printf() 스타일 포맷팅: format()과 vformat()(11.6.2절)

[3]   캘린더(16.2.2절)와 표준 시간대(16.2.3절)

[4]   인접 배열에 읽고 쓰기 접근하는 span(15.2.2절)

[5]   source_location(16.5절)

[6]   pi와 ln10e 같은 수학 상수(17.9절)

[7]   atomic의 여러 확장(18.3.2절)

[8]   다수의 스레드를 대기하는 법: barrier와 latch

[9]   기능 검사 매크로

[10] bit_cast<>(16.7절)

[11] 비트 연산(16.7절)

[12] constexpr을 만드는 더 많은 표준 라이브러리 함수

[13] 표준 라이브러리에서 <=>의 많은 활용

[14] 그 밖에 여러 가지 사소한 확장

19.2.9 제거되거나 지원하지 않는 기능

C++는 "어딘가에" 수십억 개의 행으로 이뤄져 있고, 누구도 정확히 어떤 기능이 중요한지 모른다. ISO 위원회는 수년의 경고 끝에 마지못해 기존 기능을 제거한다. 물론 골치 아픈 기능을 제거하거나 지원하지 않을 때도 있다.

기능을 지원하지 않음으로써 표준 위원회는 그 기능이 사라지길 바란다는 기대를 내비친다. 하지만 중복되거나 위험한 기능이라면 모를까, 많이 쓰이는 기능을 위원회가 바로 없앨 권한은 없다. 즉, 지원하지 않음^{deprecation}은 그 기능을 쓰지 말라는 강력한 힌트다. 언젠가 사라질 수 있다. 지원하지 않는 기능 목록은 표준의 부록 D를 확인하자[C++, 2020]. 지원하지 않는 기능을 사용하려 하면 컴파일러는 대개 경고를 내보낸다. 하지만 지원하지 않는 기능도 표준의 일부이고, 역사적으로 보면 호환성의 이유로 "영원히" 지원되는 경우가 많다. 끝내 제거된 기능인데도 사용자가 구현자를 압박해 구현에 그대로 남아 있기도 하다.

- 제거됨: 예외 명세: void f() throw(X, Y); // C++98; 현재는 오류
- 제거됨: 예외 명세의 지원 기능, unexpected_handler, set_unexpected(), get_un expected(), unexpected(). 대신 noexcept(4.2절)를 사용한다.
- 제거됨: 3중음자
- 제거됨: auto_ptr. 대신 unique_ptr(15.2.1절)을 사용한다.
- 제거됨: 저장소 지정자 register의 사용
- 제거됨: bool에 ++ 사용
- 제거됨: C++98 export 기능. 복잡한데다 주요 판매 회사에서 지원하지 않는다. 대신 모듈의 키워드로 export가 쓰인다(3.2.2절).
- 지원하지 않음: 소멸자를 갖는 클래스의 복사 연산 생성(6.2.1절)

- 제거됨: char*에 문자열 리터럴 할당. 대신 const char*나 auto를 사용한다.
- 제거됨: 일부 C++ 표준 라이브러리 함수 객체와 연관 함수. 대부분은 인수 바인딩과 연관이 있다. 대신 람다와 function을 사용한다(16.3절).
- 지원하지 않음: enum 값을 다른 enum의 값이나 부동소수점 값과 비교
- 지원하지 않음: 두 배열 간 비교
- 지원하지 않음: 첨자 내 콤마 연산(예를 들어 [a,b]). 인수가 여러 개인 사용자 정의 operator[]()를 허용할 여지를 남기기 위해서다.
- 지원하지 않음: 람다식 내 *this의 암묵적 캡처. 대신 [=, this]를 사용한다(7.3.3절).
- 제거됨: 가비지 컬렉터를 위한 표준 라이브러리 인터페이스. C++ 가비지 컬렉터는 이 인터페이스를 사용하지 않는다.
- 지원하지 않음: strstream. 대신 spanstream을 사용한다(11.7.4절).

19.3 C/C++ 호환성

사소한 예외는 있으나 C++는 C(즉, C11. [C, 2011])의 상위 집합이다. 대부분의 차이는 C++가 타입 검사에 좀 더 엄격하다는 점에서 비롯된다. 좋은 C 프로그램은 대개 좋은 C++ 프로그램이 된다. 예를 들어 K&R2[Kernighan, 1988]의 예제는 전부 C++이다. 컴파일러는 C++와 C의 차이를 모두 진단한다. C11/C++20 간 호환되지 않는 부분은 표준의 부록 C[C++, 2020]에 나열돼 있다.

19.3.1 C와 C++11은 형제다

어떻게 C와 C++를 형제라고 부를 수 있을까? 단순화시킨 가계도를 보자.

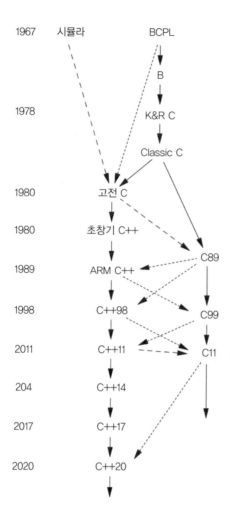

고전 C에서 파생된 주요 언어는 ISO C와 ISO C++이다. 두 언어는 수년 간 서로 다른 속도와 방향으로 진화해왔다. 자연히 각 언어는 전통 C 스타일 프로그래밍을 조금씩 다르게 지원하게 됐다. 그 결과 서로 호환되지 않는 부분이 생겨났고, C와 C++를 둘 다 사용하는 개발자나 한 언어로 작성하지만 나머지 다른 언어로 구현된 라이브러리를 사용하는 개발자, C와 C++의 라이브러리와 도구의 구현자의 인생을 고달프게 만들고 있다.

그래프에서 실선은 기능의 대량 상속을, 파선은 주용 기능의 차용을, 점선은 사소한 기능의 차용을 의미한다. 이렇게 기능을 파생시키며 ISO C와 ISO C++는 K&R C[Kernighan,

1978]의 두 주요 자손이자 형제로 거듭났다. 각각 고전 C의 중요한 측면을 이어받았지만 어떤 언어도 고전 C와 100% 호환되지 않는다. "고전 C^{Classic C}"라는 용어는 데니스 리치 ^{Dennis Ritchie}의 컴퓨터 화면에 붙어 있던 메모지에서 빌려왔다. 고전 C는 K&R C에 열거와 **struct** 할당을 추가한 언어이다. BCPL은 [Richards, 1980]이, C89는 [C1990]에서 정의 한다.

C++03은 버그 수정판이라 위 목록에 나열하지 않았다. C17 역시 C11의 버그 수정판이라 넣지 않았다.

C와 C++의 차이가 꼭 C에서 C++로 바뀌면서 생겨난 것은 아니다. C++에서 흔하게 쓰이 던 기능이 나중에 C에 쓰이면서 호환성이 깨지기도 한다. **T***를 **void***에 할당하는 기능이나 전역 **const**[Stroustrup, 2002]의 연결^{linkage}이 그 예다. 심지어 **inline**의 세부적 의미 같은 기능은 ISO C++ 표준에 채택된 후에야 C에 쓰이면서 호환성이 깨졌다.

19.3.2 호환성 문제

C와 C++ 간에는 사소하게 호환되지 않는 부분이 많다. 프로그래머를 괴롭히는 이 문제들 은 C++ 맥락에서 전부 처리할 수 있다. 정 안되면 C 코드 프래그먼트를 C로 컴파일한 후 **extern "C"** 메커니즘으로 링크하면 된다.

다음은 C 프로그램을 C++로 변환하면서 발생하는 주요 문제이다.

- 차선의 디자인과 프로그래밍 스타일
- **T***로 암묵적으로(즉, **cast** 없이) 변환되는 **void***
- C 코드에서 식별자로 쓰이는 **class**와 **private** 같은 C++ 키워드
- C로 컴파일되는 코드 프래그먼트와 C++로 컴파일되는 프래그먼트의 호환되지 않 는 연결

19.3.2.1 스타일 문제

C 프로그램은 당연히 C 스타일로, 가령 K&R[Kernighan, 1988]에 사용된 스타일 등으로

작성된다. 포인터와 배열, 많은 매크로를 광범위하게 사용한다는 뜻이다. 프로그램이 크면 이러한 기능을 안정적으로 사용하기 어렵다. 자원 관리와 오류 처리를 (언어와 도구의 지원 없이) 임시방편으로 수행할 뿐 아니라 설명도 불완전하고 바뀌지도 않는다. C 프로그램에서 C++ 프로그램으로 한 행씩 변환하면 그래도 조금은 더 검사를 거치게 된다. 실제로 C 프로그램을 C++로 변환하며 버그가 없던 적은 한 번도 없다. 하지만 기본 구조는 바뀌지 않기에 오류의 근본적인 원인도 바뀌지 않는다. C 프로그램의 오류 처리나 자원 누수, 버퍼 오버플로우가 불완전했다면 C++ 버전에서도 그대로일 것이다. 크게 나아지려면 코드의 기본 구조에 변화를 줘야 한다.

[1] C++를 그저 C에 몇 가지 기능이 추가된 언어로 여기지 말자. C의 대용으로 C++를 사용할 수도 있으나 다른 방법이 없어 차선일 때만 그렇다. C를 C++로 바꿔 정말 더 나아지게 만들려면 다른 디자인과 구현 스타일을 적용해야 한다.

[2] C++ 표준 라이브러리를 새로운 기법과 프로그래밍 스타일의 스승으로 삼자. C 표준 라이브러리와 어떻게 다른지 잘 살피자(예를 들어 복사에 strcpy() 대신 =를 쓰는 등).

[3] C++에는 매크로 치환이 거의 필요 없다. 매니페스트 상수를 정의할 때는 const(1.6절)나 constexpr(1.6절), enum, enum class(2.4절)를, 함수 호출 오버헤드를 피하려면 constexpr(1.6절)과 consteval(1.6절), inline(5.2.1절)을, 함수와 타입 패밀리를 명시하려면 templates(7장)을, 이름 충돌을 피하려면 namespaces(3.3절)를 사용한다.

[4] 변수는 필요한 순간에 선언하고 즉시 초기화한다. for문 초기자 안이나 조건문 안(1.8절)처럼 명령문을 넣는 곳이면 어디든 선언할 수 있다(1.8절).

[5] malloc()을 사용하지 않는다. new 연산자(5.2.2절)로 더 훌륭하게 수행할 수 있고, realloc() 대신 vector(6.3절, 12.2절)가 좋다. malloc()과 free()를 단순히 "기존(naked)"의 new와 delete로 대체하지 말자(5.2.2절).

[6] 함수나 클래스 구현 내부를 제외하고는 void*와 union, 캐스트, 예외를 사용하지 말자. 타입 시스템의 지원을 받지 못하거나 성능에 악영향을 미칠 수 있다. 대개 캐스트는 디자인 오류를 암시한다.

[7] 명시적 타입 변환이 필요하면 명명된 캐스트를 적절히 사용해 수행하려는 명령문을 더 정

확하게 만들자(예를 들어 static_cast, 5.2.3절).

[8]   배열과 C 스타일 문자열을 최대한 지양하자. C++ 표준 라이브러리의 **string**(10.2), **array**(15.3.1절), **vector**(12.2절)를 사용하면 전통 C 스타일과 비교해 더 간단하고 유지 보수하기 쉬운 코드를 작성할 수 있다. 이미 표준 라이브러리에서 제공하는 기능은 웬만하면 직접 만들지 말자.

[9]   아주 특수한 코드(메모리 관리자 등)를 제외하고는 포인터 산술을 사용하지 말자.

[10]   인접 시퀀스(예를 들어 배열)는 **span**(15.2.2절)으로 전달하자. 검사 없이 범위 오류("버퍼 오버런")를 피할 좋은 방법이다.

[11]   간단한 배열 순회에는 범위 **for**를 사용하자(1.7절). 작성하기 쉽고, 전통적인 C 루프만큼 빠르며, 더 안전하다.

[12]   0이나 NULL 대신 **nullptr**(1.7.1절)을 사용하자.

[13]   (클래스, 템플릿, 예와 같은 C++ 기능 없이) C 스타일로 고심해서 쓰여진 코드가 더 간단한 대안(예를 들어 표준 라이브러리 기능을 사용하는 코드)보다 더 효율적이라고 가정하지 말자. 주로 (물론 항상은 아니지만) 그 반대가 맞다.

19.3.2.2 void*

C에서 void*는 할당문의 우항 피연산자 혹은 포인터 타입의 변수 초기화에 쓰이지만 C++에서는 꼭 그렇지 않다. 예제로 보자.

```
void f(int n)
{
  int*p=malloc(n*sizeof(int)); /* C++에서는 아니다. C++에서는 "new"로 할당한다 */
  // ...
}
```

아마도 C/C++ 간 호환되지 않는 부분 중 가장 처리하기 어려운 부분일 것이다. void*를 다른 포인터 타입으로 암묵적으로 변환해도 다음의 예제처럼 일반적으로 문제가 되지 않는다.

```
char ch;
void* pv = &ch;
int* pi = pv;  // C++에서는 아니다
*pi = 666;      // ch와 ch와 유사한 다른 바이트들을 오버라이트한다
```

C든 C++이든 `malloc()`의 결과를 우항 타입으로 캐스팅하자. C++만 사용한다면 `malloc()`을 쓰지 말자.

19.3.2.3 연결

C와 C++는 서로 다른 연결^{linkage} 방식으로 구현할 수 있다(보통 그렇게 구현한다). 기본적으로 C++가 타입 검사에 더 엄격하기 때문이다. 현실적으로는 C++가 오버로딩을 지원해 `open()`을 호출하는 두 전역 함수가 존재할 수 있기 때문이기도 한다. 이 점이 링커의 동작 방식에 반영돼야 한다.

C++ 함수에 C 연결을 제공하거나(C 프로그램 조각에서 호출할 수 있도록) C++ 프로그램 조각에서 C 함수를 호출할 수 있으려면 그 함수를 `extern "C"`로 선언하자. 예제로 보자.

```
extern "C" double sqrt(double);
```

이렇게 하면 `sqrt(double)`을 C나 C++ 코드 조각에서 호출할 수 있다. 또한 `sqrt(double)`의 정의도 C 함수나 C++ 함수로 컴파일할 수 있다.

(C는 함수 오버로딩을 허용하지 않으므로) 어떤 범위 안에서 오로지 주어진 이름의 함수 하나만 C 연결을 갖는다. 연결 명세는 타입 검사에 영향을 주지 않으므로 함수 호출과 인수 검사에 쓰이는 C++ 규칙이 `extern "C"`로 선언된 함수에도 적용된다.

19.4 참고문헌

[Boost]   부스트(Boost) 라이브러리: 동료 평가를 받은 이식 가능한 무료 C++ 소스 라이브러리. www.boost.org

[C,1990]	X3 사무국(Secretariat): 표준 – C 언어. X3J11/90–013. ISO 표준 ISO/IEC 9899–1990. 컴퓨터 및 사무기기 제조업자 협회(Computer and Business Equipment Manufacturers Association). 워싱턴 DC.
[C,1999]	ISO/IEC 9899. 표준 – C 언어. X3J11/90–013–1999.
[C,2011]	ISO/IEC 9899. 표준 – C 언어. X3J11/90–013–2011.
[C++,1998]	ISO/IEC JTC1/SC22/WG21 (편집자: 앤드류 쾨니히): 국제 표준 – C++ 언어. ISO/IEC 14882:1998.
[C++,2004]	ISO/IEC JTC1/SC22/WG21 (편집자: 로이스 골드스웨이트): C++ 성능에 관한 기술 보고서. ISO/IEC TR 18015:2004(E) ISO/IEC 29124:2010.
[C++,2011]	ISO/IEC JTC1/SC22/WG21 (편집자: 피트 베커): 국제 표준 – C++ 언어. ISO/IEC 14882:2011.
[C++,2014]	ISO/IEC JTC1/SC22/WG21 (편집자: 스테파노 뒤 투아): 국제 표준 – C++ 언어. ISO/IEC 14882:2014.
[C++,2017]	ISO/IEC JTC1/SC22/WG21 (편집자: 리처드 스미스): 국제 표준 – C++ 언어. ISO/IEC 14882:2017.
[C++,2020]	ISO/IEC JTC1/SC22/WG21 (편집자: 리처드 스미스): 국제 표준 – C++ 언어. ISO/IEC 14882:2020.
[Cppcoro]	CppCoro – C++의 코루틴 라이브러리. github.com/lewissbaker/cppcoro.
[Cppreference]	C++ 언어와 표준 라이브러리 기능의 온라인 자원. www.cppreference.com.
[Cox,2007]	러스 콕스: 빠르고 간단한 정규식 매칭. 2007년 1월. swtch.com/ ~rsc/regexp/regexp1.html.
[Dahl,1970]	O-J. 달과 B. 미르호그, K. 니가드: SIMULA 공통 기반 언어. 노르웨이 컴퓨팅 센터 S–22. 오슬로, 노르웨이. 1970년.
[Dechev,2010]	D. 데체프, P. 피르켈바우어, B. 스트롭스트룹: 디스크립터 기반 락 프리 디자인에서 ABA 문제를 이해하고 효과적으로 예방하는 방법. 제13회 IEEE 컴퓨터 학회 ISORC 2010 학술 토론회. 2010년 5월.
[DosReis,2006]	가브리엘 도스 레이스와 비야네 스트롭스트룹: C++ 콘셉트 명시. POPL06. 2006년 1월.

[Ellis,1989]   마거릿 A. 엘리스와 비야네 스트롭스트룹: 주석을 곁들인 C++ 참조 설명
                    서. 애디슨 웨슬리. 매사추세츠주 리딩. 1990년. ISBN 0-201-51459-1.

[Garcia,2015]   다니엘 가르시아와 비야네 스트롭스트룹. Stroustrup: C++11 리팩토링
                    을 통한 성능과 유지보수성 향상. Isocpp.org. 2015년 8월. http://www.
                    stroustrup.com/improving_garcia_stroustrup_2015.pdf.

[Friedl,1997]   제프리 E. F. 프리들: Mastering Regular Expressions. 오라일리 출판사.
                    캘리포니아주 세바스토폴. 1997년. ISBN 978-1565922570.

[Gregor,2006]   더글러스 그레고르 외: 콘셉트: C++ 제네릭 프로그래밍을 위한 언어 지원.
                    OOPSLA'06.

[Ichbiah,1979]   장 D. 이치비아 외: ADA 프로그래밍 언어 디자인의 원리. SIGPLAN
                    Notices. Vol. 14, No. 6. 1979년 6월.

[Kazakova,2015]   아나스타시아 카자코바: 인포그래픽: C/C++ 팩트. https://blog.jetbrains.
                    com/clion/2015/07/infographics-cpp-facts-before-clion/ 2015년 7월.

[Kernighan,1978]   브라이언 W. 쾨니히와 데니스 M. 리치: C 프로그래밍 언어. 프렌티스 홀.
                    뉴저지주 잉글우드클립스. 1978년.

[Kernighan,1988]   브라이언 W. 쾨니히와 데니스 M. 리치: C 프로그래밍 언어 2판. 프렌티스
                    홀. 뉴저지주 잉글우드클립스. 1988년. ISBN 0-13-110362-8.

[Knuth,1968]   도널드 E. 크누스: 컴퓨터 프로그래밍의 예술. 애디슨 웨슬리. 매사추세츠주
                    리딩. 1968년.

[Koenig,1990]   A. R. 쾨니히와 B. 스트롭스트룹: C++ 예외 처리(개정판). USENIX C++
                    학술지. 1990년 4월.

[Maddock,2009]   존 매독: Boost.Regex. www.boost.org. 2009년. 2017년.

[Orwell,1949]   조지 오웰: 1984. 섹커 & 와버그. 런던. 1949년.

[Paulson,1996]   래리 C. 폴슨: 전문 프로그래머를 위한 ML. 캠브리지대 출판사. 캠브리지.
                    1996년. ISBN 978-0521565431.

[Richards,1980]   마틴 리처즈와 콜린 휘트비-스트리븐스: BCPL 언어와 컴파일러. 캠블리지
                    대 출판사. 캠브리지. 1980년. ISBN 0-521-21965-5.

[Stepanov,1994]   알렉산더 스테파노프와 멍 리: 표준 템플릿 라이브러리. HP 랩 기술 보고서
                    HPL-94-34 (R. 1). 1994년.

[Stepanov,2009]   알렉산더 스테파노프와 폴 맥존스: 프로그래밍의 원리. 애디슨 웨슬리. 매사

추세츠주 보스턴. 2009년. ISBN 978-0-321-63537-2.

[Stroustrup,1979] 개인 연구실 기록.

[Stroustrup,1982] B. 스트롭스트룹: 클래스: C 언어의 추상 데이터 타입 기능. SIGPLAN Notices. 1982년 1월. 최초로 공개된 "C with Classes" 설명.

[Stroustrup,1984] B. 스트롭스트룹: C++의 연산자 오버로딩. IFIP WG2.4 시스템 구현 언어 학술지: 경험 및 평가. 1984년 9월.

[Stroustrup,1985] B. 스트롭스트룹: C++의 확장 가능한 I/O 기능. 1985년 여름 USENIX 학술지.

[Stroustrup,1986] B. 스트롭스트룹: C++ 프로그래밍 언어. 애디슨 웨슬리. 매사추세츠주 리딩. 1986년. ISBN 0-201-12078-X.

[Stroustrup,1987] B. 스트롭스트룹: C++의 다중 상속. EUUG 봄 학술지. 1987년 5월.

[Stroustrup,1987b] B. 스트롭스트룹과 J. 소피로: Co-Routine 스타일 프로그래밍을 위한 C 클래스 집합. USENIX C++ 학술지. 뉴멕시코주 산타페. 1987년 11월.

[Stroustrup,1988] B. 스트롭스트룹: C++의 매개변수화 타입. USENIX C++ 학술지. 콜로라도주 덴버. 1988년.

[Stroustrup,1991] B. 스트롭스트룹: C++ 프로그래밍 언어 2판. 애디슨 웨슬리. 매사추세츠주 리딩. 1991년. ISBN 0-201-53992-6.

[Stroustrup,1993] B. 스트롭스트룹: C++의 역사: 1979-1991. ACM 프로그래밍의 역사 학술지(HOPL-2). ACM SIGPLAN Notices. Vol 28, No 3. 1993년.

[Stroustrup,1994] B. 스트롭스트룹: C++의 디자인과 진화. 애디슨 웨슬리. 매사추세츠주 리딩. 1994년. ISBN 0-201-54330-3.

[Stroustrup,1997] B. 스트롭스트룹: C++ 프로그래밍 언어 3판. 애디슨 웨슬리. 매사추세츠주 리딩. 1997년. ISBN 0-201-88954-4. 양장본("특별판"). 2000년. ISBN 0-201-70073-5.

[Stroustrup,2002] B. 스트롭스트룹: C와 C++: 형제, C와 C++: 호환성 케이스, C와 C++: 호환성 사례 연구. C/C++ 사용자 저널. 2002년 7월-9월. www.stroustrup.com/papers.html.

[Stroustrup,2007] B. 스트롭스트룹: 실전에서 그리고 실전을 위한 언어 진화: C++ 1991-2006. ACM HOPL-III. 2007년 6월.

[Stroustrup,2009] B. 스트롭스트룹: C++로 배우는 프로그래밍의 원리와 실제. 애디슨 웨슬

리. 매사추세츠주 보스턴. 2009년. ISBN 0-321-54372-6.

[Stroustrup,2010]   B. 스트롭스트룹: "새" 값 용어. https://www.stroustrup.com/termino logy.pdf. 2010년 4월.

[Stroustrup,2012a]   B. 스트롭스트룹과 A. 서턴: STL을 위한 콘셉트 디자인. WG21 기술 보고 서 N3351==12-0041. 2012년 1월.

[Stroustrup,2012b]   B. 스트롭스트룹: 인프라스트럭처를 위한 소프트웨어 개발. 컴퓨터. 2012년 1월. doi:10.1109/MC.2011.353.

[Stroustrup,2013]   B. 스트롭스트룹: C++ 프로그래밍 언어(4판). 애디슨 웨슬리. 매사추세츠 주 보스턴. 2013년. ISBN 0-321-56384-0.

[Stroustrup,2014]   B. 스트롭스트룹: C++ 애플리케이션. http://www.stroustrup.com/ applications.html.

[Stroustrup,2015]   B. 스트롭스트룹과 H. 서터: C++ 핵심 가이드라인. https://github.com/ isocpp/CppCoreGuidelines/blob/master/CppCoreGuidelines.md.

[Stroustrup,2015b]   B. 스트롭스트룹, H. 서터, G. 도스 레이스: 타입 안전과 자원 안전을 위 한 C++ 모델 간략 소개. Isocpp.org. 2015년 10월. 2015년 12월 개정. http://www.stroustrup.com/resource-model.pdf.

[Stroustrup,2017]   B. 스트롭스트룹: 콘셉트: 제네릭 프로그래밍의 미래(혹은 좋은 콘셉트를 디자인하고 잘 사용하는 법). WG21 P0557R1. https://www.stroustrup. com/good_concepts.pdf. 2017년 1월.

[Stroustrup,2020]   B. 스트롭스트룹: 붐비고 변화하는 세계에서 성공하기: C++ 2006-2020. ACM/SIGPLAN 프로그래밍 언어의 역사 학회, HOPL-IV. 2020년 6월.

[Stroustrup,2021]   B. 스트롭스트룹: 모던 C++의 타입과 자원 안전. WG21 P2410R0. 2021년 7월.

[Stroustrup,2021b]   B. 스트롭스트룹: 표준 라이브러리를 위한 최소한의 모듈 지원. P2412r0. 2021년 7월.

[Sutton,2011]   A. 서턴과 B. 스트롭스트룹: C++를 위한 콘셉트 라이브러리 디자인. SLE 2011 학술지(소프트웨어 언어 공학에 관한 국제 학회). 2011년 7월.

[WG21]   ISO SC22/WG21 C++ 프로그래밍 언어 표준 위원회: 문서 보관소. www. open-std.org/jtc1/sc22/wg21.

[Williams,2012]   앤터니 윌리엄스: C++ 동시 실행 직접 해보기 - 실용적 멀티스레딩. 매닝

출판사. ISBN 978-1933988771.

[Wong, 2020]   마이클 웡, 하워드 히난트, 로저 오르, 비야네 스트롭스트룹, 더비드 반데보
르드: ISO C++의 방향. WG21 P2000R1. 2020년 7월.

[Woodward, 1974] P. M. 우드워드와 S. G. 본드: Algol 68-R 사용자 가이드. 왕실 인쇄청(Her
Majesty's Stationery Office). 런던. 1974.

19.5 조언

[1]   ISO C++ 표준[C++, 2020]에서 C++를 정의한다.

[2]   새 프로젝트의 스타일을 고르거나 코드 기반을 현대화할 때 C++ 핵심 가이드라인을 활용하자(19.1.4절).

[3]   C++를 배울 때 언어 기능 하나하나에 집중하지 말자(19.2.1절).

[4]   수십 년 된 언어 기능 집합과 디자인 기법에 얽매이지 말자(19.1.4절).

[5]   생산 코드에 새 기능을 사용하려면 표준 적합성과 사용할 구현의 성능을 테스트할 작은 프로그램을 미리 작성해 시험하자.

[6]   C++를 배우려면 최대한 가장 최신이자 완전한 표준 C++ 구현을 이용한다.

[7]   C와 C++의 공통 부분 집합이 가장 먼저 배울 최선의 C++ 부분 집합은 아니다(19.3.2.1).

[8]   캐스팅하지 말자(19.3.2.1절). [CG: ES.48]

[9]   C 스타일 캐스트 대신 `static_cast` 같은 명명된 캐스트를 사용하자(5.2.3절). [CG: ES.49]

[10] C 프로그램을 C++로 변환할 때 C++ 키워드인 변수가 있으면 다시 명명하자(19.3.2절).

[11] 반드시 C를 사용해야 한다면 이식성과 타입 안전을 위해 C와 C++의 공통 부분 집합으로 작성하자(19.3.2.1절). [CG: CPL.2]

[12] C 프로그램을 C++로 변환할 때 `malloc()`의 결과를 적절한 타입으로 캐스팅하거나 모든 `malloc()`을 `new`를 사용하도록 바꾸자(19.3.2.2절).

[13] `malloc()`과 `free()`를 `new`와 `delete`로 변환할 때 `realloc()` 대신 `vector`와 `push_back()`, `reserve()` 사용을 고려하자(19.3.2.1절).

[14] C++는 int에서 열거로 암묵적으로 변환하지 않으니 필요하면 명시적 타입 변환을 사용하자.

[15] 이름을 전역 네임스페이스에 넣는 각 표준 C 헤더 <X.h>마다 헤더 <cX>를 네임스페이스 std 안에 넣자.

[16] C 함수를 선언할 때는 extern "C"를 사용하자(19.3.2.3절).

[17] (0으로 끝나는 char 배열을 직접 조작하는) C 스타일 문자열 대신 string을 사용하자. [CG: SL.str.1].

[18] stdio 대신 iostream을 사용하자. [CG: SL.io.3].

[19] 내장 배열 대신 컨테이너(가령 vector)를 사용하자.

A

std 모듈

발명에서 정말 중요한 것은,
동작하는 전체 시스템을 만드는 것이다.
– J. 프레스퍼 에커트 J. Presper Eckert

- 소개
- 구현에서 제공하는 것을 사용하자
- 헤더를 사용하자
- 사용자만의 module std를 만들자
- 조언

A.1 소개

이 책을 집필하는 현재 module std[Stroustrup, 2021b]는 안타깝게도 아직 표준에 없다. 다만 C++23에 속할 것임은 분명하다. 이 부록에서는 현재 module std를 처리하는 방법 몇 가지를 소개한다.

module std 개념은 표준 라이브러리의 모든 컴포넌트를 하나의 import std;문만으로 간단하고 적은 비용으로 사용하는 것이다. 모든 장에서 이 방법을 사용했다. 헤더를 언급하고 명명한 까닭은 전통적이고 보편적으로 사용 가능한데다 (불완전한) 표준 라이브러리의 역사적 구조를 보여주기 때문이었다.

몇몇 표준 라이브러리 컴포넌트는 <cmath>의 sqrt() 같은 이름을 전역 네임스페이스에 덤프한다. 모듈 std는 이렇게 하지 않지만 이러한 전역명이 필요하면 import stdcompat하면 된다. std가 아니라 std.compat을 임포트하는 단 하나의 이유는 모듈의 컴파일 속도를 증가시켜 이득을 얻음과 동시에 기존 코드 기반을 망가뜨리지 않기 위해서다.

모듈은 다분히 의도적으로 매크로를 익스포트하지 않는다. 매크로가 필요하면 #include를 사용하자.

모듈과 헤더 파일은 동시에 존재한다. 즉, 똑같은 선언 집합을 #include하고 import하면 일관된 프로그램이 나온다. 이는 헤더 파일에 의존하던 대규모 코드 기반을 모듈을 사용하도록 진화시키는 데 꼭 필요하다.

A.2 구현에서 제공하는 것을 사용하자

운이 좋으면 사용하려는 구현에 이미 module std가 들어 있을 수 있다. 당연히 이를 사용해야 한다. "실험 중"이라고 표기돼 있거나 약간의 설정^setup이나 몇 가지 컴파일러 옵션을 넣어 사용해야 할지도 모른다. 따라서 우선 구현이 module std나 그와 동등한 것을 포함하는지 살펴보자. 예를 들어 현재(2022년 봄) 비주얼 스튜디오는 다수의 "실험 중인" 모듈을 제공하므로 이 구현을 사용해 다음과 같은 모듈 std를 정의할 수 있다.

```
export module std;
export import std.regex;      // <regex>
export import std.filesystem; // <filesystem>
export import std.memory;     // <memory>
export import std.threading;  // <atomic>, <condition_variable>, <future>, <mutex>,
                              // <shared_mutex>, <thread>
export import std.core;       // 그 외 나머지 전부
```

당연히 C++20 컴파일러가 있어야 코드가 동작하고, 실험 중인 모듈에 접근하는 옵션을 설정해야 한다. "실험 중인" 구현은 시간이 흐르며 변한다는 점에 주의하자.

A.3 헤더를 사용하자

구현에서 아직 모듈을 지원하지 않거나 module std나 그와 동등한 것을 제공하지 않으면 한걸음 후퇴해 전통적인 헤더를 사용할 수밖에 없다. 헤더는 표준이고, 보편적으로 사용 가능하다. 다만 예제가 동작하려면 어떤 헤더가 필요하고 어떤 헤더를 #include해야 하는지 알아내야 한다. 9장을 읽어보면 도움이 되며, 사용하고 싶은 기능이 어떤 헤더에 속하는지 알려면 [cppreference]에서 이름을 찾아본다. 자주 사용하는 헤더를 std.h 헤더 안에 모을 수도 있다.

```
// std.h

#include <iostream>
#include<string>
#include<vector>
#include<list>
#include<memory>
#include<algorithm>
// ...
```

이제 다음과 같이 하면 된다.

```
#include "std.h"
```

다만 이렇게 많이 #include하면 컴파일 속도가 매우 느려질 수 있다[Stroustrup, 2021b].

A.4 사용자만의 module std를 만들자

가장 손이 많이 가기 때문에 가장 매력적이지 않은 대안이지만, 일단 누군가 해두면 공유할 수 있다.

```
module;
#include <iostream>
#include<string>
#include<vector>
```

```
#include<list>
#include<memory>
#include<algorithm>
// ...

export module std;
export istream;
export ostream;
export iostream;
// ...
```

다음과 같이 줄여 써도 된다.

```
export module std;

export import "iostream";
export import "string";
export import "vector";
export import "list";
export import "memory";
export import "algorithm";
// ...
```

위 construct는 다음을 한다.

```
import "iostream";
```

헤더 유닛^{header unit} 임포트는 모듈과 헤더 파일의 중간 즈음이다. 헤더 파일을 받아 모듈과 비슷하게 만들지만 (#include처럼) 이름을 전역 네임스페이스에 넣어 매크로를 유출시킬 수도 있다.

#include를 컴파일하는 것만큼 느리진 않지만 적절히 구성한 명명된 모듈만큼 빠르지도 않다.

A.5 조언

[1] 구현에서 제공하는 모듈을 사용하자(A.2절).

[2] 모듈을 사용하자(A.3절).

[3] 헤더 유닛 대신 명명된 모듈을 사용하자(A.4절).

[4] C 표준의 매크로와 전역명을 사용하려면 `import std.compat`하자(A.1절).

[5] 매크로를 사용하지 말자(A.1절). [CG: ES.30] [CG: ES.31]

찾아보기

지식은 두 종류로 나뉜다.
스스로 알고 있는 지식
그리고 그 정보가 어디에 있는지 알고 있는 지식이다.

— 사무엘 존슨Samuel Johnson

overloaded　322, 333

A Tour of C++, Third Edition
C++ 창시자가 전하는 최신 C++ 가이드

3판 발행 | 2024년 6월 28일

지은이 | 비야네 스트롭스트룹
옮긴이 | 심 지 현

펴낸이 | 옥 경 석
편집장 | 황 영 주
편 집 | 김 진 아
        임 지 원
        김 은 비
디자인 | 윤 서 빈

에이콘출판주식회사
서울특별시 양천구 국회대로 287 (목동)
전화 02-2653-7600, 팩스 02-2653-0433
www.acornpub.co.kr / editor@acornpub.co.kr

한국어판 ⓒ 에이콘출판주식회사, 2024, Printed in Korea.
ISBN 979-11-6175-856-5
http://www.acornpub.co.kr/book/cplusplus-tour-3e

책값은 뒤표지에 있습니다.